本书获国家自然科学基金面上项目“高校服务新农村建设的知识溢出机理及引导策略研究”（71373103）资助

面向农村的高校知识溢出

影响机理、演化路径及引导策略

Higher Education Institutions(HEI) Knowledge Spillover in Rural Area: Influence Mechanism, Evolvement Path and Guiding Strategy

解涛／著

经济管理出版社
ECONOMY & MANAGEMENT PUBLISHING HOUSE

图书在版编目（CIP）数据

面向农村的高校知识溢出：影响机理、演化路径及引导策略/解涛著．—北京：经济管理出版社，2018.6

ISBN 978-7-5096-5805-5

Ⅰ.①面… Ⅱ.①解… Ⅲ.①乡村教育—高等教育—教育研究—中国 Ⅳ.①G649.2

中国版本图书馆 CIP 数据核字(2018)第 101200 号

组稿编辑：张巧梅
责任编辑：杨国强　张瑞军
责任印制：黄章平
责任校对：董杉珊

出版发行：经济管理出版社
（北京市海淀区北蜂窝 8 号中雅大厦 A 座 11 层　100038）
网　址：www.E-mp.com.cn
电　话：（010）51915602
印　刷：北京玺诚印务有限公司
经　销：新华书店
开　本：720mm×1000mm/16
印　张：11.75
字　数：224 千字
版　次：2018 年 7 月第 1 版　2018 年 7 月第 1 次印刷
书　号：ISBN 978-7-5096-5805-5
定　价：68.00 元

前　言

“三农”问题制约着经济的可持续发展和社会的和谐与稳定，是全社会关注的焦点和热点问题。农村建设和发展涉及农村人才、科学技术、社会服务等方面的深化改革，其中人才是知识的载体，科学技术是现有知识的综合和创造，社会服务涉及知识的流动和吸收等，故“知识”是农村建设和发展的核心要素。高校作为知识的生产者和创新者，服务于农村建设和发展是时代赋予的光荣使命，也是社会主义新农村建设对高校提出的新要求。然而，由于知识属性、吸收能力、接受意愿、制度环境等多方面制约，高校对农村的知识溢出，既存在高校的知识供给与农村地区的知识需求的匹配问题，也存在溢出障碍而导致的溢出过程和途径不畅等问题。这些问题的有效解决事关农村建设和发展的进程。

鉴于此，本书针对面向农村的高校知识溢出的独特性和复杂性，综合运用文献分析、结构化访谈、结构方程模型、基于多 Agent 建模的计算实验等方法，从静态和动态两方面探究面向农村的高校知识溢出的机理，揭示面向农村的高校知识溢出绩效的影响因素及其作用机理和动态演化规律，提出促进面向农村的高校知识溢出的政策建议。具体研究工作如下：

（1）基于知识溢出理论、人力资本理论和三螺旋理论构建了面向农村的高校知识溢出的三螺旋模型，运用翔实的图表数据从主体视角说明面向农村的高校知识溢出的独特性和复杂性，对知识溢出的形成过程进行了深入分析，并结合高校职能阐述了面向农村的高校知识溢出的传导机制。

（2）通过对样本地区农村组织（如农民专业合作社、家庭农场、专业大户、乡镇企业、基层政府等）的深度访谈，对获得的 150 余份访谈录音材料进行分析与编码，聚焦编码得到了知识源、接受方、溢出途径、关联情景和溢出绩效五个类属，采用轴心编码得到了各个类属的亚类属。在此基础上构建了面向农村的高校知识溢出的概念模型。并针对概念模型中溢出绩效的影响因素，结合文献分析提出了相关假设。

（3）在文献分析基础上，结合面向农村的高校知识溢出路径，就概念模型中的知识源、接受方、关联情景和溢出绩效等变量的测量题项进行了设计；通过预调研及信度和效度分析对初始问卷进行了完善；采用正式调研数据检验相关因素对溢出绩效的影响。

（4）从高校与农村经济组织微观交互的视角出发，运用计算实验方法，模拟了面向农村的高校知识溢出的动态过程，分析了农村经济组织在不同情境下的行为演化规律。

（5）综合理论分析、实证研究及计算实验研究结果，从知识源、知识接受方、溢出环境等层面提出了提升面向农村的高校知识溢出绩效的具体策略。

通过以上工作，得到的主要结论如下：

（1）面向农村的高校知识溢出的形成源于高校的职能和知识外部性，高校作为新技术、新知识的创造者，具有丰富的知识存量，在面向农村的高校知识溢出的过程中处于主导地位，但其知识溢出绩效不仅受知识源因素（如知识属性、高校创新能力、溢出意愿和高校制度环境等）的影响，还受农村经济组织、农村行政组织的吸收能力以及关联情景等因素的影响。

（2）面向农村的高校知识溢出过程有五个关键因素：第一，知识源的创新能力、溢出意愿以及知识属性本身影响知识溢出效果；第二，接受方的接受意愿、吸收能力、合作经验、合作预期是关键变量；第三，产学研合作、人才培养、管理咨询、技术培训是高校对农村溢出的主要途径；第四，关联情境包括信任、距离、契约完备程度、政策环境等要素；第五，溢出绩效包含立竿见影的有形绩效和潜移默化的无形绩效两方面。

（3）知识溢出绩效的影响因素中，知识源的“创新能力”和“溢出意愿”对“有形绩效”和“潜在绩效”有显著正向影响；关联情境中的“工作导向信任”和“政策环境”对“有形绩效”和“潜在绩效”有显著正向影响，而“知识距离”和“文化距离”对“有形绩效”和“潜在绩效”均有显著负向影响；接受方的“吸收能力”“合作预期”“合作经验”“接受意愿”对溢出绩效有积极的促进作用。

（4）农村经济组织的知识吸收能力和风险偏好在知识溢出绩效的长期演化过程中具有重要作用。应通过组织农村经济组织学习、引进人才等多种方式提高农村经济组织的知识吸收水平，并关注农村经济组织风险偏好水平的变化。政策扶持情境下，既要通过多种渠道的贷款或融资方式帮助高校服务农村项目的有效实施，又要注意保障合作项目的收益稳定，以吸引更多农村经济组织参与项目，充分利用集体的智慧提高知识溢出效率。

目　录

第1章 绪 论

1.1 研究背景

改革开放以来，我国经济社会迅猛发展，人民生活得到极大改善，生活水平不断提高，但农业基础薄弱、农村发展滞后的局面仍未得到根本改变。农民收入增长缓慢，城乡差距进一步拉大，“三农”问题进一步凸显，制约着经济的持续发展和社会的和谐与稳定。党和政府对此高度重视，并将其作为全党工作的重中之重。2004 年至今，中央一号文件连续锁定“三农”问题，使“三农”问题、农村的建设与发展进一步成为全社会关注的焦点和热点问题。

回顾近年来我国农业农村发展的政策措施，不难发现，在现阶段新农村建设中特别注重：①按照规模化、专业化、标准化的发展要求，加快转变农业生产经营方式，不断培育与壮大农民专业合作社、专业大户、家庭农场等新型生产经营主体，充分激发农村生产要素潜能；②立足我国基本国情，遵循农业科技发展规律，把提高劳动生产率、土地产出率、资源利用率作为主要目标，促进农业技术集成化、农民劳动过程机械化、农村经济组织生产经营信息化，构建适应我国基本国情的技术体系；③坚持农村经营主体多元化、农业服务专业化、农村经济组织运行市场化的方向，构建公益性服务与经营性服务相结合、专项服务与综合服务相协调的新型农业社会化服务体系。由此可见，新农村建设和发展涉及农村人才、科学技术、社会服务等方面的深化改革。而人才是知识的载体，科学技术是现有知识的综合和创造，社会服务涉及知识的流动和吸收等。故“知识”是新农村建设和发展的核心要素，我国新农村建设的根本出路在于走知识化道路。在很大程度上，新农村建设和发展的过程就是农村知识化水平不断提高的过程，也是农村知识需求不断衍生和满足的过程。

随着我国经济社会的快速发展，高等教育已由精英阶段向大众化阶段发展，高校在经济发展中的作用日益突出。高校作为知识的传承者，新知识、新技术的创造者，在区域创新和发展中发挥着重要的作用。联合国教科文组织（UNESCO，1995；UNESCO，2007）在其报告中明确指出，高等教育理应为增进社会财富和促进区域发展做出应有的贡献。高等学校具有人才培养、科学研究、服务社会等职能，结合上文提到的新农村建设和发展涉及的改革方面及知识需求，可以看出，高校作为知识的生产者和创新者，以其拥有的知识和技术，服务于新农村建设是历史赋予高校新的光荣使命，也是社会主义新农村建设对高校提出的新要求。高校作为知识的供给方，农村作为知识的受体（吸收方），两者之间存在知识的势差，高校为新农村建设培养高层次人才、创新知识、提供智力支持等服务表现为知识的流动。这种知识的流动被区域经济学、新增长理论、空间经济学称为“知识溢出”，所谓知识溢出是指知识流出原有知识主体并被其他组织团体吸收利用的过程，知识溢出可看作是一种过程、一种结果、一种影响（杜建国等，2011；曹勇等，2015）。

现有研究认为，知识溢出是经济增长的真正动因，知识溢出是区域创新的关键变量（Audretsch 和 Fledman，2004；Mancusi，2008；Silajdzic 和 Mehic，2015；杜建国等，2011；傅利平和涂俊，2015；李小平和朱钟棣，2006；罗瑾琏等，2014）。高校作为知识的传承者，新知识、新技术的创造者，高校服务农村建设体现为高校对农村的知识溢出，且溢出绩效的高低直接影响农村建设和发展的进程。因此，高校供给的知识是否与农村的知识需求匹配，影响面向农村的高校知识溢出的因素有哪些，面向农村的高校知识溢出的途径有哪些，高校与农村行政组织（基层政府组织）、农村经济组织（合作社、家庭农村、农业大户等）多主体之间的交互作用如何影响知识溢出的绩效等问题的有效解决无疑对提升知识溢出的绩效，加快农村的发展具有十分重要的意义。

值得注意的是，既有研究成果较多地关注高校对企业、行业或区域层面的知识溢出，且大多是一种静态研究，较少考虑知识溢出过程中各主体（高校、行政组织、经济组织等）的异质性和动态交互性及其影响，鲜有文献探讨高校对农村的知识溢出问题；现有研究大多采用官方既有的统计数据，利用知识生产函数实证高校对区域创新和经济发展的作用，但由于行业差异、表征知识投入和产出所用指标差异等原因，迄今为止仍未有一致结论。鉴于此，本书将高校对农村的知识溢出视作一个过程去分析，深刻剖析高校对农村的知识溢出机制，探讨溢出绩效的影响因素及其作用机理，在调研实证分析的基础上，采用多 Agent 建模技术，研究不同情境下溢出绩效的动态演化，为提升高校服务新农村建设的能力提供建议。

1.2 研究意义

知识经济时代，一个国家或区域经济发展和财富的增长，越来越取决于知识生产的水平、科技进步的程度和知识创造的能力，知识是社会实体最重要的战略性资源。我国农村建设和发展的根本出路在于走知识化道路，但目前新农村建设所需的知识还相当匮乏。因此，从外界获取新知识就成为提升农村地区技术创新能力，加快新农村建设进程的关键。高校作为承担知识创造、知识传播和知识应用重要任务的组织、培养及造就具有创新精神和创新能力的高素质人才的摇篮，是知识创新和知识传播的主体，是技术创新和知识应用的积极参与者。高校的功能和地位决定了它是提供新农村建设所需知识的重要主体。然而知识溢出的发生必须在一定的环境下，受空间距离、社会网络发达程度、公共部分研究组织的数量、主体的吸收能力等多种因素的影响。当前，由于知识属性、吸收能力、接受意愿、制度环境等多种因素的影响，高校对农村的知识溢出存在障碍而导致溢出不畅，存在诸多问题，如高校服务农村的动力不足、农村知识接受能力较弱、高校知识供给富余而与农村知识需求不匹配等。因此，如何将知识从高校有效流动到农村地区，实现知识在不同组织间的流动，成为高校服务农村面临的关键问题。因此，结合知识溢出的相关理论，剖析面向农村的高校知识溢出的过程及机理，从高校知识源、高校知识溢出途径、接受方等方面进行理论分析，验证相关要素对知识溢出的影响，探讨不同情境下溢出绩效的动态演化，构建有利于面向农村的高校知识溢出和新技术成长的环境、完善相关政策建议并提升农村政策的效果具有十分重要的理论价值和实践意义。

具体来说，本书研究的意义主要体现在如下两方面：

（1）研究高校对农村的知识溢出机理及溢出绩效问题，可丰富和完善新农村建设及知识溢出理论。本书从知识的视角研究新农村建设问题，分析面向农村的高校知识溢出的独特性和复杂性，从静态和动态方面探究面向农村的高校知识溢出的机理，深刻揭示相关要素以及高校、农村行政组织、农村经济组织等多主体动态交互对知识溢出绩效的影响，这对于丰富和完善农村建设和知识溢出的理论研究、建构高校与农村知识溢出理论体系等有着重要学术价值。

（2）探讨有利于面向农村的高校知识溢出的环境，对于完善相关政策建议具有极其重要的实践价值。本书通过深入分析面向农村的高校知识溢出的机理，把握影响高校对农村建设知识溢出的关键环节，对构建和完善有利于面向农村的高校知识溢出的环境，有效实现农村知识需求与高校知识服务的对接，促进高校和农村建设的互动发展等方面有着重要实践意义。

1.3 国内外研究现状

1.3.1 知识溢出研究综述

自从知识溢出提出后的半个世纪以来，国内外对知识溢出的研究逐渐深入和丰富，知识溢出已成为经济增长的重要解释变量，成为区域经济学、新增长理论、空间经济学等学科领域研究的热点。本书通过梳理国内外相关文献，归结如下。

1.3.1.1 知识溢出内涵与分类

明确对知识溢出问题的研究始于20世纪60年代。MacDougall（1960）在分析外国直接投资（FDI）的福利效应时，首次将知识的溢出效应视为FDI的一个重要现象提出。迄今为止，学术界对知识溢出尚未有统一的定义。Stiglitz（1969）把知识溢出定义为“从事类似的事情（模仿创新）并从其他的研究（被模仿的创新研究）中得到更多的收益”。Stoneman（1995）认为，知识溢出过程是一种“学习”活动，即通过有目的、主动的学习获得知识的应用或是将学习到的知识与现有知识相融合开发出新知识的活动。Caniëls（2000）认为，知识溢出是通过信息交流得到的智力收益，它不给知识的生产者以直接补偿，或给予的补偿小于知识的价值。王铮等（2003）认为，知识溢出是指区域之间通过信息交流获取研发成果，区域间相互学习、相互“搭便车”带来经济增长。孙兆刚等（2005）认为，知识溢出是知识扩散的一种方式，在知识溢出过程中，接受者会根据自己的具体情况选择知识体系，一般强调知识接受者的地位，强调知识的再造效应。Branstetter（2006）却认为，知识溢出是一个发明者学习其他研究项目的研究成果，能够用其知识提高自身研究的生产率，而没有因学习的价值而完全补偿其他发明者的过程。真正的知识溢出是能产生进一步创新的，所以知识溢出与现有技术的模仿或扩散有明显区别的概念。高长元和程璐（2011）把高技术虚拟产业集群的知识溢出界定为在高技术虚拟产业集群范围内的知识外部性，他认为，相对于集群外的企业，集群内成员可以通过多种途径共享集群内成员间的信息与知识，充分利用知识资源的共享和互补性促进知识创新活动，从而提高集群内成员企业的核心竞争力和整个集群的竞争优势。Nemet（2012）以专利的引用为依据，把不同技术类之间的知识流动界定为外部知识溢出，把同一技术类内部的知识流动界定为内部知识溢出。

综观现有文献，对于知识溢出的概念有广义与狭义之分。在许多文献中，知识溢出、知识转移、知识扩散等因语义相近而常被混淆使用。Fallah 和 Ibrahim（2004）认为，狭义的知识溢出是知识无意识的传播，如果知识交流有意识地发生于人或组织中则是知识转移，知识扩散则指知识通过某种渠道从发源地向外进行空间传播和转移，或通过合法手段将知识从知识生产者传递到知识使用者的过程。因此，狭义的知识溢出相对注重将其看作一种效应或结果。而 Saxenian（1994）和其他一些学者却认为，在某种程度上，知识溢出也指成员之间的有目的的知识交易。故广义的知识溢出是具有过程性的范畴，包括知识转移与知识扩散。现在越来越多的学者倾向于对知识（技术）溢出、知识转移、知识扩散不做区分，统称为知识溢出（Battke 等，2016；Figueiredo 等，2015；Kuwahara，2013；Lin，2015；Plummer 和 Acs，2014；Seo，2015；Stanko 和 Olleros，2013；Yang 和 Steensma，2014）。

由于知识特性以及研究对象、目的、方法等方面的原因，不同学者对知识溢出有不同分类。缄默知识论的提出使许多学者从显性知识和隐性知识的角度对知识溢出进行分类，显性知识是易于整理和编码的、内容单一的知识，隐性知识则是很难编码的、隐含的知识（杜建国等，2011；刘毅和汪波，2012；Figueiredo 等，2015；Gilbert 等，2008；Effie 和 Henny，2008；Schmidt，2015）。Verspagen（1991）将其分为租金溢出和纯知识溢出。Maskell（2001）把产业集群内部的知识溢出划分为水平方向的知识溢出和垂直方向的知识溢出。Poldahl（2004）根据知识的外部性特征，把知识溢出分为垂直知识溢出与水平知识溢出。谢富纪和徐恒敏（2001）、韩鹏等（2004）将其分为“分裂式”溢出和“纯知识”溢出。有些学者以国家为边界将知识溢出分为本地溢出和国际溢出（吴先华等，2007；Kuwahara，2013；MacGarvie，2005；Xiang 等，2013）。也有的学者从溢出层面将知识溢出分为企业间知识溢出、产业间知识溢出和区域间知识溢出（郑展和韩伯棠，2009）。Wennberg 等（2011）认为，大学对大学衍生企业（创业者原来是大学的雇员）和企业衍生企业（创业者具有大学教学背景）的知识溢出做了区分，并认为产业经历获得的商业知识比在大学额外的研究经历获得的学术知识对创业绩效具有更多的潜在价值。Hallin 和 Lind（2012）将跨国公司知识溢出从水平（竞争对手）知识溢出和垂直（客户和供应商）知识溢出两方面做了区分。Chyi 等（2012）根据公司在技术空间中的位置，把中国台湾新竹科技园的公司分成 23 个技术类别，相应地把知识溢出区分为内部知识溢出和外部知识溢出。傅利平等（2013）分别从主观意愿、知识类型、主体类型、溢出载体、溢出方向、溢出范围等划分维度对产学研知识溢出进行了分类。Yang 和 Steensma（2014）通过研究发现，知识溢出接受公司会综合溢出源公司的知识和溢出源公司不熟悉的知识进行创新活动，在竞争和动态市场环境中，知识溢出源公司为了减少不确定性，会在更大程度上依赖知识接受公司的这种创新活动来指导自己在哪里探究新专长，从而发生逆向知识溢出。Battke 等（2016）把知识溢出分为内部溢出和外部溢出，并研究发现相对较少多样性的知识更多地和内部技术知识流动相关联，相比较外围知识，核心知识更易于内部技术知识的流动，而不太可能溢出到其他技术领域。

1.3.1.2 知识溢出途径研究

Saxenian（1994）在研究硅谷创新活动时发现，研发人员的正式或非正式交流是知识溢出的主要途径。Coe 和 Helpman（1995）根据全要素生产经济理论，探索出 FDI 对本区域技术创新的知识溢出效应。Almeida 和 Kogut（1999）认为，知识人才是创新系统内知识溢出的主要途径，知识人才一方面促进了新知识的创造，另一方面加快了知识在不同区域系统的渗透。Feldman（2000）则认为，产学研之间的交流和研发合作为知识溢出创造了条件，研究型大学是重要的知识溢出的源泉，应该支持当地区域、转移技术、安排学生就业，为企业、政府和个人相互作用搭建一个良好的平台，从而有利于知识溢出。Keller（2001）认为，产业区内知识溢出的主要途径包括贸易、交流、合作、人力资本流动、创业等，产业区之间的知识溢出包括国际商品贸易、FDI、劳务输出、国际专利、人口迁移以及信息交流等。魏江（2003）从知识的载体来界定小集群知识溢出的途径。孙兆刚（2005）根据知识载体的差异将知识溢出的路径分为三类：通过机器设备、投资办厂等特定知识载体获取的溢出称为知识溢出的传导路径；通过商品贸易以不特定载体获取的知识溢出称为对流路径；不需要载体，通过研发和干中学的方式获取的溢出称为辐射路径。缪小明和李刚（2006）对产业集群的实证研究发现，非正式沟通、技术引进和人力资本的流动是知识溢出的主要方式，而产业集群中产品流动的作用不显著。滕丽等（2008）将知识溢出路径归结为：贸易、正式或非正式的相互交流、供应商或消费者市场共享、受政府支持、促进知识传递的区域合作项目。Effie 和 Henny（2008）通过调研软件公司的数据分析发现，本地知识溢出通过劳动力流动、衍生企业和主体之间的非正式交流显著正向影响公司的创新绩效。蔡伟毅和陈学识（2010）实证研究分析表明，进口渠道的国际知识溢出是东部地区提升技术水平的主要途径，FDI 渠道的国际知识溢出对中部地区技术水平的提升较明显，但国际知识溢出对西部地区的技术进步尚未发挥明显作用。Filatotchev 等（2011）实证分析发现，跨国界的人力资本流动（海归企业家）会产生显著的知识溢出效应。夏清华和李雯（2012）认为，大学在知识商业化的决策过程中产生了两种不同的知识溢出途径——内部商业化或向产业转移。

自从 Jaffe 等（1993）采用专利引用数据追踪显性知识流以来，许多研究者采用这样的指标来代表知识的流动（MacGarvie，2005；Chang 等，2009）。Blazsek 和 Escribano（2010）的实证数据显示：由于从侵权者处获得的赔偿金日益增加，专利变得更加容易得到和对公司更加有价值；由于可接近方面存在的缺陷，创新会产生重要的知识溢出。Xiang 等（2013）则认为，专利引用在反映技术扩散方面是一个有噪声的指标，在识别由于个体接触导致的知识流动方面存在局限，而提供隐性知识流踪迹的共同发明关系能够弥补专利引用数据的局限，两者结合能更好地刻画国际知识溢出。大多研究都没有区分知识流是否在同一技术内，进而加强建立知识溢出的途径。Noailly 和 Shestalova（2013）撰文区分了技术内和跨技术的知识流动，但没有研究知识的什么特征会导致不同的知识流动。Seo（2015）通过不同技术类影响的因果图来识别知识溢出的因果关系，并指出分析不同技术类的知识溢出有助于识别技术或产品新的机会。

1.3.1.3 知识溢出影响因素研究

Fagerberg（1994）指出，在领先者与滞后者之间，知识模仿的潜力与技术差距积极相关。Nooteboom（2000）研究了知识溢出与认知距离的关系，认为主体理解能力和新知识是影响知识溢出的两个重要变量。陈涛涛（2003）对行业 FDI 溢出效应的研究结果表明，内外资企业的能力差距较小时有助于溢出效应的产生。杨蕙馨和刘春玉（2005）分析发现，技术接近性与空间局限性一起促进了企业间知识溢出效果。孙兆刚等（2006）指出，技术差距在一定的范围内才有利于知识溢出，技术差距太大或太小都不利于经济主体获取溢出效应。Jaffe（1993）、Keller（2001）等指出，地理位置接近有利于知识溢出的发生。然而，李燃等（2012）实证分析表明，经济距离对创业知识溢出的影响比地理距离的影响更显著。Li（2014）通过专利引用研究国际和国内知识溢出的距离效应以及地方和国家边界，进一步发现，边界和距离效应随专利的年龄而衰减，聚合边界效应通常因为归并偏误而高估，商务旅游和知识的品质可以有效减弱知识流动的地方边界效应。Figueiredo 等（2015）采用专利数据和工业数据研究也发现产业集聚可以抵消距离的反效应。

Chen（2004）研究了知识特征、联盟治理结构、吸收能力等因素对联盟知识转移的影响。Hau 与 Evangelista（2007）进一步发现，学习意图和学习能力对市场营销知识的获取具有正面影响，而知识保护具有负面影响，合作方的协助只对显性知识获取具有显著影响，而文化距离只对隐性知识获取具有负面影响。Effie 和 Henny（2008）研究也认为，企业的吸收能力对学习外部知识具有促进作用。郑展等（2007）实证分析得出：基础文化与科技投入水平和地区知识交流与创新能力水平是影响区域知识吸收能力的两个重要内部因素。进而，周华和韩伯棠（2009）认为，在衡量咨询企业知识吸收能力时，既要考虑企业中知识的主要承载者（咨询顾问），也要考虑企业的整体素质的影响，并称这种影响为企业的综合吸收能力，它对获得的来自客户行业知识的溢出效应能起放大作用。韩剑（2009）则认为，企业只有依靠在地理上集聚，才能尽可能地扩大对溢出知识的吸收能力，并降低获取创新资源的成本与不确定性。Filatotchev 等（2011）的研究认为，只有当地企业拥有足够的吸收能力，跨国公司的研发活动才会对当地企业的创新强度产生显著的影响。然而，Caragliu 和 Bo（2011）采用一个地区的研发开支和社会资本来度量其吸收能力，通过意大利 103 个省份数据实证分析却发现，吸收能力意味着向外知识溢出的减少。

陈傲等（2011）研究发现，空间知识溢出的影响因素不仅包括地理距离、知识缺口，还包括中心城市人口相对拥挤程度、周边地区吸收能力差异等。吴晓云和李辉（2013）则重点分析研发能力、知识型人力资本对隐性知识溢出的影响，并提出信息和通信技术（ICT）在其中的调节作用。Plummer 和 Acs（2014）研究发现，本土化竞争会对新知识和创业活动间的积极关系产生负面影响，但更大的聚集可以抵消这种负面影响。王雷（2012）对上海浦东信息通信技术产业集群的实证研究发现，跨国公司嵌入程度，内外资企业联系密度，以及跨国公司子公司独立性对跨国公司子公司知识外溢有显著的正向影响。Silajdzic 和 Mehic（2015）实证分析发现，转型经济中 FDI 的知识溢出效应受吸收能力的显著影响。Battke 等（2016）通过分析三种类型的电池专利数据发现，知识的多样性和是否为核心知识会影响知识的流动。还有一些文献从宏观角度考虑，认为知识溢出受社会网络、产业网络、国家发展战略和市场约束等的影响（李文博，2011；卢福财和胡平波，2007；潘士远和林毅夫，2006；Xiang 等，2013）。

1.3.1.4 知识溢出与区域经济增长关系研究

现有研究表明，知识溢出有利于区域经济增长。Grossman 和 Helpman（1991）提出，知识溢出对区域经济共同增长具有重要意义，使人们认识到了区域间知识溢出是区域相互作用的重要形式。Black 和 Henderson（1999）认为，地方性知识溢出能促进城市集中，并促使人力资本积累。侯汉平（2001）从知识非排他的公共物品性质出发，认为 R&D 知识具有扩散性，它会引起经济社会、技术和生产力的进步。沈坤荣和耿强（2001）利用省市自治区的 FDI 外商直接投资总量与各省的全要素生产率的截面数据，分析表明 FDI 通过溢出效应显著提升全要素生产率。包群和赖明勇（2003）研究表明，外商直接投资通过技术外溢效应带动了我国国内部门的产出增长，而这种效应受人力资本、经济开放度、基础设

施等因素的影响。梁琦（2004）研究认为，知识溢出存在空间局限性，且这种空间局限性与国际收入不均等、世界生产率差异的地域性相吻合。李小平和朱钟棣（2004）利用我国各地区面板数据研究国际贸易溢出的门槛效应，结果显示：进口显著地促进了技术进步，出口反而阻碍了技术进步。在此基础上，李小平和朱钟棣（2006）利用计算外国 R&D 资本溢出的方法研究表明，国际贸易渠道的 R&D 溢出显著促进中国工业行业的技术进步增长和全要素生产率增长。周燕和齐中英（2005）分别研究了不同类型的 FDI 溢出对本地企业产生的影响。Effie 和 Henny（2008）指出，发展中国家往往强调国际知识溢出的重要性，而忽略了本地知识溢出的影响，通过对乌拉圭蒙得维的亚市软件产业的实证研究表明，在发展中国家本地知识溢出对于产业集群中的企业创新同样意义重大，不仅有利于劳动力流动和成员之间的信息交流，而且有利于孵化新企业的产生，提高企业的创新能力，增加区域内企业竞争力。张玉明等（2009）以高技术产业为例探讨了 MAR 溢出、Jacobs 溢出和 Porter 溢出三种溢出形式对区域创新产出的影响。进而，刘满凤和吴卓贤（2013）对 54 个高新技术产业开发区的实证分析表明：MAR 溢出、Jacobs 溢出能够很好地表示我国高新技术产业集群内和高新技术产业集群之间的知识空间溢出效应；沿海发达地区的 MAR 效应小而 Jacobs 效应大，西部落后地区则正好相反，MAR 效应大 Jacobs 效应小。

李燕和韩伯棠（2010）研究结果表明，无论是从长期均衡还是从短期变动来看，弱隐性知识溢出对产出的促进作用都是正向的。徐盈之等（2010）利用中国 31 个省份的相关数据进行实证分析，得出结论：知识存量对区域经济增长具有促进作用；省域间的知识溢出对地区经济增长有明显的推动作用，且受地区人力资本水平和吸收能力的影响。而张玉明和李凯（2011）高科技行业省际知识溢出效应的实证结果表明，如果贫困区域能受到发达区域的拉动和辐射，那么落后省际区域的增长将能成为中国整体发展中最有效的部分。Filatotchev 等（2011）采用 1318 个北京中关村科技园高科技公司的面板数据，发现海归企业家产生了显著的知识溢出效应，促进了其他地方高科技企业创新；非海归企业的吸收能力（由员工的员工技能水平近似表示）正向调节这种溢出效应的程度。Dong 等（2012）以大连“新三区联动工程”为例，创业通过渗入知识过滤系统并刺激知识的商业化，从而提升空间知识溢出对区域经济增长的贡献。傅利平等（2013）分析论述了知识溢出对创新网络、创新主体及区域产业集聚、创新能力及经济增长的效应，指出：产学研合作创新网络的知识溢出，是产生区域产业集聚效应的主要动力，是影响区域创新效率和创新能力的重要因素；对区域内高技术产业及全要素生存率有明显的促进作用，从而对区域经济增长具有正效应。Shang 等（2012）实证分析发现，区域知识溢出对设计专利、发明专利和适用新型专利有积极影响。李志宏等（2013）在知识生产函数的框架下考虑本地知识存量与其余地区知识存量因素的影响，对中国省份区域间创新行为知识溢出进行了回归分析，结果表明：R&D 经费支出对地区的知识生产有显著的正效应，而 R&D 人员全时当量对知识生产作用不显著；知识存量对地区知识生产具有显著作用，本地知识存量具有正效应，其他地区知识存量具有负效应。王崇锋（2015）通过因子分析法得出结论：区域创新要素投入、知识溢出会显著影响区域创新能力，知识溢出会显著正向调节创新投入与创新产出之间的关系。林苞（2013）利用中国经济普查中的地区数据通过检验发现 R&D 活动与创业活动的正向联系，支持“知识溢出创业”的理论，并对这些结果的政策与理论意义进行了论证。杨勇和周勤（2013）研究结果表明，集群网络的集聚系数对新企业创立具有正向影响，但集群网络的平均路径距离与企业家创业呈负相关关系。Samaniego（2013）探究知识溢出与创新、创业之间的关系，以及知识产权制度的跨国差异，结果显示较强的知识产权实施总是不相称地与研发密集型行业更多的创新开支、企业的进入退出相关联。Stanko 和 Olleros（2013）发现，外包这种知识溢出模式对行业创新有负面影响，但对行业利润的增长有促进作用。林善浪和张作雄（2013）的研究结果表明，技术创新、知识溢出对地区市场潜能的变化具有显著影响，且人力资本溢出、企业 R&D 溢出和新产品价值溢出是影响地区市场潜能的主要因素。Chyi 等（2012）实证分析表明，外部研发溢出对中国台湾高科技集群的销售净额有显著影响。Silajdzic 和 Mehic（2015）研究了转型经济背景下 FDI 与经济增长的关系，发现 FDI 通过知识溢出对经济增长有显著贡献。但 Kuwahara（2013）的研究表明，国际知识溢出对经济增长有负面影响，没有人力资本投资的低增长陷阱会在某些情况下出现，即在全球经济增长下，对人力资本的教育投资有被挤出的可能性。聂飞和刘海云（2015）进一步证明了这一结果，他利用全国 29 个省份的 R&D 投入与经济增长的有关数据，分析发现：R&D 对我国的经济增长具有明显的促进作用，商品贸易和国外技术引进的溢出效果小于自主 R&D 投入的溢出效果；人力资本的流动扩大了东部地区的研发优势，抑制了中西部地区研发水平的提升。

1.3.1.5 高校知识溢出相关研究

从以上分析看出，学术界对知识溢出的探究开始于 20 世纪 60 年代，主要以国际贸易、FDI 途径为对象，侧重于企业和产业层面，随着经济学观察单元从企业转向空间，知识溢出的研究单元开始从个体、企业转向群体和区域（李青，2007，李志宏等，2013；王崇锋，2015；Couture，2015；Shang 等，2012；Schmidt，2015）。高校作为新的科学技术发展和创新成果的摇篮，作为知识溢出重要源头，这一特殊群体的知识溢出正逐步得到国内外知识溢出理论研究者的关

注（傅利平和涂俊，2014；王立平，2005；田华，2011；Bodorkós 和 Pataki，2009；Fritsch 和 Slavtchev，2007；Lin，2015；Ponds 等，2010；Wennberg 等，2011）。

Adams（2002）研究表明，高校 R&D 活动溢出的本地化程度高于产业知识溢出，因此，应该加强高校与当地企业的合作。Breschi 等（2005）认为，人才在学术界和产业界的流动及在该过程中形成的社会网络是高校与企业之间知识溢出的主要发生机制。Davies（2008）指出，高校知识溢出是有利于高校所处地区的区域经济和区域创新体系，但不易于产生更加普遍的影响，即通常产生本地区域化的知识溢出效应。王立平（2005）运用知识生产函数模型框架，以高技术产业为例，对我国高等院校 R&D 知识溢出的空间范围和程度进行了实证研究。吴玉鸣（2009）的估计结果显示，我国各个地区的企业自身 R&D 经费投入对专利产出的作用明显但不稳健，而大学研究对企业创新产出具有明显而稳定的知识溢出效应，说明政府引导下的产学 R&D 合作是一种良好的制度安排。许强和杨艳（2010）从创新链的视角出发，揭示了公共科技创新平台的组织性质，阐述了平台创新过程中企业、高校与科研机构和政府三方之间相互影响的知识“洪流”的产生，具体分析了平台内知识的流动和溢出及其与创新的关系。廖述梅（2011）采用知识生产模型分析的实证分析表明，高校研发对企业专利和新产品创新均产生了显著的地理溢出效应，且东部、中部、西部地区的溢出效应存在差异。Dong 等（2012）研究表明，大学（校区）、科技园和社区联动有利于提升大学的知识溢出效应。刘敏和曹衷阳（2012）从合作动因、知识特性、影响因素等方面，对近年来大学与企业之间 R&D 合作溢出的研究进行了梳理与述评。傅利平等（2013）通过构建产学研合作创新网络内部的知识供求均衡模型，采用微观经济学的供求分析法研究大学和科研机构知识溢出与产学研合作创新网络磨合协调期、规范发展期、螺旋上升期三阶段的耦合机制，并阐述了知识溢出对创新网络、创新主体及区域产业集聚、创新能力及经济增长的效应。易锐（2014）通过实证分析得出，我国大学知识溢出对高技术产业的促进主要通过技术转让和校办产业等大学创业活动实现，但对区域经济增长的促进作用主要通过人力资本的中介作用而不是大学创业活动促进。罗瑾琏等（2014）采用问卷方式，对环同济知识经济圈内的企业进行了调查，检验结果说明，高校知识溢出对企业创新绩效有显著的正向作用，企业吸收能力起部分中介作用，地理邻近性起调节作用。张德茗和谢葆生（2014）利用我国 2000 ~ 2010 年的省级面板数据，对理工农医类高校 R&D 投入、大中型工业企业技术创新之间的关系进行研究，结果表明，高校 R&D 投入对企业创新能力和创新效益在地理空间、技术空间上存在溢出效应。Couture（2015）在研究城市的知识溢出时发现，较大的城市大学专家和企业家之间有更多的会面，会导致更多的学习和更好的匹配。Lin（2015）把美国 196 所研究性大学定义为知识中心，并以总部靠近知识中心的公司为样本，实证分析发现，大学的知识溢出促进公司的创新，并为公司带来较好的流动性和较高的市场价值。傅利平和涂俊（2014）采用中国大学和企业的 2007～2011 年省级面板数据，实证分析显示：大学研发投入和市场因素对大学知识创新产出具有明显的正向促进作用；大学知识创新产出和区域、企业创新存在空间相关性和依赖性，其中，长三角地区指标的局部空间相关性最为明显。在此基础上，傅利平和涂俊（2015）根据三螺旋理论研究大学知识溢出和大学、企业与政府参与对企业技术创新的影响，结果表明，企业研发投入、大学知识创新综合产出和大学企业政府协作均对企业技术创新有正向促进作用。唐书林等（2015）的研究表明，大学衍生企业网络嵌入对知识溢出的影响存在明显的空间模仿效应。

从现有文献整理看，知识溢出理论正处于不断发展完善的进程中，取得了较多研究成果。高校作为知识溢出重要源头，越来越受到学者关注。但是，既有的研究成果主要集中在企业和行业层面、大学与企业、科技园和区域之间，静态分析知识溢出的影响因素、途径、效果等方面；实证分析大多根据创新、增长率等，采用知识溢出模型测量知识投入变量（研发投入、劳动力流动等）的影响，对知识溢出过程等知识溢出的精细机制关注较少，由于方法论的原因，知识溢出的定量研究主要聚焦于有明确形式的技术知识，而不是从隐性知识、实践认识中去搜寻解释市场相关的溢出效应（Schmidt，2015）；鲜有文献考虑高校对农村的知识溢出问题。

1.3.2 知识溢出与农村发展关系研究综述

知识溢出理论的不断完善，也促使国内外不少学者将其引入农业农村发展的相关研究中。顾焕章等（1994）分析了农业科研的直接溢出效益和间接溢出效益的衡量机理，在此基础上构建了农业科研投资重点确定的经济模型。Cortright 等（2000）对美国波特兰地区苗水产业集群开展研究，结果说明，波特兰花卉产业增长是由起源于欧洲的容器、苗木技术扩散所推动的。Giuliani（2005，2007）从集群内知识溢出视角研究世界主要葡萄酒生产国家的葡萄酒产业集群，他认为，集群内企业知识储备的不同会导致单个企业对知识的吸收、扩散和创新能力的不同，拥有较强知识储备的企业更易于知识交流和扩散。蔡志强和刘禹宏（2008）则从经济学角度分析了市场经济对农业科技企业发展的要求，阐释了农业科技园区与农业科技企业发展的互动机制，探讨了农业科技企业技术创新及溢出环境。刘祚祥和胡跃红（2009）指出，农民工以血缘、地缘或者业缘为基础的“群团”流动形式，增加了知识的溢出与扩散概率，节约了农业劳动力非农转移过程中的信息成本。宋燕平和王艳荣（2009）认为，区域的技术进步的逆流效应会使资本、人力资本在该区域内空间集聚，使产业内竞争加剧，从而进一步推动区域的技术进步。Pérez – Mesa 和 Galdeano – Gómez（2010）从跨国公司的角度对西班牙蔬菜集群进行研究，得出结论：跨国公司作为集群内技术扩散的媒介促进了集群内的知识溢出，推动了农业产业集群的创新。王淑英（2011）通过考虑不同企业间知识转移联系的强弱，建立了农业科技园区知识转移加权小世界网络模型，据此分析了知识转移频率、集聚系数、集中度参数等对农业科技园区知识交流的影响；并根据对河南省部分农业科技园区的调查，针对性地提出加强知识转移的策略。王艳荣（2012）对安徽砀山县酥梨产业集聚区 300 家农户的调研结果进行了因子分析和结构性检验，探索了农业产业集聚区网络结构、知识溢出、吸收能力对技术创新的影响。刘清华（2012）认为，由于农业产业集群发展中面临的外部和内部知识源匮乏、农业企业知识消化、吸收能力低下，农业产业集群中存在的学习智障等因素导致农业产业集群发展中的知识外溢效应有限。周应恒等（2012）通过山东寿光 284 位蔬菜种植户的调查，运用结构方程模型分析表明，知识溢出对我国蔬菜主产地形成有显著的正向影响。Wang 和 Li（2012）采用 Malmquist 指数方法测算出我国农业全要素生产效率，并采用脉冲响应函数动态模拟外商直接投资（FDI）对我国农业技术效率和进步效率两种溢出渠道的影响程度。Hübler（2015）利用东南亚湄公河地区的调查数据来验证劳动力流动和业务关系对农村技术扩散的影响，研究结果表明，劳动力流动和业务关系有助于克服农村发展的地理障碍。Wang 等（2015）利用我国农村劳动力流动样本，结果显示，劳动力流动的社会网络存在教育溢出效应，劳动力的教育水平对他们的收入有显著的正向影响，且男性的效应大于女性的效应。涂国平和刘畅（2015）把知识溢出模型引入沼气合作开发的博弈分析中，并得出结论：政府可通过资金支持和技术支持增强沼气能源技术的追赶能力，减小博弈双方知识储备差异，合理规划养殖企业和农户之间地理位置的距离等方式保证合作进行。

从现有文献整理看，随着知识溢出理论的不断发展和完善，以及新农村建设在我国日益受到重视，从知识溢出视角分析农村发展相关问题研究正逐步受到国内学者的关注。现有文献大多关注农村企业或行业（集群、园区）之间或内部的知识溢出，而就高校知识溢出对农村区域发展的相关研究比较缺乏。此外，农村知识化过程涉及高校、农村经济实体、基层政府和外部环境等多个主体，且各主体间具有复杂交互关系，现有研究缺乏考虑这种动态交互对知识溢出效应的影响。

1.3.3 计算实验及其相关应用研究综述

当前，计算机的发展已经渗透到各个学科领域，计算机仿真方法拓宽了社会科学研究的道路，以往在技术上难以处理的问题有望在这种多学科交叉融合之下得到重新审视。

计算实验遵循“自下而上”的建模范式，基于现实场景建模，并通过“虚”“实”联动验证模型的有效性。计算实验方法能相对容易且有效地融合复杂自适应理论、Multi - Agent 技术、博弈论等理论和方法，实现对社会、经济、管理等复杂系统与环境的交互以及系统中各要素的动力学特征的刻画，并实现对系统涌现行为与演化规律的综合集成研究。计算实验的基本原理、框架与实现手段及应用研究（盛昭瀚等，2009、2010；盛昭瀚和张维，2011；张维等，2012）等均日益成熟和完善，成为一个研究动态复杂性的有力工具。

计算实验方法近年来在社会科学领域获得了不少应用，如：研究宏观经济走势的 PHPEN 模型（Sprigg 等，2004）；研究人口问题的社会经济计算实验模型（王飞跃等，2005），研究天花感染传播的 EpiSims 模型（Barrett 等，2005）；研究软件扩散的元胞自动机模型（陈若航，2010）、网络演化模型（Liu 等，2009）。计算实验方法也被用在组织研究领域，如组织学习、组织结构、组织成长、组织的商业模式等（Chang 等，2003；Epstein，2005；Scheurer，2007；徐迪和李煊，2010）；以及金融理论领域（Arthur 和 Holland，1997；熊熊等，2009；张永杰等，2010；Anufriev 和 Dindo，2010），并取得了较好的研究成果。

一些学者运用社会科学的计算实验方法，基于多 Agent 模型，研究组织（特别是网络组织）技术创新扩散、知识转移的动态复杂性（Berger，2001；Laciana 和 Oteiza - Aguirre，2014；Schwarz 和 Ernst，2009；Shin 和 Kook，2014；Stummer 等，2015；曹兴和宋娟，2014；王国红等，2014）。Berger（2001）采用多Agent/元胞自动机方法刻画农户的异质性以及农户间的社会和空间互动，结合经验数据的仿真结果显示：基于 Agent 的空间建模是一种更好地理解创新扩散过程和资源利用变化的强大工具。Schwarz 和 Ernst（2009）采用计算实验方法研究（节水）环境创新的扩散，基于 Agent 的建模考虑了实际的地理区域、Agent 价值观和态度的异质性以及决策的有限理性，并采用实证的方法来校准模型。Faber 等（2010）基于 Agent 建模研究发热发电技术的扩散，并实验分析不同补贴设计的影响。Zaffar（2011）采用基于 Agent 的计算经济学方法，发现网络拓扑结构、网络密度和协作成本等强烈影响开源软件扩散的动力学。Tanga 和 Bennett（2011）采用图形处理技术，研究个体决策者间大规模意见交流的并行 Agent 建模，实验结果显示了计算的有效性。Laciana 和 Rovere（2011）综合考虑个体对创新益处的认知和决策者社会网络成员的社会影响，通过基于 Agent 建模的实验仿真发现：选择的个体认知距离大，创新采纳的速度随早期采纳者的差异增加而加快。Laciana 和 Oteiza - Aguirre（2014）采用基于 Agent 的多选择模型研究创新的扩散，发现网络的拓扑结构会影响购买者的模仿效应。Shin 和 Kook（2014）开发了一个网络模型，当知识 Agent 在网络间均匀分布时，知识可以通过网络有效传播，研究结果能很好地解释虚拟知识网络组织间知识转移的复杂性。曹兴和宋娟（2014）采用计算实验方法模拟知识在网络组织间的转移过程，实验结果表明，网络拓扑结构的动态演化对知识转移的速度有较大影响，网络组织越稳定，越有利于知识的转移，网络平均邻接点数越大、节点学习能力越强、网络规模越大，知识转移越快。王国红等（2014）考虑知识转移与社会资本之间的联系，构建具有小世界特性的创新孵化网络知识转移模型，实验结果表明：小世界网络特性有利于提升知识转移效率；结构维、关系维、认知维社会资本正向促进创新孵化网络的知识转移效率。Stummer 等（2015）认为，创新的扩散受创新的类型、感知属性、营销活动和消费者采纳行为等的影响，基于 Agent 的建模能克服传统方法的许多局限，可以考虑消费者的异质性、有限理性以及他们交互的社会结构。Palme 等（2015）综合考虑投资的经济收益、环境影响、家庭收入、社会网络等影响要素，建立 Agent 模型，并用实际数据来校正模型的初始状态，实验结果充分显示了光电技术扩散过程的复杂性。

总之，计算实验方法在研究技术创新扩散和知识转移方面正日益显示出其独特的魅力，它弥补了静态分析方法在揭示微观互动与宏观行为特征动态变化方面的不足，可以充分考虑组织成员的异质性及成员间的交互复杂性。

面向农村的高校知识溢出的绩效取决于高校知识供给与农村对知识需求的匹配关系，此外，还受到农村对知识应用前景的认识及其知识接受能力、外部市场与政策环境等方面的制约。从高校知识生产、溢出，到高校知识被农村采纳，实现知识的价值，这是一个充满复杂性的动态过程。面向农村的高校知识溢出过程中，不同类型的高校是知识溢出的供给方，农村行政组织和经济组织是知识溢出的需求方，高校知识的供给与农村知识需求的匹配程度，直接影响知识溢出的绩效。而高校知识供给与农村知识需求相匹配的过程又受到主体属性、交互机制和外部政策环境等因素的影响。在这一过程中，多元参与主体的相互作用、动态的外部环境以及各成员的异质性等系统特征较难单纯地用定性或定量的方法准确表达，而基于多 Agent 与人工社会思想的计算实验方法视高校、农村经济组织、农村行政组织以及外部环境等为 Agent，通过一种自下而上的研究设计思路，尽可能地刻画参与主体的主要禀性，描述参与主体与主体之间、参与主体与环境之间的规则关系，以计算机系统再现现实个体行为决策情景；在此基础上进行系统行为与演化规律分析，为研究面向农村的高校知识溢出的动态复杂性提供了一种新的手段。

1.3.4 研究述评

综上所述，无论是知识溢出研究，还是知识溢出与农村发展的关系研究等都取得了较多研究成果，这些理论成果无疑对农村建设和发展的实践具有积极的指导作用，也对本书研究高校对农村的知识溢出问题具有重要的借鉴意义。然而，综观现有文献，有以下几点需要指出：

（1）高校作为知识生产的源头和创新成果的摇篮，这一特殊群体的知识溢出正逐步得到国内外知识溢出理论研究者的关注。但既有研究成果主要集中在高校与企业、科技园区和区域之间，静态地分析高校知识溢出的影响因素、途径、效果等方面，鲜有文献专门研究高校对农村的知识溢出问题。

（2）知识溢出理论正处于不断发展完善的进程中，在定性与定量研究方面均取得了较多研究成果。但由于方法论的原因，定量分析大多聚焦于有明确形式的技术知识，多根据创新、增长率等，采用知识溢出模型测量知识投入变量（研发投入、劳动力流动等）的影响，而不是从隐性知识、实践认识中去搜寻解释市场相关的溢出效应，对知识溢出的精细机制关注较少（Schmidt，2015）。实证分析大多采用官方统计数据，由于数据来源、衡量指标、年限选取、地理单元、产业性质等原因，所得结论并不一致（张德茗和谢葆生，2014），采用调研数据通过结构方程模型来研究知识溢出的文献还非常少见。

（3）农村建设和发展始终是理论界以及党和政府关注的话题，随着知识溢出理论的不断完善，从知识溢出视角分析农村发展相关问题研究正逐步受到国内外学者的关注。但现有文献大多关注农村企业或行业（集群、园区）之间或内部的知识溢出，而就高校知识溢出对农村区域发展的相关研究比较缺乏。

（4）高校对农村的知识溢出涉及高校、农村经济实体、基层政府和外部环境等多个主体，受参与主体行为多样性、外部环境约束以及主体之间交互的影响，高校对农村的知识溢出是一个具有系统复杂性的动态过程。而计算实验方法可以较好地刻画各个参与主体的主要特性和复杂交互，通过计算机系统再现现实中面向农村的高校知识溢出的过程，通过设置高校与农村参与主体间交互的不同情景模式并反复实验，观察外部环境变化时各主体行为的动态演化过程，并在此基础上进行系统行为与演化规律分析，是研究面向农村的高校知识溢出动态演化机理的有力手段。

为此，要提高高校对农村的知识溢出绩效，以提升高校服务农村建设的水平，还需进一步厘清高校对农村的知识溢出机理。本书试图紧密围绕我国现阶段高校服务农村建设的实际，通过调查研究，采用结构方程模型方法进行实证分析。在此基础上，结合计算实验方法，构建不同的实验情景，研究面向农村的高

校知识溢出的动态演化规律，为构建和完善有利于面向农村的高校知识溢出的环境提供决策支持，同时为农村建设和发展问题的相关研究提供新的分析视角。

1.4　研究内容与研究方法

1.4.1　研究内容

“知识”是新农村建设和发展的核心要素，我国新农村建设的根本出路在于走知识化道路。高校服务农村建设体现为高校对农村的知识溢出，且溢出绩效的高低直接影响新农村建设的进程。而影响面向农村的高校知识溢出的因素有哪些？面向农村的高校知识溢出的途径有哪些？高校与农村行政组织（基层政府组织）、农村经济组织（合作社、家庭农村、农业大户等）多主体之间的交互作用如何影响知识溢出的绩效等问题的有效解决无疑有利于提高知识溢出的绩效，加快农村的发展。鉴于此，本书的研究主要围绕以下几点展开：首先，说明本书的研究背景，阐述知识溢出与农村发展的关系并剖析其研究现状，在此基础上明确研究要点。其次，简要阐述知识溢出理论、人力资本理论、内生经济增长理论和三螺旋理论。分析面向农村的高校知识溢出的主要主体，并结合人力资本理论、三螺旋理论、知识溢出理论来分析面向农村的高校知识溢出的形成过程和传导机制；对知识溢出主体进行深度访谈，提取影响知识溢出绩效的因素，建立面向农村的高校知识溢出绩效的理论模型。再次，根据理论模型和文献分析提出有关假设，设计问卷并对高校与农村的知识溢出情况进行实证研究，采用结构方程模型的方法分析各影响因素对溢出绩效的作用。在影响机理分析和实证研究的基础上，建立面向农村的高校知识溢出的计算实验模型，探讨面向农村的高校知识溢出动态过程的演化规律。最后，结合实证分析和计算实验结果提出相应的科学可行的对策和建议。具体研究内容如下：

第 1 章为绪论。本章首先阐述了本书的研究背景，对知识溢出的内涵和分类、知识溢出的途径、知识溢出的影响因素、知识溢出与区域经济增长的关系，高校知识溢出进行了简要的综述。其次，就知识溢出与农村发展关系的研究现状进行梳理，阐述引入计算实验研究方法的必要性，并综述其在社会科学领域的应用。最后，在对现有研究进行评析的基础上提出了本书的研究内容，阐述了本书的研究方法和创新点。

第 2 章对本书的主要理论基础进行概述。在简要介绍知识、知识存量和知识溢出相关概念的基础上，首先从人力资本流动、商品贸易、投资、个体和组织交流等方面阐述知识溢出的途径；其次简要阐述知识溢出的影响因素；最后对人力资本理论、内生经济增长理论、三螺旋理论进行介绍，并说明人力资本、技术进步等对农村建设与发展的意义。

第 3 章为面向农村的高校知识溢出的影响机理分析。本章首先就面向农村的高校知识溢出的主体分高校、农村经济组织、农村行政组织进行详细阐述。其次结合三螺旋理论构建高校、农村行政组织、农村经济组织知识溢出的三螺旋模型，阐述面向农村的高校知识溢出的形成过程，结合溢出源的特征、溢出途径和接受者剖析面向农村的高校知识溢出的传导机制。最后在对既有文献资料、信息收集和整理的基础上，对高校服务农村建设的关键主体（如农业科技企业、农民专业合作社、家庭农场、专业大户等农村经济实体及基层政府等）进行深度访谈，基于扎根理论对访谈文本进行编码，提取知识溢出绩效的影响因素，并构建高校对知识溢出的理论模型。

第 4 章为面向农村的高校知识溢出绩效的研究设计。首先在高校对知识溢出理论模型的基础上，结合就知识源、关联情景、接受方的亚类属与溢出绩效的亚类属的关系，结合文献分析提出相关假设。其次结合相关研究设计自变量和因变量的测量题项，通过预调研对问卷的信度和效度进行检验，并完善后形成正式问卷，开展正式调研并对获得的数据进行描述性统计分析。

第 5 章为面向农村的高校知识溢出绩效的实证检验。利用调研样本数据，检验测量模型的有效性，在此基础上对研究假设进行实证检验，得出高校对农村溢出绩效各影响因素的作用关系，并对检验结果进行讨论。

第 6 章为面向农村的高校知识溢出的演化路径研究。在实证研究的基础上，结合高校服务农村建设的实践，描述知识溢出情境，依据调研结果对各影响因素进行参数设置，构建计算实验模型，通过多情景实验，动态地刻画面向农村的高校知识溢出的过程，并对实验结果进行分析讨论。

第 7 章为面向农村的高校知识溢出的引导策略。根据实证研究和计算实验的结果，结合扎根理论的分析结果，从知识源、知识接受方、溢出环境等层面探讨促进面向农村的高校知识溢出的策略，为国家搭建有利于提升高校对农村服务水平的环境平台提供决策支持。

第 8 章为结论与展望。对全书的工作进行总结，并给出研究的主要结论，讨论未来的研究方向，同时指出了本书研究的不足之处。

1.4.2 研究方法

本书在研究过程中，综合采用理论建模、实证分析与计算实验相结合的方

法，进行面向农村的高校知识溢出机理及溢出绩效的研究。具体研究方法如下：

（1）文献分析法。文献分析法指的是通过文献的收集、鉴别、整理，并对文献展开研究，形成科学认识的方法。本书通过广泛收集、阅读国内外现有文献，梳理出现有研究的脉络，并综合已有理论和研究成果，分析知识溢出的内涵、途径和影响因素等，以映射到面向农村的高校知识溢出机制的研究中。

（2）深度访谈法。这是一种无结构的、直接的、个人的访问，它要求调查员掌握高级的访谈技巧后，在访问过程中深入地访谈被调查者，以揭示被调查者对某一问题的潜在动机、信念、态度和感情。为了详细掌握面向农村的高校知识溢出现状，本书通过实地调研和对相关主体涉及人员的访谈，获取访谈文本，基于扎根理论对访谈文本进行编码，从中提取影响面向农村的高校知识溢出的关键类属和亚类属，为构建知识溢出模型提供支撑。

（3）结构方程建模法。简称SEM法，它是一种综合运用多元回归分析、路径分析和因子分析法而形成的一种统计分析工具，它可以处理传统统计方法不能很好解决的多个原因、多个结果的关系，或者不可观测变量（即潜变量）的问题。本书运用结构方程于面向农村的高校知识溢出的概念模型，对潜变量采用Likert量表进行测量，应用AMOS软件，对样本数据进行信度和效度分析，依据分析结果对假设进行验证，并对模型进行修正，证实各影响因素对知识溢出绩效的影响机理，为提出切实提高溢出绩效的策略提供依据。

（4）计算实验方法。这种方法把“科学实验”引入社会科学研究中，以系统科学理论为指导，借鉴自然科学、计算机科学、数学、心理学等学科的思想方法，以经济、社会系统为实验对象，从系统演化的角度，利用计算技术进行经济、社会系统演化机制及其系统中要素的动力学行为模拟；它通过对经济、社会系统要素行为及其相互作用和影响的微观层面分析，揭示系统整体状态变化的演化过程，进一步揭示经济、社会系统演化的一般原理，探索潜在的管理模式和方法，从而更好地服务于经济、社会实践（盛昭瀚等，2009）。本书运用基于多Agent建模的计算实验方法动态模拟面向农村的高校知识溢出的过程，刻画各主体的特性及交互作用，并在此基础上进行系统行为与演化规律分析，为提出合适的对策和制度安排提供支持。

1.4.3 技术路线

本书按照机理阐述（系统分析）→概念模型构建→实证分析→演化路径研究（计算实验）→政策建议的逻辑顺序展开，技术路线如图1-1所示。

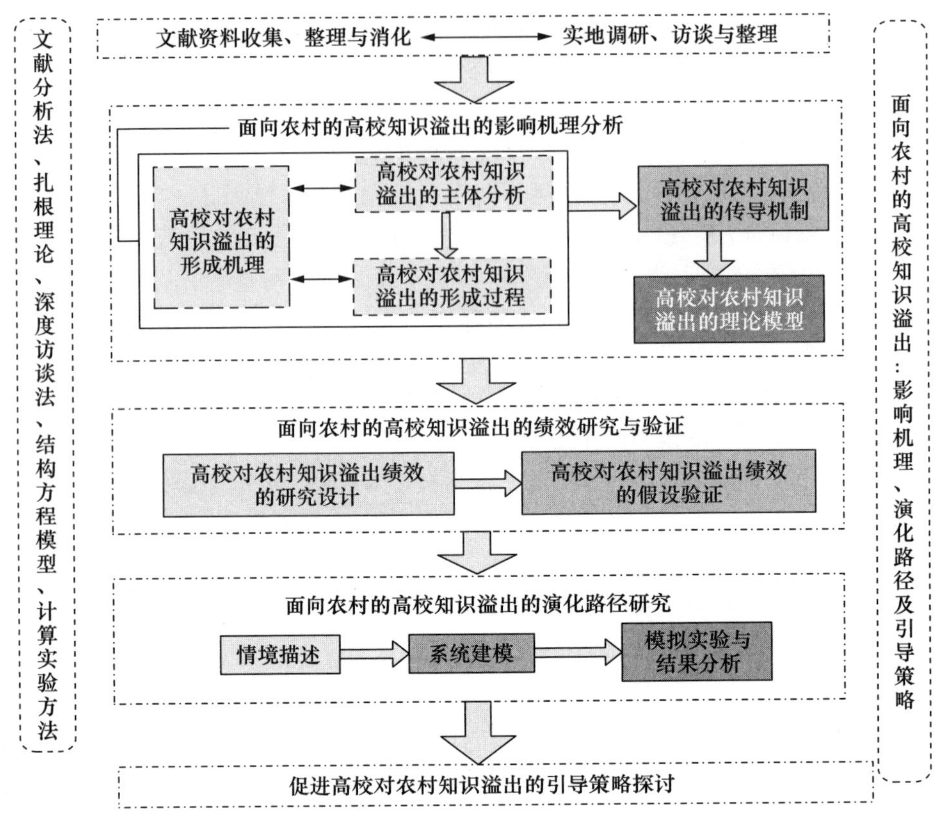

图1－1　技术路线

1.5　本书的创新点

（1）我国农村建设和发展始终是理论界和实践界关注的话题，而“知识”是农村建设和发展的核心要素，我国新农村建设的根本出路在于走知识化道路。高校作为知识生产的重要源头和创新成果的摇篮，其服务于农村建设和发展是时代赋予高校的使命。现有文献大多关注农村企业或者行业（集群、园区等）之间的知识溢出，而就高校知识溢出与农村区域发展的相关研究比较缺乏。本书结合知识溢出理论和三螺旋理论构建了高校、农村行政组织、农村经济组织知识溢出的三螺旋模型，阐述了面向农村的高校知识溢出的形成过程和传导机制，为农村建设和发展问题的研究提供了一种新思路。

（2）现有文献大多通过理论分析和官方统计数据中选取一定年限的衡量指标数据来实证分析有关因素的知识溢出效应。本书通过基于扎根理论的深度调研，提取关键类属和亚类属，构建了面向农村的高校知识溢出的概念模型，在此基础上，结合现有文献和面向农村的高校知识溢出路径，设计影响因素与溢出绩效之间作用的量表，采用结构方程模型方法对假设进行了验证，并对模型进行修正，从溢出源、关联情景、接受方三个方面分析各影响因素对溢出绩效的作用机理，是知识溢出理论研究的丰富和拓展。

（3）高校对农村的知识溢出涉及高校、农村经济实体、基层政府和外部环境等多个主体，这些主体的异质性、相互作用以及动态的外部环境较难单纯地用定性或定量的方法来准确表达。本书在理论分析和实证研究的基础上，运用基于多 Agent 建模的计算实验方法深入探讨面向农村的高校知识溢出的动态过程和规律，通过揭示不同情境下各类主体和系统行为的演化规律，为提高知识溢出效果、提升高校服务农村建设水平提供切实有效的建议。这为探究知识溢出过程的动态复杂性提供了一种新的手段。

第2章　理论基础

2.1　知识溢出理论

2.1.1　知识的内涵和性质

知识与人类文明相生相伴，从原始社会的结绳记事、钻木取火等生活相关的自然知识到后来的天文、数理等科技知识的创造和运用，直到现在信息社会中信息知识的生产、传播和使用，一直以来人们都十分重视知识的创造和利用。从知识的发展过程可知，知识是人们在认识和改造自然、创造社会的过程中逐渐积累的成果。

人们因认识或研究视角的原因，对知识的解释也存在差异。例如，古希腊哲学家柏拉图（1963）最早将知识定义为证明了的真信念。有的学者认为，知识是合理的判断或经验性的结果，它通过某种交流手段，以某种系统的方式传播给其他人（Bell，1973）。《辞海》给知识的一种定义是：人们在社会实践中积累起来的经验，从本质上说，知识属于认识的范畴，人的知识是在后天的实践中形成的。《现代汉语词典》给出了知识的两种解释：①人们在改造世界的实践中所获得的认识和经验的总和；②指有关学术文化的。现代社会以来，随着科学技术的迅猛发展，知识进一步代替了物质资源，成为经济增长理论中的重要解释变量，作为带动经济进步和社会发展的决定性因素，知识已成为改造世界的一种强有力工具。

分析知识的不同定义，我们可发现其定义的共同点，即知识是人们在认识世界和改造世界的实践中所获得的认识、经验的总和，它可以在知识持有者和接受者之间创造、组织和传递。一般地，知识最基本的分类为隐性（缄默）知识

(Tacit Knowledge，指易于整理和编码的、内容单一的知识）和显性知识（Explicit Knowledge，很难编码的、隐含的知识）。袁静和孔杰（2007）根据知识的专业化程度将其分为专门知识（指在主体间转移需要付出高昂代价的知识）和通用知识（指无需高昂代价即可传播的知识）。

知识作为一种特殊的产品，具有一些独特的性质，如客观性与主观性、依附性和无形性、绝对性与相对性、普遍性与特殊性、时效性与非时效性、互补性与外部性等重要特性（陈则孚，2003）。知识在生产、传播和使用的过程中可被不断地丰富、发展，而且知识的传播可以提高其他主体的知识水平，增加知识的创造和积累；而知识水平的提高又有利于全社会对知识的生产、传播和使用以及发挥知识的效用，即知识具有巨大的正外部效应。

2.1.2 知识存量的概念和性质

知识存量是指特定时点依附于组织或经济系统内部人员、设备和组织结构中的所有知识的总和，它既是人们在生产和生活实践中的知识积累，也反映了组织系统生产知识的能力和潜力（李长玲，2004）。知识溢出是以知识存量为基础，溢出者的知识存量决定了知识能够溢出的总量，而知识接受者的知识存量在一定程度上反映了主体对知识吸收的能力（杜建国，2011）。知识存量有多种多样的形态，既包括公式、定理等以文字形式记录下来的显性知识，又包括技术等不易传播的隐性知识，还有因知识依附的载体不同而表现出不同的形态，如以人为载体的知识，以物为载体的知识，以组织结构为载体的知识等。知识的形态和特征的差异构成了知识存量的结构性。

2.1.3 知识溢出的概念和特性

溢出的概念在 Marshall（1890）《经济学原理》一书首次被提及，他把溢出的概念等同于外部性。随着知识经济的发展和知识关键性地位的逐步凸显，知识溢出的研究开始受到重视。有的学者把知识溢出定义为：从事类似的事情并从其他研究中得到更多的收益（Stiglitz，1969）。也有的学者将知识溢出定义为：做相似的工作并从彼此研究中受惠（Griliches，1992）。Stoneman（1995）则认为，知识溢出过程是一种通过有目的、主动地学习获得知识的应用或是将学习到的知识与现有知识相融合开发出新知识的活动。还有学者认为，知识溢出是通过信息交流（或交换）获得的智力收益（或知识），而知识生产者（或创新者）却没有得到直接的补偿，或所得补偿低于创新知识价值的现象（Caniëls，2000；Jaffe，1993；孙兆刚等，2005）。梳理现有文献，可以发现，知识溢出的概念有广义与狭义之分。狭义的知识溢出是知识无意识的传播，注重将知识溢出看作一种效应或结果（Fallah 和 Ibrahim，2004）。狭义的知识溢出不同于知识转移（有意识的知识交流）和知识扩散（知识通过某种渠道从发源地向外进行空间传播和转移，或通过合法手段将知识从知识生产者传递到知识使用者的过程）。广义的知识溢出指成员之间的有目的的知识交易，是具有过程性的范畴，包括知识转移与知识扩散（Saxenian，1994）。现在越来越多的学者倾向于对知识（技术）溢出、知识转移、知识扩散不做区分，统称知识溢出。本书研究的知识溢出是广义的知识溢出。

知识溢出有一定的标准分类。按照知识的黏滞性可把知识溢出分为显性知识溢出和隐性知识溢出。按溢出的载体可分为租金溢出和纯知识溢出，其中：租金溢出是指由于上游企业创新成果没有完全体现到产品价格中而被下游企业所获得的好处；纯知识溢出是指下游企业通过研发人员的流动、交流活动等发生的不自觉溢出以及知识的本身流动性等途径获得的知识，它不与直接的商品流动相关（Verspagen，1991）。按照知识的专用性可分为通用知识溢出和专用知识溢出。按照溢出的范围或边界将知识溢出分为内部溢出和外部溢出（Battke 等，2016）或者本地溢出和国际溢出（MacGarvie，2005；Xiang 等，2013）。总的来说，知识溢出可根据研究的需要，按照一定的标准进行分类。

知识溢出具有社会性，它是通过经济主体的社会交往实现的。个体所掌握的知识可以在面对面的交流中传播。一起工作的团队成员，在实际工作中无意识或有意识地分享着各自所拥有的知识。经济主体可通过相同或者相邻社会网络中的节点，多种渠道吸收新的知识。此外，人们还可以借助互联网、手机等新兴交流工具进行非面对面的交流而实现知识的传播和创新。

2.1.4 知识溢出的途径

溢出路径的畅通有利于知识溢出效应的有效发挥，知识的类型影响传播介质的选择，从而影响知识的传导路径。本书根据宁军明（2008）和王立平（2008）的论述，结合知识传播的不同介质，将知识溢出的主要途径归结如下：

2.1.4.1 人力资本流动

知识的传播、创新离不开人的主观能动性，所以人是知识的载体。凝聚在个体身上的知识，可发挥个体的主观能动性使其得到升华和创新，也可通过人力资本的流动得到传播。人力资本流动被认为是知识溢出的一种主要途径。地区或同一行业企业之间的一定比例的劳动力移动有利于知识溢出，也为企业或地区原有知识重新组合和创新提供了可能。像某项技术或管理经验这样的隐性知识，除知识拥有者本人外，很难被其他人模仿掌握，这就需要人力资本流动才能实现。而且，人力资源的流动使社会网络关系更加紧密，能进一步扩大人际间的正式或非

正式交流，为组织带来更多的新知识、新观念和新思想，可加快创新活动的步伐。

2.1.4.2 商品贸易

生产出来的产品都内含有知识，企业可以模仿其他企业的产品特征、功能、包装外形等，对自己的产品进行改进创新，从而提高自身技术水平。落后厂商也可通过引进先进的机器设备经“逆向工程”获取蕴含在设备之中的知识，创新自己的生产过程。供货商为推销新产品，会将部分知识无偿地与顾客分享，主要是通过广告的形式传授产品使用方法等知识，这样部分知识或信息也会传授给其他企业或制造商。商品贸易产生的知识溢出通常与产品特性和接受方的学习能力有关，同时也与知识溢出方的保护意识有关。

2.1.4.3 投资

外来企业到当地投资，往往会雇用本地劳动力进行生产，而采购或销售也会与当地的企业发生联系，这都会产生知识溢出。外来企业的技术水平和管理模式通常不同于当地企业，所以外来企业较先进的技术或不同的管理模式都可以为当地企业的技术和管理创新提供示范效应，从而产生溢出。此外，外来企业改变了当地原来的市场结构与竞争格局，竞争压力的增加会使员工更加积极学习和工作，促使当地企业加大研发投入、提高采用新技术的速度，从而间接地提高了其他形式的溢出效应。

2.1.4.4 个体和组织交流

随着交通技术的发展和互联网技术的诞生和发展，人与人之间的联系和交流越来越方便快捷，也使组织的交流更加方便和频繁。同时，知识和“互联网+”经济的发展，使知识创新的速度也日益加快，个体和经济主体需持续、广泛地吸收外部知识和信息，以扩大自身的知识存量，才能应对瞬息万变的市场。为此，经济主体应积极构建稳定的、可靠的知识交流平台，个体也需积极利用各种交流平台吸收、创新和扩散知识。这种交流平台既可以是个人之间的交流，也可以是产业内、产业之间的交流和科研组织与厂商之间的交流。这种正式的、有组织的或民间的、无组织的交流平台是当今社会知识的重要溢出途径。

2.1.4.5 组织间的合作

组织间的合作既包括企业与企业之间的合作，也包括企业与大学、科研机构之间的合作。如企业之间的合作创新，产学、产学研、争产学研之间的合作创新，企业间、企业与高校科研机构间的技术专利等的有偿转让，企业间的相互培训合作，公共机构与企业间合作对企业人员的培训和技术知识的输出等。各主体在合作创新的过程中，通过构建知识共享的平台，充分发挥各主体的优势，实现知识在各主体间的流动，创造出新技术、新知识和新产品。同时，通过知识的相互溢出，使合作各方共同创造出新的知识，也为各成员今后自身的创新积累了大量知识资本，增加了各成员的知识存量。

2.1.5 知识溢出的影响因素

知识溢出发生在一定社会大环境下，知识溢出除了受社会网络、政府和市场约束等宏观因素的影响外，还受知识差距、溢出方的控制意愿与控制能力、接受方的吸收能力和溢出方与接受方之间的距离（认知距离和地理距离）等因素的影响。

2.1.5.1 社会网络、政府和市场约束等宏观环境的影响

知识发达的商业链与社会网络、产业网络的形成，有利于企业进行多种形式的合作；合作企业可通过新顾客、新市场以及知识溢出效应的获得增加竞争能力、增强创新活动强度、降低交易成本（Powell，1996）。此外，产业网络和社会网络的双重嵌入形成了有利于技术扩散的大环境，唐书林等（2015）的研究结果表明，产业关联、网络联结规模和中介中心度等有助于提高企业集群知识溢出水平，网络嵌入对知识溢出的影响存在明显的空间模仿效应。政府对知识溢出采取积极的指导方针和产业政策等都会提高知识溢出的发生频率和效率。此外，接受者所在区域市场竞争的压力，会迫使其进行更加有效的创新，不断追赶技术强者，但本土化竞争会使溢出方采取保护和控制措施，这对新知识和创业活动间的积极关系产生负面影响，使保证竞争公平和有效的规则和环境变得十分重要，所以竞争环境也是影响知识溢出的重要因素。

2.1.5.2 知识（技术）差距

有的研究表明：知识（技术）差距越大，个体可学习和模仿的空间越大，同时溢出效应也越大；在领先者与滞后者之间，知识模仿的潜力与技术差距积极相关；技术水平较高的国家或地区在技术领先上占有一定的优势，使落后者模仿其先进者的技术，获得溢出的知识，两者之间的差距随着模仿学习而逐渐减小（Fagerberg，1994；Findlay，1978）。这种观点认为，技术落后者有机会从知识溢出中获益，主体之间技术、知识的差距越大，潜在的溢出就越大。而 Kokko（1994）实证研究发现，技术差距过大会阻碍溢出效应的发生，原因是经济主体之间的技术差距过大时，落后者学习的基础较差，学习能力有限，技术共享的机会变少。但如果不存在技术差距，接受方学习的范围就相当狭小，所以知识溢出最可能发生在主体间适度的知识（技术）差距上。

总的来说，知识（技术）差距是知识溢出的前提和必要条件。如果两个经济主体之间在某一方面的知识水平不同，则通过一定的途径就可以产生溢出。

2.1.5.3 溢出方的控制意愿与能力

知识的外部性决定了知识溢出不可避免，然而知识溢出的接受方对所获得的

知识不付知识成本或只付部分成本，这样会导致知识生产者获得的收益小于其社会收益，从而影响创新者的创新积极性。知识溢出负面效应通常会使溢出方有意识地采取一些措施保护其技术（创新的知识），以降低知识溢出给溢出方带来的负面效应。因此，溢出方的溢出意愿是决定知识溢出的重要因素之一。但能否阻止知识溢出以及阻止的程度，取决于溢出方的控制能力。所以，一些主体采用技术锁定的办法控制核心技术，以防模仿；同时，利用丰厚待遇留住重要人才，以防止人才流失造成的知识溢出。知识产权保护是最常见的措施，但知识的外部性常使其作用受到影响。

总之，溢出方的控制意愿和控制能力是知识溢出的主观约束。不同主体的控制意愿与能力不同。通常企业控制知识溢出的意愿较强，而大学、研究机构等控制知识溢出的意愿相对较弱。但企业的产品总是要进入市场，竞争对手可通过逆向技术（也称逆向工程），解析出产品中所含的新技术和新知识而学习和模仿，故企业要想完全控制知识溢出是不可能的。

2.1.5.4　*接受方的吸收能力*

接受方的吸收能力主要指的是接受方识别、消化与利用外部知识的能力。吸收能力的强弱影响主体学习或转移外部知识的有效性，进而影响其创新能力，所以吸收能力是知识溢出的关键保障。吸收能力的主要影响因素包括人力资本、前期相关知识、R&D 活动和学习机制等（Frans 等，2003；Schmidt，2005）。人力资本和前期相关知识是组织的知识存量，其中人力资本是接受方吸收能力的主要来源，只有当组织的人力资本存量足够丰裕，才能较好地模仿先进技术，充分地吸收外部的知识溢出；前期相关知识构成接受方吸收能力的基础，其水平决定了其识别外部知识范围以及吸收速度。接受方的研发活动为其吸收能力提供保障，推进了人力资本的积累和知识存量的增加。此外，良好的学习机制对于吸收能力的提高相当重要，不管是组织内部的知识扩散、知识创新活动，还是组织外部的技术模仿、转移与引进，都是需要不断学习的。此外，外部技术的可接近性和实施新技术的潜力或障碍也影响主体的吸收能力。

2.1.5.5　*溢出方与接受方之间的认知距离*

认知是指个体或群体对他人或自我的心理行为的感知与判断；认知距离是指主体知识库之间重叠的程度和可以理解的差距。知识差距从量和客体角度说明了知识溢出的可能性，而认知距离则从知识结构和主体对知识的理解水平的差异方面分析对知识溢出效应大小的影响。主体认知距离越小，理解能力越强，但由此获得的新知识却较少；相反，认知距离越大，理解能力越有限，但能得到较多有效的新知识（Nooteboom，2000）。然而，完全相异和完全雷同的企业之间无法进行知识互补，完全相异会使企业没有知识的重叠，会产生交流困难，缺乏吸收创新的潜力，而完全雷同使企业之间只有竞争，不具备相互学习的可能，不会形成知识溢出（孙兆刚，2005）。

可见，只有溢出方和接受方的认知相似时，对新知识的理解才会相似，从而才能了解彼此的行动和扩散的知识。所以，适宜的认知距离是知识溢出的基础。

2.1.5.6 地理距离

地理距离是指主体之间的空间距离或自然距离。较短的地理距离会使主体间面对面的信息交流机会增多，从而使隐性知识转移更加容易和充分；地理距离越大，知识溢出效应越小，隐性知识的转移会变得更加困难。知识溢出具有地理局限性，面对面交流边际成本随距离增加的特点和创新活动中大部分知识的缄默性，使邻近创新源的主体比位于其他地方的主体具有更好的创新绩效。

现代技术的发展使显性知识的传播速度加快，传递和交流的成本降低，使地理距离对显性知识的影响降低，但这些效应对难编码的隐性知识的影响却很小（宁军明，2008）。微博和微信等新兴媒体的出现，使地理距离对隐性知识溢出的影响淡化，但地理距离对经济主体间基于契约的合作的影响始终存在。可见地理距离是知识溢出的空间约束。

综上，主体要有效获得外部溢出的知识，首先，应选择地理邻近的领先者作为学习模仿对象，这样有利于知识溢出形成、减少创新成本；其次，主体要判断与溢出方之间的知识（技术）差距和认知距离，通常两者的差距都不能太大，具有相似的理解才能较成功地获取溢出的知识；最后，落后者要努力提高自身的吸收能力，不断提高知识水平，这是知识溢出成功的关键保障。

2.2 人力资本理论

美国芝加哥大学 Schultz（西奥多·W. 舒尔茨）教授，诺贝尔经济学奖获得者，是公认的人力资本理论的建构者。他在 1960 年美国经济学会上以《人力资本投资》为主题进行演讲，在指出很多无法用传统经济理论解释的经济增长问题时，首次明确提出人力资本是促进经济增长重要因素这一思想，他认为经济的发展主要取决于人的素质的高低，而不是资本的多寡或自然资源是否丰厚，人力资本的投资比物质资本投资对经济增长的贡献要大得多；他还认为，人力资本是反映在劳动者身上的资本类型，用劳动者的数量和质量来表示，即它是劳动者具有的知识程度、工作能力、技术水平和健康状况等方面价值的总和。这一思想经过整理，1961 年发表在《美国经济评论》期刊上，Schultz（1961）总结前人成果

并重新界定了人力资本投资的含义和范围，他把人力资本投资成本分为五种类型：营养及医疗保健成本、在职培训费用、正式教育成本（包括学生上学期间放弃的收入，即上学的机会成本）、非企业成人教育成本、劳动迁移成本（个人及家庭为适应变化的就业机会而进行的迁移活动），并认为人力资本存量等于投入在所有限定为人力资本活动上的成本的货币折现值。他同时指出，这些人力资本投资而形成的劳动者素质的提高会在很长一段时期内为经济增长做出贡献。

Schultz 在人力资本理论方面的开拓性研究引起了各国经济增长研究学者的广泛兴趣，对人力资本越来越重视，通过构建知识增长模型、人力资本外溢模型建立内生经济增长模型，从而拓展了人力资本在经济增长中的研究范围（Lucas，1988；Romer，1986）。大量学者的实证研究表明：有相当大一部分经济增长剩余的贡献是由人力资本提供的。人力资本不但能提高劳动力的生产效率，而且是知识溢出的重要途径，它对其他生产要素有一定的外溢效应。

我国农村的建设和发展受到许多因素的影响。其中，农村地区人力资本的弱势地位极大地阻碍着现代农民素质的进一步提升、农业现代化进程、农村经济社会的快速发展。人力资本是知识溢出的重要途径。根据知识溢出理论，研究如何加强农村人力资源开发和人力资源投资，将农村人口资源优势转化为人力资源优势，对于全面提高农村人口的素质和教育水平无疑具有十分重要的意义。

2.3 内生经济增长理论

内生经济增长理论（Endogenous Growth Theory）又称新经济增长理论（New Growth Theory），它的重要内容之一是把新古典增长模型（把产出看成是资本和劳动两元因素的函数）中的“劳动力”的定义扩大为“人力资本”，建立了资本、劳动、人力资本的三因素模型（Lucas，1988；Romer，1986）。Romer（1990）在理论上首次提出了技术进步内生的增长模型，把经济增长建立在内生技术进步上。新经济增长理论将资本、技术、人力等诸因素内生化，把产出量看成是资本、劳动、人力资本以及技术进步相关的函数，即 $Y=F(K, L, H, T)$。

新经济增长理论强调，知识的积累、技术的进步对经济的增长具有决定性的作用，它鼓励新知识的积累及知识在经济中的广泛运用，促进了高新技术革命和知识经济时代的到来，这一时代经济增长的关键性作用已由知识和技术进步取代，内生的技术进步是经济实现持续增长的决定因素，是经济增长的主要源泉。

目前，我国农村大多数地区的生产技术水平仍处于较低水平，高校是知识生产的重要源头和科技创新的重要主体，具有丰富的科研资源、强大的科研实力和知识创新能力。结合知识溢出理论，对如何更好地推动高校与农村的科技合作，更好地发挥高校对农村的知识溢出效应加强研究，无疑有利于提升农村经济主体的创新水平，实现农村经济快速发展。

2.4 三螺旋理论

三螺旋概念于20世纪50年代最早出现在生物学领域，用以解释DNA螺旋结构。后来，在三螺旋概念的基础上，美国学者Etzkowitz和Leydesdorff（1995，1997）提出了“三螺旋理论”来分析知识经济背景下大学、产业、政府之间的互动关系，即政府、企业和大学是制度创新的三大要素，这三大要素根据市场的要求联结起来，形成了创新的三种力量并交叉影响的三螺旋关系。在科技创新的动态进程中，大学、产业界、政府三种组织的作用和机制不断重组、转型和流动，其发展模式和结构如图2-1所示。三螺旋理论强调政府、产业和大学的合作关系，虽不强调谁是主体，但对大学在知识经济社会中的作用寄予更大的期望，认为大学不仅是知识生产与转化的关键，还是知识空间、集聚空间和创新空间得以形成的关键（Leydesdorff，2007）。大学的使命已从单一的教学功能发展到教学与科研功能并重，进而又扩大到服务经济与社会发展。

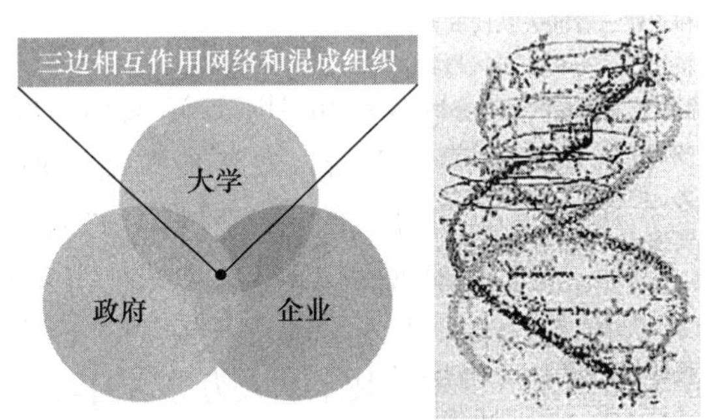

图2-1　三螺旋模型的发展模式与结构

随着知识经济的出现，高校成为知识和技术资产的主要生产基地，具有更高的价值。高校通过其组织结构最下层的研究中心、科研小组以及个人等建立起与农村经济活动良好的接口，为农村产业的发展发挥了强大的技术知识创新辐射作用。三螺旋理论是研究面向农村的高校知识溢出的重要理论基础。

2.5 本章小结

本章首先简要介绍了知识的内涵和性质、知识存量的概念和性质以及知识溢出的概念和性质；其次从人力资本流动、商品贸易、投资、个体和组织交流等方面阐述了知识溢出的途径；最后简要阐述社会网络、政府和市场约束等宏观环境对知识溢出的影响，以及知识（技术）差距、溢出方的控制意愿与能力、接受方的吸收能力、溢出方与接受方之间的认知距离、地理距离等因素对知识溢出的影响。本章还对人力资本理论、内生经济增长理论、三螺旋理论进行了简单介绍，说明人力资本、技术进步对农村建设与发展的意义，并认为三螺旋理论是研究面向农村的高校知识溢出的重要理论基础。

第3章　面向农村的高校知识溢出的影响机理分析

本章结合上一章介绍的理论基础，从知识溢出视角就高校对农村的知识溢出主体开展系统分析，构建高校、农村经济组织和农村行政组织知识溢出的三螺旋模型，阐述面向农村的高校知识溢出的形成过程。然后结合高校的职能从面向农村的高校人力资本流动、面向农村的产学合作或官产学合作及高校与农村组织之间的交流等方面阐述高校对农村的知识溢出机制。在此基础上，结合深度访谈，基于扎根理论构建面向农村的高校知识溢出的理论模型。

3.1　面向农村的高校知识溢出的形成机理

3.1.1　面向农村的高校知识溢出的主体分析

3.1.1.1　高校

知识经济时代，知识是经济主体最重要的战略性资源，高校作为新知识、新技术的创造者，在国家创新体系运行中发挥着重要的作用。在2007~2013年我国科技计划经费的投入中（见图3-1），"973"计划（含重大科学研究计划）的财政投入经费总体上涨，近年来维持在一个稳定水平。其中，大专院校所占比例日益增加，并远超科研院所和企业承担的比例，如图3-2所示。

2013年"973"计划国家财政投入40.55亿元，大专院校承担比例为61.7%。从图3-1可以看出，2007~2013年"863"计划安排课题经费基本维持在50亿元左右的水平，并上下摆动，但科技支撑计划国拨专项经费近两年上升较快，突破了60亿元。

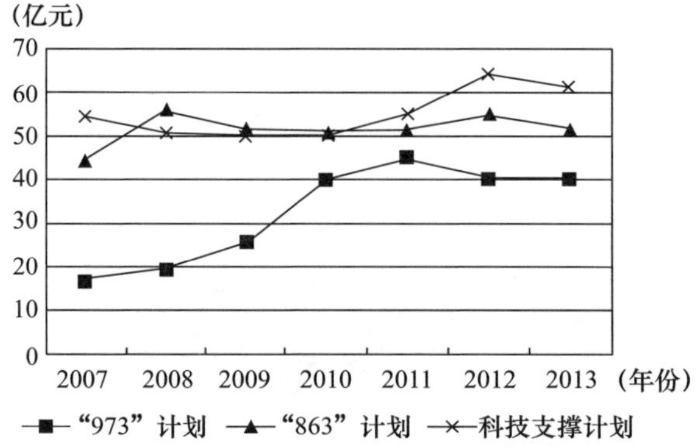

图 3-1 2007~2013 年我国科技计划经费国家财政投入情况

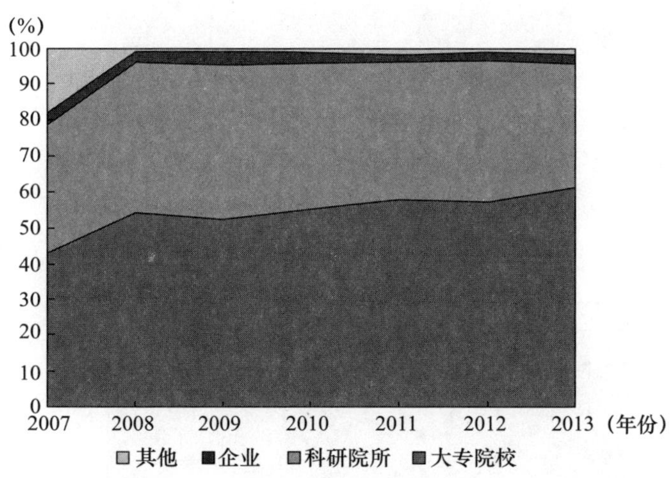

图 3-2 我国"973"计划经费按单位分布情况随时间的演化

"863"计划经费投入在 2011 年前大专院校所占比例始终大于科研院所、企业所占比例，虽然 2012 年、2013 年两年所占比例小于企业，但仍大于科研院所所占比例，如图 3-3 所示。科技支撑计划国拨专项经费中，大专院校承担比例虽然低于企业，但几乎一直维持在 25% 左右的水平，如图 3-4 所示。高校也是国家自然科学基金资助的主要对象，据统计，在 2014 年国家自然科学基金资助结果中，高校获资助项目数和资金数约占榜单前 100 名总数的 90% 以上。

总的来说，随着国家和社会对高校知识创新能力的重视，近年来，我国高校普遍加大了对研发活动的投入力度。从表 3-1 可以看出，我国高校 R&D 经费内部支出逐年增加，从 2007 年的 314.7 亿元增加到 2013 年的 856.7 亿元，年均增长18.16%；全国高校R&D人员投入从2007年的44.8万人增加到2013年的71.5万人，年均增长8.10%；全国高校R&D课题数投入从2007年的375425项增加到2013年的711010项，年均增长11.23%。

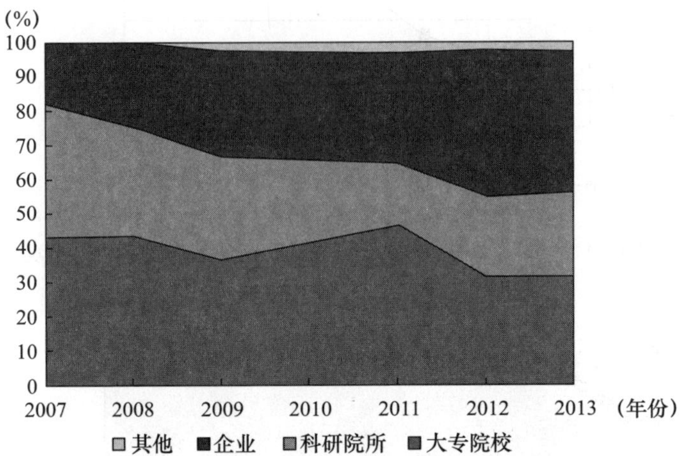

图3－3　我国“863”计划经费按单位分布情况随时间的演化

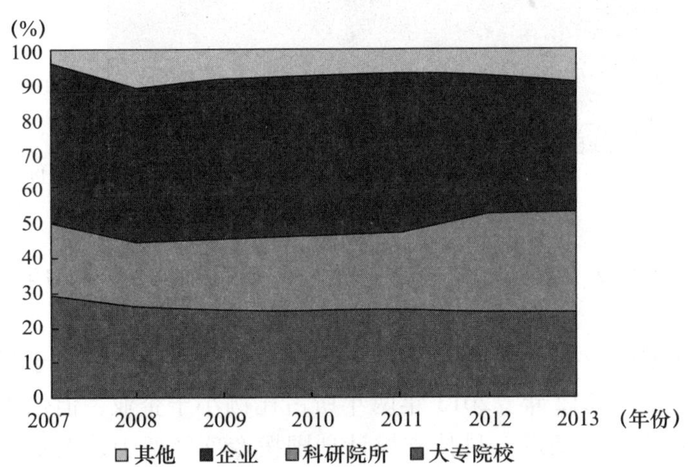

图3－4　我国科技支撑计划经费按单位分布情况随时间的演化

注：图3－1至图3－4根据《国家科技计划年度报告（2008～2014）》数据整理绘制。

我们再从高校创新活动的产出看，高校R&D活动产出（主要包括专利、论文、著作等）除学术著作外，也呈逐年增长趋势，如表3－2所示。高校发表科

技论文从 2007 年的 905985 篇逐渐增加到 2013 年的 1127210 篇，年均增长 3.71%，其中，国外发表论文年均增长 14.86%；专利申请受理数从 2007 年的 29860 件快速增加到 133865 件，年均增长 28.41%，其中受理发明专利年均增长 24.45%；专利申请授权数从 2007 年的 14111 件快速增加到 84930 件，年均增长 34.87%，其中授权发明专利年均增长 27.75%；出版科技著作从 2007 年的 35733 种波动增长到 2013 年的 37866 种。

表 3－1　2007～2013 年高校研发投入

年份	高校研发投入		
	R&D 经费（亿元）	R&D 人员（万人）	R&D 项目数（项）
2007	314.7	44.8	375425
2008	390.2	47.8	429096
2009	468.2	50.9	476708
2010	597.3	59.4	547717
2011	688.8	63.2	604107
2012	780.6	67.8	657021
2013	856.7	71.5	711010

注：数据来源于《中国科技统计年鉴》(2014)。

表 3－2　2007～2013 年中国高校科研产出

年份	2007	2008	2009	2010	2011	2012	2013
发表科技论文（篇）	905985	964877	1016345	1062512	1109965	1117742	1127210
#国外发表	108727	134058	156750	182247	218301	226097	249673
出版科技著作（种）	35733	37541	40919	38101	37472	38760	37866
专利申请受理数（件）	29860	40610	56641	72744	95592	113430	133865
#发明专利	21864	29337	36241	44132	54362	66755	81251
专利申请授权数（件）	14111	19248	25570	37490	53055	74550	84930
#发明专利	8251	10216	14408	18055	25064	34441	35873

注：数据来源于《中国科技统计年鉴》(2014)。

以上数据充分反映出高校是我国科学研究的主力军，是高技术领域创新的源头。可用 Jaffe（1989）生产函数来描述高校新知识生产投入和产出之间的关系，基本形式为：

$$Q_i = AK_i^{\alpha} L_i^{\beta} \varepsilon \tag{3-1}$$

式中，Q_i 表示高校新知识（创新）产出，K 和 L 分别表示 R&D 经费和 R&D 人员投入，α、β 为这两种投入的产出弹性系数。式（3－1）两端取对数后通过回归分析估计 α、β 反映高校 R&D 经费和 R&D 人员投入的效率。此外也可对式（3－1）进行拓展，研究产学合作投入及产学合作关系对高校新知识产出的影响。

高校新知识生产的结果是高校知识存量的增加，而知识存量是高校知识溢出的源泉。高校的知识工作者是从事知识的生产、传播、应用和管理等活动的人，高校人力资本作为知识尤其是隐性知识的载体，其储备是衡量高校知识存量的一个重要指标；高校申请授权专利是反映高校 R&D 活动产出和发明创新的最重要的指标，也是测度高校知识存量的一个重要依据；高校发表的论文和著作等以科技文献的形式记载和传播知识，是高校科学研究成果尤其是基础性研究成果的主要反映形式，是反映高校科学知识存量的一项重要计量指标。高校的知识存量具有强烈的动态性，高校科学研究活动所产生的学术论文、学术专著以及专利等形式属于显性知识的范畴，随着时间的推移，高校的显性知识存量快速增加；嵌入于高校科研人员头脑中的知识属于隐性知识的范畴，随着时间的推移，高校科研人员通过学习和研究积累的知识也不断增加。

高校作为知识生产、传播、应用的重要主体，作为人才培养（为社会培养的人力资本也是知识的载体）、科学研究（生产和创新知识）、社会服务（传播输送和应用知识）、文化传承（积累知识）四大功能的融合体，决定了高校具有不同于其他溢出主体（如科研机构和企业等）的特性，其知识存量的动态增量和知识的外部性更为明显。同时，这种独特性也决定了面向农村的高校知识溢出的独特而重要的地位，高校是培养农业创新人才和激发、强化农村创新能力的发动机，是农村知识溢出的重要源头。

3.1.1.2　农村经济组织

农村经济组织是以农民为主体、以农村作为行为基本区域或出发点，从事农业生产经营活动或与之相关的活动，并以追求经济利益为目标的经济组织。从经济组织的主体、经济组织的产生及行为区域、经济组织所属的产业、经济组织的功能等不同角度出发，农村经济组织在理论界有多种称谓，如农民经济组、农村微观经济组织、农业经济组织、农民中介组织（廉高波，2005）。因为高校对农村的知识溢出更多地涉及地理区域或社区范围，本书采用廉高波（2005）一文的说法，用“农村经济组织”这一称谓。农村经济组织存在以下特征：

（1）农业产业特征决定了农村经济组织的灵活性。农业是一种基础产业，为社会人口提供粮食及农副产品，是工业和其他产业发展的基本前提。农业所依赖的自然生态的不可确定性决定了农业产业特性的弱质性，因为农业生产受到时空自然条件的严格制约，又无法像工业那样精细分工，由此决定了农业生产的相对分散性和农村经济组织形式的灵活性。

（2）农村经济组织的区域和社区特征。农业对区域的依赖性很大程度上是由土地的分布决定的，土地在农业生产中的决定作用使农业生产活动表现出更多的专属性和封闭性。农村经济组织相对其他企业组织，其组织成员的来源和构成及内部结构上表现较为单一，从而决定了其经济组织的相对封闭性。这种区域和社区特征要求相应的经济组织对自然区域具有一定的适应性。

（3）随着传统农业向现代农业的过渡，农村经济组织的市场风险进一步凸显。在市场经济条件下，农作物的供需、地域和结构性矛盾加剧，这使农村经济组织面临着较大的市场风险，这要求农村经济组织具有提供稳定预期和化解不确定性的风险机制，努力做到增产与增收的一致（郭剑雄，2004）。

（4）农村经济组织逐渐企业化。农业产出中自给性消费部分所占比重日益减少，市场销售比例日益增加，为了应对市场风险和发挥规模效应，农业生产经营出现契约化，开始涌现出各种专业合作经济组织、股份合作经济组织，经营决策由生产导向向市场导向转变。

学术界对农村经济组织有着不同的划分标准，这些不同的划分标准有助于人们从不同的角度理解农村经济组织的模式与功能。廉高波（2005）认为，中国农村经济组织根据组织功效的不同已渐成类如金字塔样体系，并将其划分为：①基层和最基本组织形式的农户；②位于第二层的农村社区合作经济组织，如供销合作社和农村信用社等；③位于第三层次的专业合作经济组织，包括专业协会、专业合作社以及行业协会；④位于第四层次的契约型组织，包括“公司＋农户”“公司＋基地＋农户”等。

本书根据调研对象和研究的需要，重点介绍以下几类农村经济组织：

（1）农民专业合作社。《中华人民共和国农民专业合作社法》总则第二条给出了农民专业合作社的定义：在农村家庭承包经营基础上，同类农产品的生产经营者或者同类农业生产经营服务的提供者、利用者，自愿联合、民主管理的互助性经济组织。《中华人民共和国农民专业合作社法》同时指明，农民专业合作社以其成员为主要服务对象，提供农业生产资料的购买，农产品的销售、加工、运输、贮藏以及与农业生产经营有关的技术、信息等服务；农民专业合作社至少需要有5名符合规定的成员，其中，农民至少应当占农民专业合作社成员总数的80%，成员总数20人以下的可以有一个企业、事业单位或者社会团体成员，成员总数超过20人的可以有不得超过成员总数的50%的企业、事业单位和社会团体成员。农民专业合作社的基本特征如下：①组织上构建了一种新的组织形式，它以农民作为经济主体，其构成须符合法律相关规定；②所有制结构上形成了新的所有制结构，它在不改变家庭承包经营基础上实现劳动和资本的联合；③收益分配上形成了一种新的收益分配制度，合作社的盈余除一小部分留作公共积累外，其余按照成员与合作社发生的交易额的多少进行分配；④建构了新的经营管理体制，合作社实行自愿、自治和民治管理是合作社制度最基本的特征，成员可自愿入社，自由退社。截至 2014 年 12 月底，全国依法在工商部门登记的农民专业合作社 128.88 万户，比上年底增长 31.18%，出资总额 2.73 万亿元，增长 44.15%，入社农户约 9400 万户，超过全国农户总数的 35%。

（2）家庭农场。家庭农场是指以家庭成员为主要劳动力，从事专业化、集约化农业生产，以农业收入为家庭主要收入来源的新型农业经营主体（薛亮和杨永坤，2015）。2008 年党的十七届三中全会"家庭农场"被首次写入中央文件，全会提出：有条件的地方可以发展专业大户、家庭农场、农民专业合作社等规模经营主体。2013 年中央一号文件进一步明确家庭农场为新型农业经营主体的重要形式。2014 年中央农村工作会议再次肯定了家庭农场的作用。高强等（2014）对家庭农场的概念、资格条件及登记管理等内容进行了梳理与归纳，研究发现，理论研究和实践中，关于家庭农场的认定标准、登记管理等，尤其是在经营者身份、经营规模、经营范围、雇工管理与市场登记类型等方面，仍存在诸多分歧。同时，认为家庭农场包括 4 个显著特征：①家庭农场的创办要以我国农村基本经营制度为基础，以家庭成员为主要劳动力；②家庭农场既要提升劳动生产率，也要兼顾土地生产率，必须达到一定的经营规模并将经营规模控制在"适度"范围内；③家庭农场从事市场性生产经营活动，具有法人地位；④家庭农场要以现代农业为发展方向，实施企业化管理。2013 年 3 月，农业部首次对全国家庭农场的统计调查结果显示，家庭农场已发展到 87.7 万个，经营耕地面积达 1.76 亿亩，占全国承包耕地面积的 13.4%，平均经营规模 200.2 亩，是全国承包农户平均经营耕地面积的近 27 倍，从事种植业的家庭农场占 46.7%，养殖业的占 45.5%，种养结合的占 6%。

（3）专业大户。专业大户是指具有相当规模的，不以法人形式出现的一家一户的专业经营模式，主要在自有耕地上以家庭劳动力为主从事农产品生产活动，以传统生产要素为主从事某一行业、某一环节的专业经营，较少进入加工流通领域，通常需要季节性雇工或常年雇工。它不同于需要在工商部门注册，通过流转土地实现适度规模生产的家庭农场（包乌兰托亚，2015）。专业大户通常具有如下特征：①专业突出，主要从事农场产品某一行业、某一环节的专业经营，其产值应占家庭经营总量的 70% 以上；②要有相当的规模，年经营专业产品要消纳 2 个劳动力以上，户均经济容量要超过当地平均水平 1 倍以上（纪永茂和陈永贵，2007）；③在自有耕地上以家庭劳动力为主、一家一户经营的非法人形式。

（4）乡镇企业。乡镇企业是指以农村集体经济组织或者农民单个投资或者混合投资为主，在乡镇（包括所辖村）举办的承担支援农业义务的各类企业的统称。乡镇企业是中国乡镇地区分布的多形式、多层次、多门类、多渠道的合作企业和镇乡办、村办、组办、多个农民联营、单个农民独自兴办的企业模式，它涵盖农业、商业、工业以及餐饮、交通运输、建筑、旅游服务等企业。乡镇企业具有如下特点：①乡镇企业产供销活动主要靠市场调节，受国家宏观调控计划的约束少，受政府部门的干涉较少；②从业人员和员工大都来自农民，实行亦工亦农的劳动制度和灵活多样的分配制度；③乡镇企业发源于农村，与周围农村联系密切，便于利用本地各种资源；④乡镇企业分布点多、面广，产品大多面向广大农民群体；⑤经营范围广泛，几乎涉及所有行业；⑥规模较小，适应能力强，能比较灵活地适应市场需求的不断变化；⑦现阶段的乡镇企业大多是劳动密集型的经济组织，能容纳大量农村剩余劳动力。这些特点使乡镇企业，一方面表现出极大的适应性和顽强的生命力，另一方面也呈现出较大的盲目性和不稳定性，乡镇企业的劳动生产率相对较低。

农村经济组织是农村技术创新和经济发展的主要力量，拥有相对较多的设备、较先进的技术，是农村先进生产力的代表。面向农村的高校知识溢出过程中，农村经济组织是高校知识溢出的主要接受者，其学习能力、吸收能力的强弱直接影响面向农村的高校知识溢出的绩效。

3.1.1.3　农村行政组织

农村行政组织包括乡镇政府、农村党支部、农村村委会等，它们具有较强的行政性（王昊宇，2014）。本书根据王昊宇（2014）一文，结合知识溢出理论，对这三种组织做简要阐述。

（1）乡镇政府。乡镇政府是我国的基层行政单元，属于国家权力的末梢，与村民自治组织（党支部和村委会）直接接触，既是中国共产党的执政基础，也是联系人民群众最直接、最紧密的行政组织。在 20 世纪 80 年代初，中国农村开始推行家庭联产承包责任制和村民自治，逐渐形成了“乡政村治”的乡村治理格局。乡镇政府的作用是引导、指导、帮助农村，即只掌舵不划桨。随着新时期社会主义新农村建设的持续推进，农业税全面取消，乡镇职能向公共服务型转变，对乡镇政府的服务能力提出了更高的要求，这种能力的强弱关系到农村发展、农民安康以及国家政权的稳固。在面向农村的高校知识溢出中，乡镇政府不仅是高校知识溢出的接受者，而且作为农村治理的主体，还在高校对农村经济组织知识溢出中充当引导、指导和服务者的角色。因此，乡镇政府要强化自身的学习能力和服务能力，而如何提高这种能力是当前面临的一项重要而紧迫的任务。

（2）农村基层党组织。农村基层党组织在乡村治理中的作用也是非常重要的，根据《农村委员会组织法》《中国共产党章程》和党的十四届四中全会《中共中央关于加强党的建设几个重大问题的决定》等规定，可以看出农村基层党组织在农村自治中的核心领导地位，肩负着带领农民致富、推动科学发展、密切联系群众、维护农村安定团结的重要职责。农村基层党组织起领导核心作用，主要表现为政治、思想和重大问题上的领导等。农村基层党组织的角色使命决定了其不仅是面向农村的高校知识溢出的重要对象，而且是高校对农村经济组织知识溢出的重要推动者和联络者，是面向农村的高校知识溢出的重要渠道，也影响着面向农村的高校知识溢出其他渠道的畅通和溢出绩效。

（3）村民委员会。村委会是我国乡村工作治理的主要主体，在 20 世纪 80 年代普遍建立。我国的村民委员会具有群众性（享有选举权的本村村民都有机会进入村民委员会）、基层性（与村民有最直接、最紧密的关系）、自治性。村民委员会管理本村的公共事件和公益事业、协助维护社会治安、调解民间纠纷，代表村民向政府反映意见要求和提出建议，维护农民群众自身的利益。村民委员会还充当“代理人”的角色，必须执行代表国家利益的乡镇政府发出的各种行政命令，监督村民履行应尽的义务。所以，村民委员会具有多重社会角色。人力资本是知识溢出的重要途径和载体，开始于 20 世纪末的大学生村官计划表明，村民委员会是面向农村的高校知识溢出的主要途径之一，村民委员会的多重角色地位说明村民委员会在面向农村的高校知识溢出的过程中还起着桥梁作用。

3.1.2 面向农村的高校知识溢出的形成过程

面向农村的高校知识溢出的形成源于高校的职能和知识外部性。高校具有学科、人才、信息、学术环境等优势，拥有丰富的信息资源和智力资源，是我国知识成果的重要发源地和辐射地。与企业等营利性组织相比，高校的非营利性、使命和责任等使高校所拥有的知识更具有公共物品性和非排他性，这种特性使高校对农村的知识溢出不可避免。农村经济主体和行政主体能够通过高校知识溢出增加自身的知识存量，增强其创新能力和管理水平，促进农村经济快速发展。值得注意的是，面向农村的高校知识溢出形成的过程也是知识再创造的过程，不仅伴随着知识的创新，而且这一过程受知识的特性、高校的溢出意愿、接受方的吸收能力和关联情景等的影响。下面，结合知识溢出理论中显性知识与隐性知识的交互作用和三螺旋理论来阐述面向农村的高校知识溢出的形成过程。

高校基于自身研发投入创造出的新知识，从本质上说是属于全社会的共同财富。通常，显性知识部分直接通过大众媒介就可以从高校向各个方向溢出，而隐性知识部分则必须通过紧密相连的社会网络实现，如展览会、创意博览会、人员交流、管理咨询、技术培训等。由此可以看出隐性知识溢出对象比较明确，要借助于面对面的交流或者交流平台的双向交流才能实现溢出。当高校的大量知识涌向农村经济组织和农村行政组织时，接受者需要对这些知识进行辨识，检验其是否和自身的知识需求匹配以及匹配的程度，筛除那些与自身不相关的知识或者匹配程度低的知识，吸收那些匹配程度高、有利于自身创新的知识。在这个过程中，农村经济组织更偏重于自身技术创新、管理创新等微观方面的知识，农村行政组织更偏重于辖区内管理创新、经济规划发展等较宏观的知识。农村经济组织、行政组织吸收到高校的知识后，根据自身的情况对其进行改良和创新，增加自身知识存量，形成管理、技术等的领先优势。这些新知识，一方面，为接受者获得更大的利润、更快的发展创造了较大的空间；另一方面，也将作为新的知识源流入社会网络，影响并促进农村其他主体的管理创新和技术创新，提高其创新绩效，最终整个农村社会的知识存量得到提高。这些新知识和再创造的知识，也会通过社会网络回流到高校，对高校的创新活动产生影响，同时在高校、农村行政组织、农村经济组织交互的过程中，高校也会根据农村的知识需求动态调整自身的知识供给（如调整科研领域、科研方向，调整专业设置、培养方案，使科学研究、人才培养更符合农村经济组织、行政组织的要求等），这称为知识溢出的逆流效应。因此，高校与农村之间的知识溢出是一个动态循环的过程［本书因为篇幅原因和研究聚焦的需要，只考虑高校对农村单向知识溢出，接受方也主要考虑农村经济组织和行政组织。此外因顾及“基于溢出方与接受方认知差距过大时，难以形成知识溢出效应”（孙兆刚，2005），本书在论述接受方时暂不考虑游离于农村经济组织和行政组织之外的农民个体］。知识在这些循环过程中不断地积累、流动和创新，使高校、农村行政组织、农村经济组织之间的联系日益深化，使农村地区的技术水平和生产效率不断提高。

在高校、农村行政组织、农村经济组织交互的过程中，显性知识与隐性知识之间也存在交互作用，如图3－5所示。

高校科学研究人员是高校隐性知识的载体，在高校科学研究过程中，隐性知识（如技巧、诀窍、技能等）在不同科学研究人员之间转移、共享和转化，通过不断模仿、实践和学习以实现隐性知识流转和创新。在高校与农村行政组织、农村经济组织互动的过程中，农村行政组织、经济组织相关人员通过观摩高校科学研究人员的工作，以及开展讨论交流，以此获取高校的隐性知识。因此，高校的隐性知识通过知识的社会化过程，实现其在不同主体间的转移和创新。在与不同主体互动的过程中，高校的隐性知识可以在一定程度上形式化，高校科研人员可以将隐性知识外部化为显性知识（如将研究过程中总结的经验教训表达为书面的形式）以供农村行政组织、农村经济组织相关人员参考。农村行政组织、农村经济组织的相关人员还可以从多个来源收集、整理和学习知识，并通过知识的组合化联系得到新的知识。值得注意的是，农村经济组织的技术（研发）人员对显性知识的感悟和理性认识是农村技术创新的重要一环。农村经济组织、农村行政组织的相关人员可以通过阅读书籍、参加训练课程等丰富自己的知识，通过消化吸收的内部化根植，使显性知识转化成实际能力。

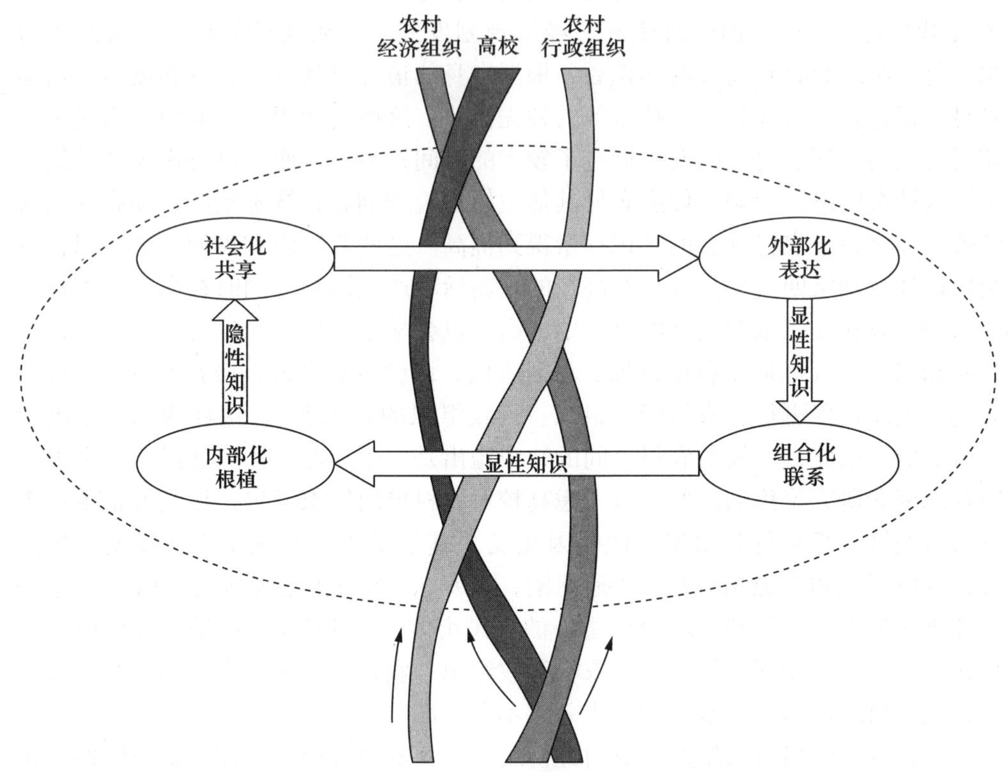

图 3-5 高校、农村行政组织、农村经济组织知识溢出的三螺旋模型

高校对农村的知识溢出是高校相关人员（如科研人员）通过直接或间接的方式与农村行政组织、农村经济组织相关人员进行交流与互动过程中发生的高校知识的传播。而高校隐性知识内含于高校教学、科研一线人员和相关管理人员的头脑中，通常只能通过这些人员与农村经济组织、农村行政组织相关人员面对面的交流与互动，在特定的空间范围内实现知识的流动和创新，且其效应随着地理距离的扩大而衰减。但随着网络与通信技术的飞速发展，微信等新兴交流平台出现，使远距离的交流也能实现隐性知识的流动，虽然不能完全替代面对面交流的作用。同时，新兴网络交流手段的出现也进一步扩展了高校显性知识溢出的空间范围。

3.2　面向农村的高校知识溢出的传导机制

上文阐述了面向农村的高校知识溢出的形成过程，本部分结合高校人才培养、科学研究、社会服务等职能分析面向农村的高校知识溢出的传导机制，主要围绕以下几种传导路径来阐述。

3.2.1　面向农村的高校人力资本流动

人力资本是高校知识的载体，高校的知识在农村的传播和创新离不开人的主观能动性，发挥人的主观能动性可以使高校的知识得到升华和创新。因此，面向农村的人力资本流动是面向农村的高校知识溢出的重要途径之一，是高校隐性知识溢出的主要渠道。高校人力资本在农村行政组织、农村经济组织间流动，促进了高校知识在农村地区的扩散，为农村地区带来了更多的新知识、新思想和新观念，加快了农村创新活动的步伐。面向高校的人力资本流动可以分为两类：

3.2.1.1　高校大学生去农村就业

18 世纪末以前，高校主要通过教学培养人才，传播知识，高校的功能主要体现在传统的教学方面；19 世纪初，德国的洪堡改革使高校开始承担科学研究的使命；20 世纪 50 年代，斯坦福大学的硅谷现象引发高校职能再次延伸——社会服务。从此，人才培养、科学研究和社会服务成为高校的三重功能（Etzkowitz，2004）。不管高校的功能如何演进，人才培养始终是高校的核心功能。近年来，我国十分重视大学生创新创业能力的培养。大学生参与科研活动越来越频繁，特别是博士生、硕士生是高校科学研究活动的主力成员，通过参与项目，大学生解决复杂问题的能力以及“四创”（“创意、创新、创造、创业”）能力得到培养。大学生毕业后去农村经济组织、农村行政组织工作，不仅能够将大学所学习和接触到的科学研究知识带入农村地区，而且还为农村经济组织、农村行政组织带来了解决复杂问题、开展研究与发展创意的能力。这对于农村地区的发展具有重要的价值。因此，大学生农村就业是面向农村的高校知识溢出的重要渠道。我国政府已经充分认识到大学生去农村就业的重要性，积极推行大学生村官制度，并取得了积极效果。但由于观念、待遇和农村环境等诸多方面的原因，大学生去农村就业的成效并不理想。在参与课题的调研中发现，农村经济组织（如农民专业合作社）成员与农村行政组织成员（如乡镇、村干部）对大学生村官的知识溢出绩效尚存在较大争议。

3.2.1.2 高校科研人员去农村工作

高校科研人员去农村经济组织或行政组织工作有多种方式，比如高校的涉农专家“跳槽”去农村经济组织工作或者到农村经济组织中兼职，高校优秀教师和专家去农村行政组织挂职等。自2008年以来，江苏省科技镇长团已先后选派7批省内外博士、教授2666人到全省多个乡镇任职。这些涉农专家，到乡镇挂职的博士、教授，通常具有丰富的学识和较高的能力，具有强烈的自我期望和个人追求，对周围环境有敏锐的洞察力，对环境与自我的关系能做出比较准确的判断，他们希望通过工作的流动实现人力资本层次的不断提升。同时，这种流动使在科学研究过程中所积累的科研知识会随之传递到农村行政组织、农村经济组织中，有助于提升农村行政组织、农村经济组织解决问题的能力。随着高校科研人员流动至农村经济实体或基层政府，他们的一些追随者通常会跟随其后。这些追随者有可能是其研究团队成员，也有可能是原所在高校里的学生，这些追随者会产生后续的大量的高校知识溢出。

总的来说，高校向农村的人力资本流动是高校对农村知识流动的有效模式，是实现高校向农村信息交换和知识转移的重要途径，有利于高校对农村的知识扩散和更新，是面向农村的高校知识溢出的核心机制。

3.2.2 面向农村的产学合作或官产学合作

高校涉农专业与农村经济组织合作方式很多，技术方面的合作如R&D合作，合作双方共同派遣研发人员，共建实验室、合作中心、联合开发中心等研发平台，通过合作农村经济组织可以借助高校研发团队，发挥高校研发的知识优势，推进高校科研成果向农村的有效转移，促进农村技术水平的进步和农业经济发展。高校和农村经济组织合作开发的高技术和生产手段一旦投入使用，在生产经营和发展过程中显露，就难以避免被其他农村经济组织及其成员观察到，从而低成本地学习、消化吸收，并可通过逆向技术（工程）对新技术进行模仿和创新，扩大高校对农村知识（技术）溢出效应。

除技术合作外，高校与农村经济组织还可进行人才培养方面的合作，如定向培养、共同办学等。农村经济组织依托高校的师资和知识技术优势，培养农村经济组织需要的大量农业技术人才和管理人才，高校通过举行各种各样的培训班、进修班以及专业证书班等，提高农村经济组织成员的科技知识、管理知识和能力。人才培养合作以人力资本为载体，大大促进高校知识向农村的流动。总之，高校与农村经济组织合作过程中，由于知识使用和创造，必然会发生高校知识的扩散和流动，从而导致面向农村的高校知识溢出的发生。

三螺旋理论认为，高校不仅在知识生产与转化中起着关键作用，而且在知识空间和创新空间的形成中具有关键作用。高校与农村经济组织、政府（含农村行政组织）合作构成制度创新的三大要素，对于推动农村知识创新，整合高校、政府、农村经济资源具有重要意义。高校在官产学合作中处于知识优势，是技术知识主要输出方，农村经济实体为技术知识主要输入方，并以发展与拓展农村经济组织的主体技术为合作领域。政府鼓励高校科研人员与农村经济组织结合进行横向课题的研究，以解决在其发展过程中遇到的实际问题，实现技术创新的目的。政府在高校与农村经济组织合作的过程中起到提供平台、优化制度和协调关系的作用，政府创造良好的创新合作和商业化环境和条件，对于促进高校和农村经济组织合作关系的良性循环和健康发展具有重要意义，政府应为促进高校面向农村的知识生产和技术扩散，促进高校和农村经济组织的交流与合作提供服务。

3.2.3 高校与农村组织之间的交流

高校与农村经济组织、行政组织的交流可充分发挥其科技创新、技术示范、教育培训、信息咨询等优势，建立快速、便捷的交流和服务平台，使高校的服务能够深入农村经济组织和农村行政组织的成员，为农业增产、农民增收和农村繁荣贡献力量。比如，高校可与农村经济组织构建稳定、可靠的知识交流平台，一方面高校涉农学科的科研人员和高校管理专家利用这个平台了解农村经济组织的知识需求并扩散知识，另一方面农村经济组织的成员（比如农民专业合作社的理事长、技术人员和其他管理人员等）也可利用这个平台了解高校的知识供给，并获取、吸收知识。这种交流平台既可以是正式的、有组织的，也可以是非正式、无组织的，是当今社会知识的重要溢出途径。农村经济组织及成员可以利用平台持续、广泛地吸收高校的知识和信息，扩大自身的知识存量，以应对经营环境的变化和市场的瞬息万变。高校与农村行政组织也可以加强交流，建立类似的交流平台，就如何加强农村管理，如何促进农村科学发展，如何更好地发挥农村行政组织在高校对农村经济组织知识溢出的多重角色地位进行广泛而深入的交流。具体来说，可以就农业经济管理、农业区域经济发展、农业资源利用、耕地保护、土地规划、土地公共政策制定和农业科技管理等方面开展具体的交流和合作。

高校与农村组织的交流形式多样，高校可选派科技服务团队，并根据农业发展需要和农村组织的需求及时调整和确定交流服务方向，进而有效地进行农业科技推广和知识扩散服务；高校可组建教学培训团队，根据农村建设和发展的需要培养大量高水平专业人员和农村实用人才；高校可选派农村社会服务综合团队（可考虑由农技、农村管理、创意设计等领域的专家组成），挖掘、传承和创新优良的农村传统文化，就发展农村文化创意产业进行交流，可推进创意产业和传统农业的结合。

从以上分析可以看出，面向农村的产学研合作、人才培养、管理咨询以及技术培训是高校知识溢出的重要渠道，如图3－6所示。高校作为新技术、新知识的创造者，具有丰富的知识存量，在面向农村的高校知识溢出的过程中处于主导地位，但其知识溢出绩效不仅受知识源因素（如知识属性、高校创新能力、溢出意愿和高校制度环境等）的影响，还受农村经济组织、农村行政组织的吸收能力以及高校与农村之间溢出途径等因素的影响。

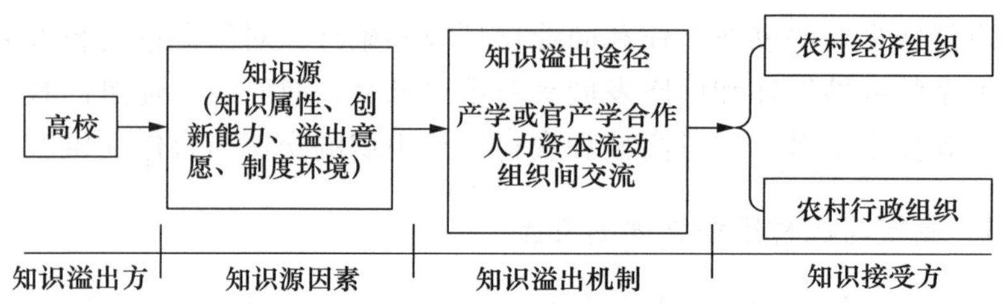

图3－6　面向农村的高校知识溢出的传导机制

高校对农村的知识溢出是一个充满复杂性的动态过程，在这一过程中，高校是知识溢出的供给方，农村经济组织和行政组织是知识溢出的需求方。只有在高校知识的供给与农村知识需求相匹配的情况下，高校对农村的知识溢出才能顺利实现。高校对农村知识的供给受高校科学研究领域与农业研发活动相关程度、高校创新能力、高校溢出意愿以及制度环境等方面的影响。而农村组织对高校知识溢出的需求受高校知识供给与农村组织需求的相关程度以及农村组织吸收能力的影响。此外，高校与农村经济组织的社会关系和政府政策也影响面向农村的高校知识溢出的实现和绩效。高校与农村组织之间的社会关系越紧密，高校知识溢出的供需匹配程度越高。高校与农村组织之间的产学合作能够提供双方人员互动交流的机会，促进双方互信和社会关系网络的形成，减少农村组织应用高校知识溢出的成本。因此，产学合作过程中建立起来的社会关系网络也是面向农村的高校知识溢出的重要渠道。政府政策是面向农村的高校知识溢出的知识供给与农村组织知识需求的外部环境。政府在面向农村的高校知识溢出的作用在于通过制定产学合作政策，促进高校知识供给与农村经济组织、农村行政组织知识需求的匹配。合理的产学政策有利于农村经济组织、行政组织充分运用高校的知识溢出，提升高校对农村的知识溢出绩效。

目前，我国高校对服务农村建设和发展的科技成果转化重视不够。由于创新机制不健全、创新制度不完善、农业科技推广经费有限等，导致涉农技术人员缺乏创新热情。高校的科研考核和职称评定等制度的不健全极大地挫伤了面

向农村的高校知识溢出供给的积极性，使大部分研究成果停留在实验室阶段，对可开发性和可推广性研究偏少。此外，由于沟通渠道不畅，可能会使研究课题本身脱离生产实际，研究成果也就难以转化甚至没有推广价值。另外，农村人口科技文化素质还普遍偏低，农村整体的教育水平还不高，极大地影响了农村对高校的知识溢出的吸收能力。高校与农村社会缺乏稳固的沟通交流渠道，农村地区对高校的职能不甚了解，对高校的服务内容不太熟悉，大多数农民认为高等院校仅仅是培养人才、研究学问的场所，与农业生产、农村经济社会发展没有必然的联系，加之农民对新技术创新的接受能力有限，这必然影响高校对农村的知识溢出。农村组织是农村技术创新和经济发展的主要力量，农村经济组织拥有相对较多的设备、较先进的技术，是农村先进生产力的代表。因此，面向农村的高校知识溢出过程中，农村组织是高校知识溢出的主要接受者。这也是本书仅把农村经济组织和农村行政组织作为面向农村的高校知识溢出对象的主要原因。

3.3 基于扎根理论的面向农村的高校知识溢出理论模型

根据前文分析，作为区域知识中枢的高校，如何更好地服务农村建设和发展已经成为社会广泛关注的热点问题。从知识经济视角看，这本质上是一个知识溢出过程。高校为农村建设和发展培养高层次人才，通过科技协作为农村建设和发展提供创新知识等服务，是知识溢出的主体。农业与农村经济组织（农民专业合作社、乡镇企业、家庭农场、基层政府等）是知识溢出的接受方。然而，二者间一直存在由于知识溢出障碍导致的溢出不畅问题，如高校溢出动力不足、农村知识接受能力较弱、高校知识供给富余与农村知识需求不匹配等，导致高校与农村知识溢出的低效率，不利于发挥高校的知识中枢作用。如何将知识从高校有效流动到农村经济实体，实现知识在不同组织间的流动，成为亟待解决的关键问题。这就必须深入分析影响面向农村的高校知识溢出的要素，打开二者知识溢出的“黑箱”。

3.3.1 扎根理论的研究设计

扎根理论产生于20世纪60年代后期，社会学家Glaser和Strauss（1967）在《扎根理论的发现》一文中提供了有力的论证，使质性研究本身作为一种可靠的方法论路径获得了合法性，而不再仅仅是使用量化工具前的一个步骤。该理论舍弃了假设—演绎方式，而是通过归纳的方法从现象中提炼该领域的基本问题，从而逐渐创建和完善相应的理论体系，是社会科学研究的重要方法。扎根理论强调对行动和过程的分析，通过访谈、传记、民族志等多种方式收集数据，并提供了一套明确有系统的数据分析策略，帮助研究者思考、整理资料，挖掘并建立理论，大大提高了质性研究的信度和解释力。

本书之所以采用扎根理论研究面向农村的高校知识溢出机理，主要出于如下考虑：

第一，面向农村的高校知识溢出理论模型中需考察的研究变量尚未得到识别。扎根理论基于现象提出理论概念并进行明晰化，通过从实践中挖掘概念的内涵和外延来建构理论模型。与量化研究用于考察已识别变量之间的关系不同，扎根理论擅长分析那些没有得到清晰界定或者无法用既有理论推导的现象，因此十分符合本书的研究需要。

第二，我国农村建设和发展的国情决定了国外相关理论和研究成果很难为本书直接采用，因此还需要深入我国农村基层收集相关数据资料。资料收集过程发现，农村知识贫乏，农户受教育程度普遍较低，通过学术性较强的问卷调查很难收集到有价值的信息，而与农民以聊天式的访谈，能够拉近双方的距离，收集到丰富的数据资料。

第三，只有运用扎根理论和访谈的方法，才能深入了解知识溢出主客体之间的互动过程，才符合本书从过程视角对知识溢出进行探讨的研究需要。因此，本书根据扎根理论提倡从现有数据和资料入手来建构理论的核心思想，在梳理现有文献的基础上，厘清知识溢出研究的脉络，通过扎根理论的研究设计，完成数据的收集和分析，并建构出理论模型。

3.3.2 样本选择与数据收集

质性研究通常采用典型抽样或目的性抽样方法，二者的逻辑和优势均在于选择信息丰富的案例而进行深入探讨，研究者可以从中获得很多对研究目的至关重要的事件。江苏省是高等教育事业、农村建设和发展均走在全国前列的省份，江苏省普通高校数量居全国首位，同时是“985”“211”高校数量最多的省份。特别是江苏省十分重视高校与农村基层的合作交流，2008 年以来通过“科技镇长团”项目已连续选派 7 批共 2666 位高校优秀博士、教授组团到全省 79 个县（市、区）的 619 个乡镇、街道、开发区任职，期限一般为 1 年，极大地推动了高校与基层的产学研合作交流。不难看出，江苏高校的科学研究、人才培养等活动对农村建设与发展提供了强有力的智力支持，在高校与农村的合作交流实践中

有诸多理论有待总结、提升。故本书选取江苏省为样本省份。样本数的确定则按理论饱和原则进行，即通过理论抽样形成类属的属性，直到没有新的属性再出现，这样的数据就达到理论饱和了。由于理论饱和直接影响研究者建构的理论框架，因此饱和状态判断实际上有一定困难性。理论上看，样本数越多，理论越趋于饱和。但从经验看，样本在 30 左右为宜。

2014 年 3 月起，笔者和课题组一起在江苏省苏南、苏中、苏北的农村地区展开调研。随着调研的深入对知识溢出的接受方有了更明晰的界定，农村地区经济实体主要是家庭农场、专业大户、农民专业合作社和乡镇企业，但农民专业合作社和企业的界限越来越模糊，很多农民合作社是由乡镇企业发展而来，目的是获取国家对农民合作社的政策支持，也有很多的农民合作社通过发展壮大又逐渐成为企业，农民合作社和企业两块牌子互挂的现象十分普遍。此外，农村行政组织也是面向农村的高校知识溢出的重要对象，调研发现，农村地区由于信息不通畅、企业交流平台较低，通过乡镇和村级行政组织推动的产学合作交流项目较多，同时高校与农村行政组织也有发展规划、管理咨询等合作项目。这些活动都是高校对农村的知识溢出过程。

通过为期 9 个月的调研，我们收集到丰富的数据资料，截至 2014 年 12 月，课题组共计调查农村专业合作社 100 余家，其中大部分合作社同时具有企业性质，对 26 个镇或村一级基层政府进行调研，对 12 户家庭农场或专业大户负责人进行调研，共得到访谈录音材料 155 份，共计时长 205 个小时。其中部分被调查对象之前与高校没有直接交流合作。虽然这并不能代表高校对这部分群体没有间接的知识溢出，如高校出版的农业技术类书籍，供农户阅读并用于指导农业生产等，但这类没有互动过程的知识溢出不是本书关注的重点，因此剔除相关数据。此外，扎根理论强调研究问题的自然涌现，即研究者是带着对某方面问题的笼统和模糊兴趣进入研究情境，在对情境的观察与主体的互动中，自然地发现并提出研究问题。因此，本书的研究也是随着调研工作的开展不断深入，资料的收集与分析过程是同时进行的，初期的访谈提纲比较宽泛，后期才更为聚焦。根据类属饱和原则，本书无须对全部的访谈资料进行分析。通过初步筛选，选择了 28 份具有代表性的访谈样本，具体样本见表 3 - 3。

3.3.3　资料分析与编码

扎根理论编码一般包括三个阶段，初始编码、聚焦编码和轴心编码。初始编码目的是对所有可能的、由访谈文本所指出的理论方向都保持一种开放的状态。聚焦编码则在一大堆数据中发现和形成最突出的类属，轴心编码则把类属指向亚类属，使类属的属性和维度具体化。然而，三个编码阶段并非完全是线性的过程。理论整合从聚焦编码就开始了，在轴心编码中继续发展，类似于将聚焦编码产生的骨头组合成一套可用的骨架。

表 3-3 用扎根理论展开分析的样本情况

宝应县范水镇中宝德园有机农场	扬州市农村工作委员会	赣榆县苏合农产品销售专业合作联社	淮安市淮阴区生猪养殖专业合作社	宝应县范水镇中宝德园有机稻米专业合作社
泗阳县亮羽生态农业科技有限公司	宝应县农工办	沭阳县万匹银杏专业合作社	淮安市淮阴区神州鸽业合作社	宝应县莲馨园荷藕产销专业合作社
句容市天王镇戴庄有机农业合作社	句容市天王镇某奶油草莓种植专业大户	淮安市淮阴区獭兔养殖专业合作社	南京市溧水区中亮黑莓专业合作社	金坛市万叶水产专业合作社
赣榆县农工办	泗阳县某白鹅养殖家庭农场	淮安市淮阴区农机（机插秧）合作社	高邮市阳光特种水产专业合作社	常州新北区三新食用菌合作社
张家港市乐余镇永利村村委	赣榆县惠民泥鳅养殖专业合作联社	淮安市淮阴区绿源辣椒种植专业合作社	东台市东成甜叶菊专业合作社	仪征市惠民合作社
常州市农村工作委员会	赣榆县润民禽蛋专业合作社	淮安市新业农机合作社		

3.3.3.1 初始编码提取原生代码

进行初始编码是分析的第一步，这一过程对数据内容进行定义生成原生代码。具体手段有逐词、逐行、逐个事件编码，而采用何种编码手段取决于研究工作需要。逐词编码适用于对关键文本、核心内容的深入分析，此时研究者唯恐丢失文本中的任何信息，较少有学者针对全部文本进行逐词编码。逐行编码在质性研究应用最广，尽管资料中并不是每一行都包含了一个完整的句子，并不是每一个句子都很重要，但逐行编码会促使研究人员对资料保持开放态度，发现资料中的细微之处。尤其对于有着丰富细节、与基本经验问题或过程有关的数据来说，逐行编码会发挥特别好的作用。考虑到本书数据均来自经过初步筛选的典型样本，每份数据均蕴含较为丰富的信息，故选择逐行编码方式建构原生代码。

为了确保编码的信度和效度，每份文本均由两名编码人员分别编码，要求尽量从原文中引用命名所需要的词汇，生成原生代码，尽量避免自己的意见对命名造成影响。然后对每份文本的两份编码结果进行比对，结果一致则通过，结果不一致则组织专家和课题组统一讨论确定最终编码。本书初始编码的示例如表3－4所示。可以看出，初始编码得到的原生代码是开放性、非聚焦的。

表3－4　初始编码示例（节选）

原生代码 大学生村官提供知识 水稻需要营销 学营销的村官 不需要支付工资 无过多资金招揽人才 节约开支 学园艺的村官 发展有机茶 试种成功 村官有用武之地 学旅游的村官 村官考上公务员 发展乡村旅游 发展第三产业	摘录1：句容市天王镇戴庄有机农业合作社，访谈对象为大学生村官 知识的话，我们现在有几个大学生村官，也是定向招聘来的。像我们之前一段时间搞水稻搞得比较好，需要去做营销，所以就找了一个学营销的村官在这边。村官在我们合作社工作期间村里不需要给他支付工资。我们之所以聘请大学生村官也主要是我们的合作社这一块也没有过多的资金去聘请一些专业人士，就刚好利用这个机会选大学生村官，可以节约一部分开支。在2012年的时候我们开始做有机蔬菜，当时招了一个学园艺的村官，也是跟在赵主任后面学习。在2013年的时候我们发展了有机茶，虽然只有一两百亩，但也是相当于在试种阶段，村里集体土地也不算太多了，这也是我们选聘大学生村官在这边的用武之地，就是试种成功之后在推广过程中他们可以做一个类似技术员一样的工作。后来还选聘了学旅游的村官，但他后来考上公务员后这一块工作由我负责。本来村里是计划向乡村旅游这一块发展的，村里的种植业是第一产业，还有加工产业为第二产业，所以想把乡村旅游发展为第三产业
原生代码 扬州大学科研团队 跟村里关系好 反季节鹅苗 台湾的技术 政府扶贫项目 为贫困户免费供鹅苗 高进高出 鹅肠火锅	摘录2：泗阳县亮羽生态农业科技有限公司，访谈对象为总经理 当时项目是扬州大学的一个科研团队带来的，畜牧兽医学院的，找的是我们村。我们家跟村里面关系比较好，得知这个消息就把这个项目拿下来了。但现在我们主要推广的技术是反季节鹅苗，正常鹅在夏天是不下蛋的，但我们的鹅可以在夏天下蛋，这个技术是台湾的。我们公司还属于政府的扶贫项目，是受吴江市政府和苏州大学的支持，推广“竞争性扶贫”，为贫困户免费提供鹅苗，还给他们进行技术指导。普通农户我们采取高出高进的方式，高价卖鹅苗的同时高价回收鹅。你们镇江的佬土鹅肠火锅全部用的是我们家的

3.3.3.2　聚焦编码得到主范畴

聚焦编码是编码的第二个阶段，需要判断哪些原生代码能够充分反映所收集的资料，筛选出最重要的和最频繁的原生代码，然后对这些原生代码进行初步概念化，并将初步概念发展为类属。扎根理论为这一过程提供了典范模型，即因果条件—现象—脉络—中介条件—行动或互动策略—结果。具体示例见表3－5。可以看出，初始编码是将资料碎片化，力图分析出足够多的原生代码，但这些代码是相互独立的，其间的关系并没有得到深入探讨。而聚焦编码是根据研究主题，对原生代码间的关系进行分析最终得到类属。

表3－5　聚焦编码示例（节选）

	类属1：知识源	类属2：接受方	类属3：关联情境
因果条件	高校创新知识的供给	农村知识需求	知识溢出的互动过程
现象	高校主动联系农村进行项目合作	知识供需不匹配	人才交流，项目合作，管理培训等活动
脉络	地理性邻近	农户主动联系高校无门	过程控制
中介条件	政府推动	农委、农工办牵头	良好的信任、沟通等
行动策略	制度支持，提高溢出意愿	提高农村吸收能力	加强交流，深化合作
结果	产学研项目合作	溢出效果良好	隐性知识传播

本书根据面向农村的高校知识溢出这一核心问题对原生代码进行反复比较和挖掘，发现个案间的诸多共性。

第一，高校作为知识中枢相对于农村拥有绝对优势的创新知识，农村感知到的高校知识溢出意愿较强，诸多与农村的交流、合作、培训项目是高校主动发起的，并且高校管理部门从资金、制度上对此类活动进行支持，这些极大地促进了高校对农村的知识溢出。此外，知识本身的属性是影响溢出结果的重要变量，合作过程中一些显而易见的知识更容易得到传播等。这些可以归纳为“知识源”类属，刻画的是高校的基本特征以及知识本身的属性。

第二，农村作为接受方对高校的知识溢出普遍表现出较强的接受意愿，然而由于其普遍吸收能力不够，导致溢出效果不明显。部分有产学研合作项目经验的农业科技企业、农民专业合作社表现出较强的创新能力，说明合作经验有助于提高知识溢出效果。此外，多数农村经济实体对于与高校的合作有较高的预期，主要表现在经济效益方面预期较高。这些特征均属于“接受方”范畴。

第三，产学研项目合作、人才培养、管理咨询、技术培训是4个主要途径。其中，产学研项目合作在苏南地区诸多乡镇较为常见，主要因为这些地方乡镇拥有诸多具有一定规模的企业甚至上市公司。同时，江苏存在为数不少的“村社合一”的农村专业合作社，借助于农村行政组织的行政力量与高校开展农产品试

种、实验工作。绝大多数合作社和其他农村经济实体都是通过其他三种途径从高校获得相关知识的。人才培养包括招录大学生或村官就业、企业管理者的学位进修、乡镇农业技术人员的培训等。管理咨询是指基层政府的发展规划、合作社管理模式创新等的咨询项目。技术培训较为常见，相关农业院校与当地农村均建立了长期的培训合作，定期进行技术指导。这部分信息可归纳为高校知识溢出的途径。

第四，通过深入挖掘访谈文本和原生代码，发现高校与农村的互动和关联十分重要，二者互动过程中表现出诸多特征。如农村经济实体和基层政府对高校表现出较高的信任，这种信任多源自对高校人员的技术专长的敬佩，极大提高了知识溢出的效果。文化距离和知识距离也是二者互动的重要情境，但二者对溢出效应的影响还有待深入考察。对于比较规范的高校与农业经济组织产学研合作项目来说，影响知识溢出效果的还有契约的完备程度。此外，政策支持会对高校和农村的互动产生重要作用。事实上，诸多项目合作和交流活动都是在各级政府的主导下进行的。这部分信息可归纳为高校知识溢出和农村知识化的关联情景。

第五，面向农村的高校知识溢出的结果包含两个方面：一是立竿见影的有形绩效；二是潜移默化的无形绩效，又称潜在绩效。前者往往更被农村所关注，但由于知识特殊性，高校对农村的溢出绩效短期内很难显现。这部分信息可以归纳为“溢出绩效”。综上所述，本书提炼出五个类属，分别为知识源、接受方、溢出途径、关联情境、溢出绩效。

3.3.4　轴心编码构建理论模型

轴心编码使类属和亚类属联系起来，使类属的属性和维度具体化，这需要重新排列初始编码中分裂了的数据。事实上，理论模型的构建从聚焦编码便开始了，前文提炼的 5 个类属便是理论模型的主要变量。轴心编码需要为 5 个类属找到各自的亚类属。例如，类属 1 知识源的亚类属建构需要对该类属的全部原始代码进行分析归纳进而概念化，最终凝练出相关亚类属，亚类属要能够很好地刻画这一类属的属性和维度，见表 3－6。

最终得出知识源类属下的 3 个亚类属：知识属性、创新能力、溢出意愿。在完成全部 5 个类属的维度化后就可以建构理论模型了。此时需要考虑如下因素：是否所有类属和亚类属都已纳入该模型，各类属之间的逻辑衔接是否完备，检查整个模型的合理性。本书构建的面向农村的高校知识溢出理论模型如图 3－7 所示。

表 3－6　类属和亚类属发展示例

原生代码	概念化	亚类属	类属
中国台湾的技术、大学生村官提供知识、试种成功后跟种、不懂具体技术、赵主任日本引进技术	技术不明晰	知识属性	知识源
走弯路、学到销售知识、慢慢摸索公司加农户模式、高校人员精神值得学习	管理经验获得		
扬州大学科研团队、江苏大学水泵、南京农业大学提供品种	高校科研成果转化	创新能力	
江苏农林职业技术学院过来培训、我们经常接受调研、高校做发展规划	高校知识传播		

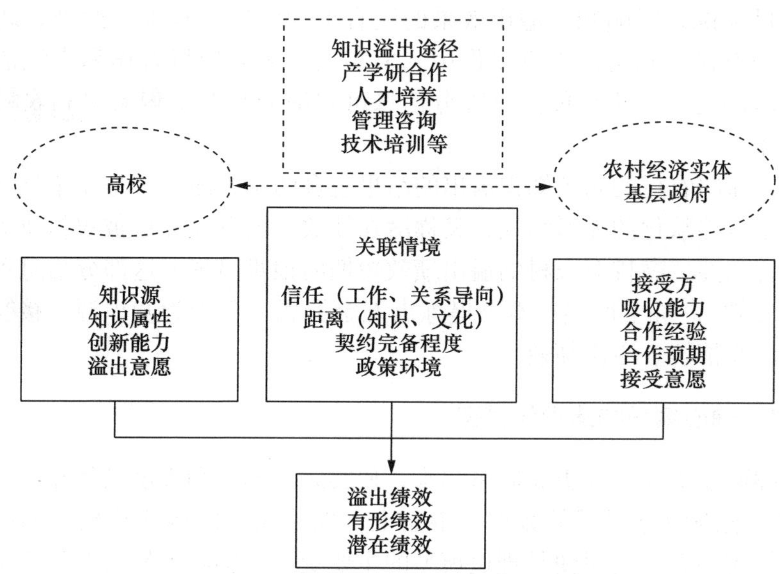

图 3－7　面向农村的高校知识溢出的理论模型

本节运用质性研究方法，基于扎根理论探讨了面向农村的高校知识溢出的过程机理，打开了二者之间知识溢出的“黑箱”。研究发现，面向农村的高校知识溢出过程有 5 个关键因素。第一，知识源的创新能力、溢出意愿以及知识属性本身将影响知识溢出效果。第二，接受方的接受意愿、吸收能力、合作经验、合作预期是关键变量。第三，产学研合作、人才培养、管理咨询、技术培训是面向农村的高校知识溢出的主要途径。第四，关联情境包括信任、距离、契约完备程度、政策环境等要素。第五，溢出绩效包含立竿见影的有形绩效和潜移默化的无

形绩效两个方面。下一步工作将根据以上调研分析结果，结合文献分析提出相关假设，并采用结构方程模型对假设进行验证。

3.4　本章小结

首先，本章从知识溢出视角就高校对农村的知识溢出主体进行了系统分析，结合高校的科研成果，以翔实的图表数据，运用知识溢出的知识生产和知识存量理论说明了：高校作为知识生产、传播、应用的重要主体，其职能决定了高校具有不同于其他溢出主体（如科研机构和企业等）的特性，其知识存量的动态增量和知识的外部性更为明显；这种独特性也决定了面向农村的高校知识溢出的独特而重要的地位，高校是培养农业创新人才和激发、强化农村创新能力的发动机，是对农村知识溢出的重要源头。同时，从知识溢出接受者视角对农村经济组织（包括农民专业合作社、家庭农场、专业大户和乡镇企业等）和农村行政组织（包括乡镇政府、农村基层党组织和村民委员会）进行了简要阐述。

其次，综合知识溢出理论和三螺旋理论构建了高校、农村经济组织和农村行政组织知识溢出的三螺旋模型，阐述了面向农村的高校知识溢出的形成过程。同时结合高校的职能从面向农村的高校人力资本流动、面向农村的产学合作或官产学合作和高校与农村组织之间的交流等方面阐述了高校对农村的知识溢出机制。

最后，结合面向农村的高校知识溢出形成过程和传导机制的研究结果，基于扎根理论对获得的150余份访谈录音材料进行分析与编码，聚焦编码得到了知识源、接受方、溢出途径、关联情景和溢出绩效五个类属，采用轴心编码得到了各个类属的亚类属。在此基础上构建了面向农村的高校知识溢出的理论模型。

第4章　面向农村的高校知识溢出绩效的研究设计

本章首先依据前文面向农村的高校知识溢出理论模型中溢出绩效的影响因素，结合文献分析提出相关假设。然后结合知识溢出路径和文献分析，对知识源变量、关联情景变量、接受方变量、溢出绩效变量的测量维度（亚类属）设计测量题项，对初始量表开展预调研进行信度与效度检验，修改完善后进行正式调研，对正式调研获得的数据进行描述性统计分析。

4.1　文献研究与假设提出

4.1.1　知识源与溢出绩效

目前关于知识溢出绩效影响因素的研究尚不深入，特别是对于面向农村的高校知识溢出的研究。高校作为知识溢出过程中的知识来源，其在溢出过程中扮演了重要的作用，Szulanski（2008）通过实证指出，高校在知识转移过程中起着重要影响。知识源是知识溢出过程的起点，知识能否溢出和溢出效果如何，取决于知识源对于已有知识的传播，因此，知识源对于知识溢出有着重要的作用。

4.1.1.1　知识属性与溢出绩效

能够把知识成功转移并付诸实践的高校和农村需要了解知识属性，现有研究将知识属性定义为知识的相关特性，包括知识的隐秘性、知识的可见性、知识的复杂性、知识的独立性等。Khamseh 等（2008）认为，知识属性就是其本质和特征，知识的隐性化程度和复杂程度越高，对伙伴的核心专用性越强，就越难发生转移并且转移效率也不高。同时，Cummings 和 Teng（2003）也证实：知识的隐性特征越明显，知识越难以溢出和共享。张肖（2014）认为，知识共享的影响因素包括知识属性、知识势差、供给主体的溢出意愿、需求主体的吸收转化能力、协同创新能力、创意知识的杠杆效应及共享成本等，并运用演化博弈模型分析各因素的作用机制。郭京京（2013）通过实证分析发现，知识属性对于产业集群企业的技术学习策略存在显著的影响，即知识缄默性越强对于知识传递渠道要求越高。金辉（2014）选取知识的隐性程度（自然属性）和感知的知识个体所有权（社会属性）作为知识属性的代表构念，实证分析表明：知识的隐性程度和感知的知识个体所有权对知识共享意愿均有显著负向作用。宁明军从知识载体维度、知识结构维度、知识范围维度、知识共享维度和知识传播维度五个维度分析知识属性对于知识传播效果的影响，进而构建知识链的知识溢出效应模型研究知识属性对学习效果的影响，进而影响知识溢出效应。不难发现，知识的属性不同，个体或组织共享意愿也会不同，从而知识溢出效应也是有差异性的。根据上述分析结果，提出如下假设：

H1：高校知识属性对知识溢出绩效有影响。

4.1.1.2 创新能力与溢出绩效

Zhang（2012）认为，高校技术创新能力对于人才培养和社区服务具有越来越积极的作用，而高校创新能力包含资源转化能力、社会影响力、可持续发展力。Adams（2002）通过实证分析得出，无论是在区域内还是行业间，高校研发总能发挥知识溢出效应，通过对比区域内与行业间的数据可以得出高校研发实力越强，则在区域内的知识溢出效应发挥更好。Kirchhoff等（2007）基于美国的实际情况，实证分析证实了无论是在高校服务企业过程中，还是在高校服务区域经济增长方面高校研发都起到了很好的推进作用。戚湧（2009）运用主成分神经网络和聚类分析提出高校创新能力的一级指标为：创新资源、创新投入、创新产出与绩效。廖述梅（2011）采用知识生产模型分析高校研发对高校与企业间知识溢出绩效的影响，得出高校研发能力越强，知识溢出效果越好。孙文祥（2005）对我国高校地区研发实力及其影响经济增长的实证研究结果表明，高校研发活动已经成为推动技术进步和促进经济增长的重要力量。陆文聪和梅燕（2010）运用空间面板的计量模型得到，校企的合作规模决定了高校研发投入对企业创新的溢出程度，并且高校创新研发投入对企业专利创新能力提高，远远大于企业自主创新的贡献。知识源创新能力反映的是知识溢出方的知识存量和技术水平，高校自主创新能力的高低意味着面向农村的高校知识溢出知识势差的高低，知识溢出过程是从知识势能高的组织流向知识势能低的组织。因此，高校创新能力越高、势差越大，知识溢出越容易。根据上述分析提出如下假设：

H2：高校创新能力对知识溢出绩效有显著的正向影响。

4.1.1.3 溢出意愿与溢出绩效

Szuzanski（1996）将知识转移意愿定义为：知识拥有者愿意将个人知识与团

队其他成员分享的程度，或知识提供者在多大程度上利用保护机制来影响知识流动。Grant（1996）认为，知识源的转移意愿会影响转移的效果，转移意愿越强，知识转移就越容易发生。然而，这类实证研究成果相对较少，更多的研究关注的是知识转移意愿的影响因素。如 Yong 等（2013）研究发现，组织奖励对员工隐性知识共享意愿有负面影响，对显性知识共享意愿有正向影响；但无论是隐性还是显性知识共享意愿都受到互惠、享受和社会资本的影响。Seba 等（2012）通过结构方程模型得出，知识共享态度与知识共享行动有直接关系，而影响组织内部知识共享意愿的因素有领导力、信任、组织架构、时间和信息技术，而奖励并不影响知识共享的态度。Šajeva（2014）研究认为，不同的奖励对于员工的知识共享意愿有不同的作用，并通过文献追述得出：精神上回报对于员工知识共享意愿作用更明显。我国学者王雪莉（2013）通过实证分析验证了知识源的转移意愿与个人向组织知识转移容易程度正相关假设。一方面，知识溢出是由于知识的外部性使知识不能够被独占，但有一部分知识溢出是受主体选择控制的，而知识溢出意愿是指拥有知识的高校是否愿意将自己的知识、技术传授给农村组织及其成员，它实际上反映了高校对其知识泄露程度的担心，这种担心程度越高，其传授知识的意向越低，知识溢出得越少，溢出绩效越低；另一方面，知识溢出会对知识源主体带来时间及精力上的成本，从理性人的角度看，知识源会对知识溢出持有消极的态度，从而影响溢出意愿。故知识源溢出意愿对知识溢出绩效有重要影响。根据上述分析提出如下假设：

H3：高校溢出意愿对知识溢出绩效有显著正向影响。

4.1.2 关联情境与溢出绩效

关联情境对知识溢出绩效有重要影响。信任、距离、契约完备程度、政策环境等这些因素称为高校与农村知识溢出的关联情境。本部分将探讨知识溢出关联情境对知识溢出绩效的影响机制。

4.1.2.1 信任与知识溢出绩效

信任作为一种社会资本，是社会研究中的重要问题，其概念通常也因实际情境的不同而有所区别。学术界对其内涵也进行了诸多探讨。Rivelino 和 Vianna（1995）认为，信任是一个人对另一个人拥有信心的程度，具体指一个人愿意按照另一个人的语言、决策等而行动的程度。Johnson 等（1998）认为，信任指的是相信合作伙伴愿意而且能够完成他们的义务和履行他们做出的承诺，同时合作伙伴对整个联盟行为都出于好的意愿。Lewis 和 Weigert（1985）指出，信任是一个多维的结构，包括认知基础即工作导向信任和情感基础即关系导向信任。工作导向信任是基于对对方的工作能力和专业程度的信任，关系导向的信任是基于与对方良好的个人关系和情感的信任。本书拟从这两个维度对高校与农村实体之间的信任进行深入剖析。

关于信任与绩效的关系，国内外学者进行了大量的研究。Aulakh 和 Sahay（1996）认为，信任具有增强企业之间合作关系并促进合作绩效的潜力。Paliszkiewicz 等（2014）提出管理信任、组织信任对组织绩效影响的理论模型，并进行实证测量，结果表明管理信任、组织信任显著影响组织绩效，并认为，建立和维持信任的文化将改善组织绩效。Brown 等（2015）利用 2004～2011 年的职场就业关系调查分析员工信任影响工作绩效的作用，提出用来建立信任和绩效之间联系及机制的理论框架。张涵等（2013）选取国内 5 个城市的孵化网络成员 204 家进行问卷调查，运用 SEM（结构方程模型）对合作绩效的影响因素进行实证研究，结果表明，信任关系与合作绩效呈显著正相关。雷宏振等将信任水平、学习机制获得和吸纳能力纳入对集群企业知识外溢与利润共享的关系研究之中，研究其与合作绩效的关系，同时指出，知识外溢的首要条件是企业之间的信任水平，企业之间的信任有利于企业之间的利润共享和合作绩效的提高。刘胜春等（2015）实证研究表明，在农产品供应链中，关系通过显著正向影响信任，间接地影响了承诺、协作和交流等关系质量因子，最终对合作绩效产生影响。

在知识溢出的研究中，大多数学者认为，信任是影响知识溢出的重要情境因素之一。在面向农村的高校知识溢出的过程中，高校与农村组织及成员间基于认知的信任、情感的信任，不仅有利于高校溢出知识，也有利于农村吸收知识，从而促进知识溢出的有形绩效与潜在绩效，使双方的合作产生很好的经济效益和社会效益。因此，本书提出如下假设：

H4：高校与农村的工作导向信任对知识溢出绩效有显著正向影响。

H5：高校与农村的关系导向信任对知识溢出绩效有显著正向影响。

4.1.2.2 距离与知识溢出绩效

本书重点关注高校与农村的知识距离和文化距离。本书所指的知识距离是指知识溢出方（高校）和知识接受方（农村）知识存量上的差距，以及两者间技术发展水平的差距。文化距离是高校知识溢出人员与农村知识接受人员之间工作方式、处事风格、办事效率等存在的差距。

（1）知识距离与知识溢出绩效。国内外学者对知识距离与绩效的关系进行了较多的研究。Hamel（1991）认为，要使组织学习得以进行，知识转移双方的知识距离不能够太大。樊钱涛和韩英华（2008）对研发团队所处知识情境的研究表明，团队成员间物理相近性、知识相近性对知识创新效率有正向影响。邹波等（2012）指出，知识距离是指知识的提供者与接受者之间拥有知识的相似程度；由于高校与企业之间存在较大的知识距离，高校科研人员只有具备良好的知识传授能力，所输出的知识才能够有效地被企业员工领会和吸收，并且通过实证研究证明校企之间知识距离对知识转移绩效具有负向影响。付东普（2014）研究表明，知识接受者的相关知识背景差异性较大，则会负面影响知识转移绩效；知识接受者相关知识背景差异性较小，会正向促进知识转移的绩效。王影等（2014）认为，知识具有情境嵌入性，知识创新也与情境关系密切，知识差距过大会对知识创新绩效带来负面影响，知识距离越大对知识创新活动的不利影响越明显。

（2）文化距离与知识溢出绩效。Li 等（2014）分析知识转移影响因素时强调文化背景的影响，深入分析了文化对知识转移的影响机制。Crespo 等（2014）认为，跨国公司的明确性和沟通对垂直和水平知识溢出有积极影响，文化距离等也同样影响知识的垂直和水平溢出。

基于上述分析，本书提出如下假设：

H6：高校与农村的知识距离对知识溢出绩效有显著负向影响。

H7：高校与农村的文化距离对知识溢出绩效有显著负向影响。

4.1.2.3 契约完备程度与知识溢出绩效

契约指由合作双方或者多方依据法律法规及协商规定订立的有关买卖、抵押、借贷、委托等事项的文书。不完备契约是指不能准确描述与交易有关的所有未来可能出现的状况，以及每种状况下契约方义务的契约。契约的完备程度通常对合作双方的合作绩效具有重要影响。

国内外学者对契约与绩效关系进行过一些研究。Hart 和 Moore（1990）认为，契约的不完全性会导致事后交易方面临着被“敲竹杠”的风险。陈洪波和朱绍广（2003）通过案例研究表明，经济行为的契约化、契约完备程度、社会履约环境，对交易规模和效率有重要的影响。王可瑜和王平心（2008）认为，现实中的人们并没有因为契约必然是不完备的这一事实而放弃签订尽可能完善的契约的努力。苏俊和何晋秋（2009）指出，产学研合作中产与学研之间的关系首先是要建立基于法律的契约关系（签订有法律效力的合同、协议等契约），其次是在契约关系上建立信任关系，在建立契约关系时，应明确双方合作的存续时间。鲁明勇（2011）提出，区域旅游合作绩效提高应通过签订合作协议，解决合作成本分摊问题，从而提升合作绩效。冯叶成等（2012）以清华大学与淮安市产学研合作为例，构建了市校全面合作协议为基础、产学研专项资金为引导、产学研合作办公室为中心的政产学研协同创新模式，并指出这种协同创新模式有效地推动了产学研合作以及企业的技术创新。杨畅和李寒娜（2014）指出，契约制度环境的改善可以显著提高企业的经营绩效，且这种作用会随着行业契约密集度的提高而增强。黄劲松和郑小勇（2015）利用产学研联盟案例的扎根性，研究构建了基于信心的合作形成理论，研究发现，契约和能力信任共同增强了合作信心，降低了绩效风险，对合作绩效有促进作用。

在面向农村的高校知识溢出的过程中，高校与农村组织及其成员签订的合作契约或合作协议的完备程度，合作契约对合作目标、利益分配等的确定对合作的效果及知识溢出的效率效果有重要影响，从而影响知识溢出绩效。契约制定得越完备，农村在接受、吸收并创新利用高校溢出的知识的时候风险越小，溢出绩效可能越高。因此，本书提出如下假设：

H8：高校与农村的契约完备程度对溢出绩效有显著正向影响。

4.1.2.4　政策环境与知识溢出绩效

国内外关于政策环境与绩效关系以及政府在农村领域政策支持的影响的研究较为丰富。Van Hemert 等（2013）指出，荷兰政府一项“创新券计划”的补贴政策促进了中小企业的发展创新及与知识机构（大学）的合作。苏俊和何晋秋（2009）认为，政府直接支持产学研的方式主要有：设立研究计划，资助资金；出资建立研究中心，实施大学与产业合作项目；通过税收优惠，产品收购等予以扶持，政府在制定政策、规范运作机制、鼓励合作等方面发挥更大的指导和引导作用。孙德梅等（2014）研究发现，政府行为对创新绩效提升作用明显，政府应出台引导政策、支持政策和保障政策。刘畅等（2015）研究发现，创业环境不同因素对农村微型企业生存绩效、创新绩效、成长绩效引致路径存在差异，并且政府扶植力度对农民创业绩效有显著正向作用。林炳坤和吕庆华（2015）通过实证分析得出，政策法规对闽台创意农业合作绩效具有显著正向影响。冯静（2009）认为，公共政策是政府、执政党和其他公共权威组织为实现政治统治和社会管理而制定的一系列行为规范和行动准则。

在本书研究中，政策环境主要指政府就面向农村的高校知识溢出的政策支持，包括出台政策鼓励高校服务农村建设和发展，对高校与农村组成及其成员的合作给予财政补贴等。政府的政策支持力度大，政策环境相对较好，高校知识溢出的意愿也相对较强，农村在吸收知识与成果转化的过程中得到的鼓励多，知识溢出的绩效就会较高。因此，提出如下假设：

H9：高校与农村知识溢出中，政策环境对溢出绩效有显著正向影响。

4.1.3　接受方与溢出绩效

4.1.3.1　吸收能力与溢出绩效

现有知识吸收能力的研究成果多集中于企业层面。通常认为 Cohen 和 Levinthal（1990）最先提出吸收能力的概念，他们把企业吸收能力定义为：企业所具备的发现外部新信息的价值，将其吸收并应用于商业目的的能力集合，认为吸收能力对提高企业的创新能力及创新绩效具有重要的意义。Mowery 等（1996）

从国家层面研究，将吸收能力看作是用于处理技术转移中的隐性知识，以及国内企业对国外引进技术改造的一系列技能。Kim（1998）认为，吸收能力包括组织消化外部知识的（模仿）学习能力和创造新知识的问题解决能力。Vekstein（1998）强调知识吸收能力的重要性，认为在汽车行业内外部知识的互补有利于企业的竞争优势。Lane 和 Lubatkin（1998）提出，知识接受方企业感知、消化和应用知识溢出方所溢出的知识的能力这一“相对吸收能力”的概念。Zahra 和 George 将吸收能力看作是通过对知识的感知、消化、转化和利用，从而发展组织动态能力的一系列组织惯例与过程，并将吸收能力分为获取与消化知识的潜在吸收能力与转化以及利用知识的现实吸收能力。我国学者对吸收能力也有相关研究，陈菲琼（2002）认为，知识吸收能力是指在企业知识存量孕育下将企业的外部知识进行内部化的能力，通过外部知识内部化、隐性化和创新化，并通常使内化知识难以模仿和创新。胡鞍钢（2000）把广义的区域吸收能力理解为一个地区经济系统中营利性组织获取知识、消化知识、交流知识的综合能力。Giuliani（2002）提出了集群吸收能力的概念，本书沿用这一概念，认为接受方的知识吸收能力是其识别、消化、利用外部知识源的能力。

关于吸收能力与溢出绩效的研究，许箫迪等（2007）认为，知识溢出主要取决于接受方（Acceptor）的吸收消化能力和模仿创新的投入水平，并研究发现：知识吸收能力显著正向影响知识溢出效应；企业知识吸收能力越强，与先进技术的差距越小，吸收新技术所需成本就越小。Agrawal（2002）研究发现，集聚化的知识溢出与企业自身认识、吸收能力和应用新知识的能力是不可分割的，企业内部个性条件极大地左右了对相同知识的领会程度。郑展等（2007）运用计量经济学的因子分析方法，结合面板数据的实证分析，发现影响区域知识吸收能力的两个重要内部因素：基础文化与科技投入水平和地区知识交流与创新能力水平。

基于以上分析，本书提出如下假设：

H10：接受方吸收能力对溢出绩效有显著的正向影响。

4.1.3.2 合作经验与溢出绩效

现有文献关于产学研合作经验的研究多从高校角度出发。Arvanitis 等（2008）认为，以应用研究为主的高校更易与企业建立研发合作关系，其职能定位、学科优势与合作经验为合作关系的持续性打下了扎实基础。D'Este 和 Patel（2007）研究发现，先前有过与企业合作经历的研究人员在产学研合作的广度和频率上都胜过没有这种经历的研究人员。李霞等（2008）研究指出，高校与企业的合作经验对产学研合作创新成功实施的促进作用十分明显。叶飞等（2009）研究发现，高校和科研机构的合作经验是影响产学研合作知识转移绩效的要素，对产学研合作效果有显著作用。也有一些研究探讨知识溢出接受方的合作经验的影响。Mazdeh 等（2015）的研究发现，有许多关键的因素影响知识转移的成功，其中接受者情境包括项目的优先度（如合作经验、关系维持的时间等）和学习型文化（接受方是否有意愿对新知识进行学习）两个维度。

有关合作经验与溢出绩效关系的研究大多以企业为研究对象。Taggar 和 Seijts（2003）指出，组织成员的“合作经验”和尽责性对合作创新绩效有重要影响。而吴晓波等（2009）分析全球制造网络中联盟企业间知识转移的影响因素，实证研究表明，企业间的关系，如信任程度、合作经验、文化与地理距离和接受组织的组织学习文化会促进组织间的知识转移绩效，而知识属性（复杂性、专有性、前沿性、缄默性）则会削弱组织间的知识转移效果。Simonin（1997）构建了“合作经验—合作能力—合作绩效”的分析模型，发现，合作经验学习效应本质上是企业间合作能力，只有从合作经验中提升企业的合作能力才能促进企业间合作绩效的真正提升。

也有部分学者认为，合作经验与合作绩效之间不显著相关或呈负相关。Shortell 和 Zajac（1988）把合作项目的营利性作为合作绩效指标，实证发现，合作经验与新的合作项目营利性之间的关系并不显著。Inkpen 和 Beamish（1997）以合资型合作模式为研究对象，以组织学习表征合作绩效，研究表明，合作经验并没有对组织学习产生正面的影响。Zollo 等（2002）对生物制药企业间合作项目的实证研究也表明，合作经验并不显著影响合作绩效。

本书主要探讨面向农村的高校知识溢出过程中接受方的合作经验对知识溢出绩效的影响，前期调研发现，与高校有过合作的农民合作社、基层政府等农村实体，在接受高校相关知识、信息的过程中，有更加畅通的渠道，更加灵敏的消息，也取得了较好的合作成果。基于此，本书假设：

H11：接受方合作经验对溢出绩效有显著的正向影响。

4.1.3.3　合作预期与溢出绩效

学者们普遍认为产学研合作的合作预期与合作绩效存在正相关。Bonaccorsi 和 Piccaluga（1994）认为，获得接近技术前沿的机会、弥补企业技术创新资源的缺乏、增强企业对技术预知能力、为降低风险和成本的委托研发活动等几个方面表现了合作预期对合作绩效的正向影响。Dhanaraj 和 Parkhe（2006）同样认为，合作各方的合作愿景是产学研合作创新绩效的重要影响因素。金芙蓉和罗守贵（2009）认为，产学研合作的绩效评价显然与参与者对活动的预期目标和期待收益是高度相关的，如果通过产学研合作达到了产学研各方各自的预期目标，那么合作就会被认为是有成效的，所以产学研三方参与合作的利益动机就成为建立评价指标体系的依据。在前期的预调研过程中发现，农村经济组织选择与高校进行合作的预期各有不同，总体可以分为结果导向和过程导向。结果导向主要体现为更加注重短期获利，而过程导向主要体现为长期、长远的利益，更加重视合作过程中的互动、学习和交流。不管如何，有明确的合作预期和目标都有利于双方在合作过程中提高效率。基于以上研究及前期调研发现，本书提出以下假设：

H12：接受方合作预期对溢出绩效有显著正向影响。

4.1.3.4 接受意愿与溢出绩效

接受意愿是指接受方参与知识转移的意愿，是由动机支撑的，体现出接受知识的主动性和目的性。Gupta 和 Govindarajan（1991）对跨国公司内部的知识流动进行研究时发现，知识接受方的接受意愿越强烈，流入子公司的知识越多。Young 和 Lan（1997）对 FDI 跨国公司与中国大陆公司之间的技术转移进行研究中发现，1/3 的中国公司与跨国公司合资的目的并不是获取技术知识，而是为了政府的优惠政策，结果就很不利于技术的转移，有力地说明了接受意愿对知识转移的重要作用。

大部分学者认为，知识转移意愿对知识转移效果影响显著。Weber（2007）研究认为，知识共享契约、合作双方的转移意愿、信任程度等对合资公司的知识转移效果有正向影响。Chua 和 Pan（2008）通过案例研究发现，跨国公司员工的知识转移意愿是影响知识转移效果的关键因素。刘璇华（2007）指出，学习的可能性、学习意图和学习能力是影响产学研合作创新过程中组织间的学习效果的关键因素，即产学研合作的意愿和合作各方的知识能力决定着产学研合作创新绩效。曹霞等（2013）认为，知识整合态度（包括知识整合意愿和知识整合行为）和组织氛围对提高产学研合作创新知识整合绩效起着重要作用。

也有部分学者认为，产学研合作意愿与合作绩效不具有显著正向影响。李云梅和乔梦雪（2015）通过调查问卷收集数据并运用结构方程模型方法发现，合作意愿作为产学研协同创新的前提，只是成果转化的必要条件，对成果转化并不具有显著正向影响。

基于以上分析，本书提出如下假设：

H13：接受方接受意愿对溢出绩效有显著的正向影响。

4.2 变量测量与问卷设计

4.2.1 知识源变量的测量

知识属性作为影响知识溢出绩效的自变量，Bustamante（2007）对知识属性

进行分类认为，知识属性包括知识隐秘性、模糊性、复杂性和可获得性。谢志宇（2007）从技术的不明确性角度测量知识属性，他认为技术不明确性（Technical Ambigulty）主要与产学合作项目所处技术创新阶段以及项目中相关技术的缄默性、特殊性、复杂性等相关，并编制了各变量的 Likert 5 点量表。本书在上述文献已有测量量表的基础上，考虑到面向农村的高校知识溢出的特殊性编制和开发问卷，最终用如表 4－1 所示的 3 个题项来测量知识属性，同样采取 Likert 5 点量表的方式。问卷调查过程中要求填写人根据题项所表述的情况和自己实际情况的符合程度进行勾选，1 表示完全不符合，5 表示完全符合。

高校创新能力作为影响知识溢出绩效的自变量，戚湧（2009）构建高校创新能力三级评价指标，其中二级指标包括人力资源、科研平台、科研项目、经费投入、论文与专注、成果鉴定与获奖、知识产权与成果效益和国际交流等，其二级指标科研平台下的一个三级指标是机构设施指标。郑卫北（2012）基于灰色关联度模型构建了高校创新能力评价体系，将整个指标体系分为 4 个模块、10 个要素、17 个指标的三层框架结构，科研创新产出模块下具有研发和创新成果指标。参考以上文献及经过课题组讨论，编制测量高校创新能力的量表，共 3 个题项。具体题项如表 4－2 所示。

表 4－1　知识属性的测量题项

知识属性题项	题项设计来源
合作涉及的知识技术比较难懂	课题组开发
合作领域涉及很多专业性问题	
合作涉及的技术门槛很高（如需要专门培训或采购特殊设备）	

表 4－2　创新能力的测量题项

创新能力题项	文献来源
高校在与我们合作的领域拥有一流的设施	戚湧（2009）； 郑卫北（2012）
高校在与我们合作的领域具有很强的研发实力	
高校在与我们合作的领域具有很强的创新能力	

此外，高校溢出意愿作为影响知识溢出绩效的自变量，知识溢出意愿在 Bock 等（2003）对知识共享意愿测量的量表的基础上，课题组通过实地调研和多次讨论，最后选取 3 个题项测量溢出意愿，如表 4－3 所示。

表 4 -3　溢出意愿的测量题项

溢出意愿题项	文献来源
高校对合作内容十分感兴趣	课题组开发
高校发现了与我们进行合作的需要，并做了大量工作	
合作项目从意向到落实，整个过程高校都是积极主动的	
高校在制度上鼓励合作	
高校人员已经获得了相应的资金来开展合作	

4.2.2　关联情境变量的测量

4.2.2.1　信任的测量

就面向农村的高校知识溢出关联情境中信任的测量题项，本书主要依据 Rivelino 和 Vianna（1995）的关于工作导向信任和关系导向信任的量表，在此基础上改编而成。很多研究已经验证了该量表具有较好的信度和结构效度。考虑到面向农村的高校知识溢出的过程中，关系导向信任很大程度表现在双方是否能及时沟通、及时进行信息共享等方面，故而增加了部分题项。其中，工作导向信任的测量题项数量有 3 个，关系导向信任的测量题项有 6 个。初始信任量表共 9 个题项，具体见表 4 -4。

表 4 -4　信任的测量题项

信任题项		文献来源
工作导向信任	高校人员工作能力让我们信服	Rivelino 和 Vianna（1995）
	高校人员工作非常专业和敬业	
	高校人员是令人尊敬的	
关系导向信任	我们与高校人员间有良好的个人关系（私交）	
	我们会对彼此的问题做出积极响应	
	我们对彼此的工作关系投入了大量的感情	
	我们与高校经常进行沟通交流	
	我们与高校经常通过非正式聚会来促进信息交流	
	我们与高校的沟通顺畅	

4.2.2.2　距离的测量

Qian 等（2009）认为，知识距离是知识基础上的差异。Cumming 和 Teng（2003）将知识提供者与知识接受者拥有知识的差异程度定义为知识距离。刘志

迎和单洁含（2013）认为，技术距离是进行合作研发的大学与企业在技术上的相关性程度。林雪明（2013）认为，实施课程集群嵌入产学研合作教育模式，整合高校和企业的教育情景和教学资源，创立高校与企业联合培养人才的新机制，可以缩短高校和企业的文化距离、理论和实际的知识距离。在参考前人研究基础上，课题组专家经过讨论与修改制订了测量距离的题项。

本书用知识距离和文化距离测量距离，其中测量知识距离的题项有5个，测量文化距离的题项有3个，共8个题项。具体如表4-5所示。

表4-5 距离的测量题项

距离题项		文献来源
知识距离	合作内容是高校擅长的领域	Qian 等（2009）；Cumming 和 Teng（2003）；刘志迎和单洁含（2013）；林雪明（2013）
	我们所掌握的知识和技术与高校相比差距很大	
	高校所提供的技术正是我们所需要的	
	培训所提供的知识正是我们所需要的	
	高校所输送的人才正是我们所需要的	
文化距离	我们与高校人员很容易达成共识	
	我们在工作方式、办事效率等方面，与高校人员比较合拍	
	在与高校合作过程中感觉双方的处事风格协调一致	

4.2.2.3 契约完备程度的测量

邹波等（2012）认为，校企在知识转移合作过程中要通过合同的形式规范双方的行为，保障双方的权利与义务。卢仁山（2011）认为，紧密型产学研合作模式下，合作双方按照事先达成的利益分享协议，共同分享经济实体的利润。本书参照邹波等（2012）、卢仁山（2011）、Tjosvold 等（2004）的量表编制测量契约完备程度的题项，如表4-6所示。

表4-6 契约完备程度的测量题项

契约完备程度题项	文献来源
与高校的合作通常具有明确的目标	邹波等（2012）；卢仁山（2011）；Tjosvold（2004）
合作协议对双方的利益分配有明确的规定	
合作协议对最终要达成的效果有明确的规定	

4.2.2.4 政策环境的测量

傅利平和涂俊（2015）研究认为，为促进大学和企业合作关系的良性循环，形成有效的创新网络，政府应该为创新合作和商业化创造良好的环境和条件，为促进高校的知识生产和技术扩散，并为高校和企业间的交流与合作提供服务。付晓明等（2015）从政府的角度出发，提出如下建议：构建有效的激励发展模式，建立长效的对接机制，加快高等院校科研成果转化。苏俊和何晋秋（2009）认为，通过税收优惠，产品收购等予以扶持，政府在制定政策、规范运作机制、鼓励合作等方面发挥更大的指导和引导作用。参考以上文献并经过课题组讨论，编制测量政策环境的量表，共 3 个题项。政策环境的具体测量题项如表 4 –7 所示。

表 4 –7　政策环境的测量题项

政策环境题项	文献来源
与高校的合作中，政府提供了充足的资金	傅利平和涂俊（2015）； 付晓明等（2015）； 苏俊和何晋秋（2009）
政府对此类合作有较多的政策支持	
政府积极推动高校成果的转化	

4.2.3　接受方变量的测量

4.2.3.1　吸收能力的测量题项

关于吸收能力的测量题项，Giuliania 和 Arzab（2009）以包括科学试验、人员培训和经验在内的知识存量来衡量吸收能力。吸收能力的一个关键维度是指组织从外部获取发展所需的知识。这除了自身拥有较强的学习能力，也同时受外部诸多因素的影响。Rogers（2004）认为，外部因素主要包括外部技术的可接近性以及实施新技术的潜力或障碍；外部因素与内部因素共同影响区域吸收能力，并进一步影响区域经济发展。Van den Bosch 等（1999）认为，吸收能力的外部影响因素主要表现在组织结构、整合能力、组织文化、外部沟通等层面。郑展等（2007）认为，探讨知识吸收能力外部因素还是要探讨知识溢出量以及可能获取知识的人力资源。本书基于对现有研究的总结，同时结合高校与农村经济组织和行政组织的合作特征，采用 8 个题项用以测度吸收能力，具体如表 4 –8 所示。

4.2.3.2　合作经验的测量题项

现有文献没有对合作经验变量给出明确的测度。岑建君（2000）认为，在产学研合作中，有丰富的实际经验，这一切都为“创新企业”的发展打下了良好的基础。Bercovitz 和 Feldman 指出，如果高校科研人员以前从事过企业知识转移活动，其积累的经验和社会资本以及掌握的技能会促使他们继续沿用过去的活动

模式（产生路径依赖性）。本书基于对现有研究的总结，采用3个题项用以测度合作经验，具体见表4-9。

表4-8　吸收能力的测量题项

吸收能力测量题项	文献来源
我们经常参加各类培训	Giuliania 和 Arzab（2009）；Mark Rogers（2004）；Van dem Bosch 和 Volberda（2009）；郑展等（2007）
我们能够从外界快速识别对自身有用的信息	
同事之间经常会分享新知识、新技术	
我们经常思考如何更有效地应用新知识、新技术	
获取的新知识、新技术能够很好地指导工作实践	
我们擅长把外部知识应用到组织内部	
单位很多同事希望到高校继续深造	
我们能较好地发挥所引进人才的作用	

表4-9　合作经验的测量题项

合作经验测量题项	文献来源
我们与高校有很多的合作经历	岑建君（2000）；Bercovitz 和 Feldman（2003）
我们对合作过程很熟悉	
我们对合作所涉及的知识和技术很熟悉	

4.2.3.3　合作预期的测量题项

Bonaccorsi 和 Piccaluga（1994）把企业参与产学合作最基本的动机划分为以下几个方面：获得接近技术前沿的机会、弥补企业技术创新资源的缺乏、增强企业对技术的预知能力、为降低风险和成本的委托研发活动等，如表4-10所示。Jensen 等（2003）指出，协同创新具有创新成本高、反馈时间长、创新费用难控制、研发费用不稳定、创新成果不确定等特点，协同创新各主体在希望获得战略型技术资源的同时，更希望加强彼此信息交流，克服信息不对称，降低交易成本，分散创新风险，促进产品技术不断升级，实现利益最大化。Bigliardi 等（2011）、邵景峰等（2013）认为，各主体寻求协同创新的关键动力是降低交易成本、分散风险。本书结合以上文献关于合作预期的测度观点，关于合作预期的测度采用6个题项，具体如表4-11所示。

4.2.3.4　接受意愿的测量题项

对于接受意愿题项测量，现有研究没有对其进行严格测度，Fontana 等（2006）认为，合作意愿包括积极参与外部活动、自愿向外界披露交换知识技术、

表 4－10　企业参与产学合作的动机与期望之间的关系

企业参与产学合作的动机	企业对产学合作的期望		
	知识的产生	知识的传递	知识的繁衍
获得技术前沿的地位	依靠顶尖技术能力的持续投入	频繁的信息传递和非正式交流	向技术人员提供最新的技术进展情况
增强技术发展的预知能力	应用通用知识解决公司技术问题	信息分享、员工交换、跨学科交流	利用数学工具与反复试验支持 R&D 活动
委托 R&D 活动	在大学进行精确专业的 R&D 活动	应用报告、工序的工业标准	
缺乏资源	基础知识和通用设备的共享	员工培训制度化	促进不同水平员工间的配合

表 4－11　合作预期的测量题项

合作预期测量题项	文献来源
我们与高校合作是为了获取先进技术	Bonaccorsi 和 Piccaluga（1994）；Jensen 等（2003）；Bigliardi 等（2011）；邵景峰等（2013）
我们与高校合作是为了降低成本和风险	
我们与高校合作是为了增加经济效益	
我们与高校合作是为了加强交流和相互学习	
我们与高校合作是为了拓展社会关系网络	
我们与高校合作是为了更方便地引进人才	

积极从外部获取知识 3 个方面，并认为合作意愿能够促进产学研协同创新成果转化。Sakamoto（2007）运用问卷调查的实际资料，对工业大学产学研合作研究的结果进行了分析，并对化工、机械行业进行了分析研究，研究发现，制造商对真理的科学性有很大的期望和积极的目的，对合作研究的意愿有很大的影响。李云梅和乔梦雪（2015）认为，产学研协同创新主体的合作意愿是顺利实现产学研成果转化的前提，它能体现创新主体寻找合作伙伴进行协同创新的主动性、积极性。本书基于对现有研究的总结，同时结合高校与农村经济组织、行政组织的合作特征，采用 5 个题项用以测度接受意愿，如表 4－12 所示。

4.2.4　溢出绩效的测量

Mora Valentin 等（2004）用合作的满意度和关系的持续性评价合作绩效，同时开发了合作的满意度和关系的持续性相应的测量量表。Philbin（2008）建立了较为全面的产学研合作绩效评价的概念模型，将合作绩效分成知识的分享与创造、合作的附加价值两个维度，并按影响领域分为技术、合作项目管理和社会三个维度六个模块，就企业和学研方分别独立地设计了两套测量合作绩效的测量量表。王秀丽和王利剑（2009）从投入和产出角度，各选取 4 个指标用 DEA 法对产学研合作效率进行评价，建立了测度产学研合作绩效的量表体系。金芙蓉和罗守贵（2009）从可利用的基础设施、合作的人力资源、合作的经费投入、人才培养和学术活动、合作的科技产出和奖励、合作的经济绩效来评价合作绩效。谢志宇（2004）用财务绩效、技术转移绩效、技术创新绩效和接受方满意度四个指标反映产学研合作绩效。在参考前人研究基础上，课题组专家经过讨论，修改制订了“溢出绩效”测量的题项，主要从“有形绩效”和“潜在绩效”两个维度进行测量。其中测量有形绩效的题项有三个，测量潜在绩效的题项有四个，共七个题项。具体如表 4－13 所示。

表 4－12　接受意愿的测量题项

接受意愿测量题项	文献来源
我们很乐意与高校合作	Fontana 等（2006）； Sakamoto（2007）； 李云梅和乔梦雪（2015）
与高校合作是我们学习的好机会	
合作得到领导的高度重视	
我们认识到与高校合作的重要性和迫切性	
我们努力创造与高校合作的机会	

表 4－13　溢出绩效的测量题项

溢出绩效测量题项		文献来源
有形绩效	我们对合作成果的质量很满意	MoraValentin 等（2004）； Philbin（2008）； 王秀丽和王利剑（2009）； 谢志宇（2004）； 金芙蓉（2009）
	合作达到了预期的经济效益目标	
	合作帮助我们解决了很多难题（如产品品种或市场等方面）	
潜在绩效	通过长时间的合作我们学习到很多知识和技术	
	通过合作我们对今后的工作有了新的思路	
	合作涉及的技术已被我们所吸收并运用到其他方面	
	合作的成果具有很好的社会效益	

4.3 预调查与问卷修正

确定了各变量的测量方式和测量题项之后，增加问卷的第一部分，即人口统计特征的调查，初始问卷就编制好了。然后展开了预调查工作，对预调查收集回来的数据进行效度和信度分析。首先计算出问卷的内部一致性系数（Cronbach's α 系数），以进行信度检验，对不符合标准的进行重新修订或增删题项，再采用探索性因子分析（Explorative Factor Analysis，EFA）检验效度，将不符合标准的题项剔除。

4.3.1 预调查数据收集

预调查的对象主要是课题组前期访谈过的部分农村实体，部分问卷是在访谈的同时填写并回收的，部分问卷是访谈结束后回访和跟踪调查的时候现场填写的。预调查阶段共发放 150 份问卷，回收 142 份，回收率为 94.6%，剔除不符合实际、漏填等无效问卷，得到 127 份有效问卷。预调查的样本特征的描述性特征如表 4－14 所示，接受调查的男性居多，年龄分布总体较为分散，其中年龄集中在 36～45 岁，占 49.6%，由预调查发现推动与高校合作的主体主要为高校，占 61.4%，调查结果基本能够达到预调查的目的。

表 4－14 样本特征的描述性统计

特征		人数（人）	百分比（%）
性别	男	103	81.1
	女	24	18.9
年龄	25 岁及以下	6	4.7
	26～35 岁	22	17.3
	36～45 岁	63	49.6
	46～55 岁	28	22.0
	56 岁及以上	8	6.3
推动主体	高校	78	61.4
	合作社	20	15.7
	政府	29	22.8

续表

特征		人数（人）	百分比（%）
受教育程度	初中及以下	3	2.4
	高中	21	16.5
	大专	14	11
	本科	15	11.8
	研究生及以上	74	58.3

4.3.2　探索性因子分析

Palllant（2013）认为，数据是否适合做因子分析，主要取决于两个因素：样本大小和变量（题项）之间关系的强度。研究中经常用 Kaiser – Meyer – Olkin（KMO）来衡量样本的充分性，KMO 指数的范围为 0 ~ 1，一般认为，KMO 的值大于 0.6 适合做因子分析，当 KMO 大于 0.9 时，认为样本量非常适合做因子分析；研究中常用 Bartlett 球形度检验来反映题项之间关系的强度，一般认为，Bartlett 球形度检验应显著（即 Sig. 或 $p < 0.05$）（Tabachnick 和 Fidell，2013）。本书用这两个指标分别对自变量和因变量进行分析。

4.3.2.1　自变量量表的检验

问卷共有 13 个自变量，采用 Likert 5 点量表，共 56 个题项。首先查看问卷，对距离题项中的"合作内容是高校擅长的领域""高校所提供的技术正是我们所需要的""培训所提供的知识正是我们所需要的""高校所输送的人才正是我们所需要的""我们与高校人员很容易达成共识""我们在工作方式、办事效率等方面，与高校人员比较合拍""在与高校合作过程中感觉双方的处事风格协调一致"题项进行反向计分，然后对各题项进行分析。对题项进行信度效度检验，如表 4 – 15 所示。

表 4 – 15　自变量量表 KMO 和 Bartlett 检验（N = 127）

取样足够度的 Kaiser – Meyer – Olkin 度量		0.941
Bartlett 球形度检验	近似卡方	17101.701
	df	1431
	Sig.	$P = 0.000$

从表 4 – 15 可以看出，KMO 值 0.941，数值大于 0.9，表明样本量非常适合

表4－16　探索性因子分析结果

测量题项	成分												
	吸收能力	接受意愿	关系导向	合作预期	知识距离	溢出意愿	创新能力	契约完备程度	合作经验	政策环境	工作导向	文化距离	知识属性
我们经常思考如何更有效地应用新知识、新技术	**0.792**	0.195	0.127	0.206	0.107	0.059	0.003	0.164	0.039	0.034	0.062	0.018	0.103
同事之间经常会分享新知识、新技术	**0.751**	0.145	0.13	0.151	0.12	－0.009	0.138	0.023	0.14	0.175	0.009	0.175	－0.015
我们能够从外界快速识别对自身有用的信息	**0.739**	0.24	0.19	0.089	0.126	0.022	0.142	0.001	0.2	0.081	0.02	0.073	－0.031
获取的新知识、新技术能够很好地指导工作实践	**0.732**	0.207	0.127	0.226	0.146	0.058	0.044	0.201	－0.014	－0.003	0.145	0.027	0.123
我们擅长把外部知识应用到组织内部	**0.712**	0.128	0.068	0.153	0.042	0.164	0.017	0.083	0.196	0.142	0.137	0.165	0.121
我们能较好地发挥所引进人才的作用	**0.608**	0.296	0.15	0.24	0.123	0.184	－0.004	0.128	0.121	0.13	0.142	0.031	0.101
我们经常参加各类培训	**0.557**	0.218	0.114	0.093	0.149	0.074	0.194	－0.002	0.161	0.289	－0.013	0.28	－0.014
我们认识到与高校合作的重要性和迫切性	0.23	**0.787**	0.149	0.226	0.165	0.083	0.022	0.068	0.062	0.097	0.096	0.097	0.04
我们努力创造与高校合作的机会	0.219	**0.781**	0.161	0.21	0.131	0.096	0.008	0.045	0.133	0.07	0.098	0.091	0.086
与高校合作是我们学习的好机会	0.275	**0.745**	0.132	0.262	0.158	0.005	0.121	0.06	0.055	0.065	0.082	0.073	0.034
我们很乐意与高校合作	0.242	**0.735**	0.134	0.249	0.186	－0.002	0.123	0.069	0.089	0.039	0.106	0.1	－0.025
合作得到领导的高度重视	0.249	**0.633**	0.082	0.114	0.115	0.248	0.045	0.092	0.15	0.264	0.14	0.141	0.045

续表

测量题项	成分												
	吸收能力	接受意愿	关系导向	合作预期	知识距离	溢出意愿	创新能力	契约完备程度	合作经验	政策环境	工作导向	文化距离	知识属性
我们与高校经常进行沟通交流	0.161	0.173	**0.719**	0.059	0.074	0.137	0.095	0.148	0.233	-0.027	0.119	0.012	0.079
我们与高校经常通过非正式聚会来促进信息交流	0.097	0.015	**0.683**	0.113	0.129	-0.005	0.012	0.069	0.304	0.052	0.094	0.21	0.109
我们与高校人员间有良好的个人关系（私交）	0.03	0.024	**0.682**	0.088	0.092	0.252	0.111	-0.095	0.077	0.122	0.124	0.012	0.129
我们对彼此的工作关系投入了大量的感情	0.208	0.236	**0.676**	0.181	0.064	0.132	0.095	0.095	-0.01	0.16	0.11	0.131	0.072
我们与高校的沟通顺畅	0.195	0.098	**0.666**	0.08	0.13	0.172	0.059	0.171	0.21	0.107	0.054	0.213	-0.038
我们会对彼此的问题做出积极响应	0.215	0.275	**0.642**	0.22	0.115	0.135	0.166	0.205	-0.045	0.111	0.091	0.01	0.033
我们与高校合作是为了降低成本和风险	0.121	0.166	0.057	**0.738**	0.087	0.089	0.025	0.089	0.013	0.09	0.095	0.15	0.019
我们与高校合作是为了增加经济效益	0.174	0.131	0.157	**0.706**	0.111	0.1	0.031	0.241	-0.096	0.044	0.119	-0.084	0.111
我们与高校合作是为了获取先进技术	0.216	0.237	0.167	**0.657**	0.148	0.053	0.105	0.093	0.044	0.144	0.174	-0.035	0.09
我们与高校合作是为了拓展社会关系网络	0.157	0.145	0.108	**0.647**	0.034	0.052	0.076	-0.171	0.281	0.074	-0.079	0.217	0.091

续表

测量题项	成分												
	吸收能力	接受意愿	关系导向	合作预期	知识距离	溢出意愿	创新能力	契约完备程度	合作经验	政策环境	工作导向	文化距离	知识属性
我们与高校合作是为了更方便地引进人才	0.24	0.279	0.108	**0.636**	0.128	0.069	0.11	0.071	0.247	0.084	-0.023	0.029	0.101
我们与高校合作是为了加强交流和相互学习	0.261	0.378	0.115	**0.534**	0.077	-0.099	0.173	0.072	0.198	0.054	-0.092	0.134	0.034
培训所提供的知识正是我们所需要的	-0.211	-0.203	-0.168	-0.11	**-0.769**	-0.095	-0.165	-0.088	-0.066	-0.116	-0.113	-0.071	-0.011
高校所提供的技术正是我们所需要的	-0.153	-0.203	-0.111	-0.158	**-0.761**	-0.035	-0.089	-0.103	-0.08	-0.084	-0.144	-0.102	-0.086
高校所输送的人才正是我们所需要的	-0.253	-0.221	-0.07	-0.109	**-0.728**	-0.152	-0.064	-0.121	-0.068	-0.117	-0.07	-0.073	-0.064
我们所掌握的知识和技术与高校相比差距很大	0.02	0.004	0.063	0.152	**0.522**	0.17	0.1	-0.029	-0.019	0.12	0.237	0.267	0.159
合作内容是高校擅长的领域	-0.002	-0.149	-0.299	0.006	**-0.508**	-0.183	-0.241	-0.362	-0.182	-0.112	-0.15	0.097	-0.031
合作项目从意向到落实，整个过程高校都是积极主动的	0.118	0.15	0.199	0.045	0.198	**0.727**	0.226	0.105	0.037	0.019	0.066	0.176	0.112
高校对合作内容十分感兴趣	0.156	0.127	0.294	0.067	0.061	**0.706**	0.243	0.06	0.103	0.104	0.079	0.037	0.053
高校发现了与我们进行合作的需要，并做了大量工作	0.123	0.034	0.173	0.129	0.133	**0.69**	0.359	0.123	0.075	0.08	0.051	0.087	0.037
高校在制度上鼓励合作	-0.027	0.009	0.128	0.062	0.13	**0.616**	-0.099	0.35	0.265	0.155	0.183	0.051	0.042

续表

测量题项	成分												
	吸收能力	接受意愿	关系导向	合作预期	知识距离	溢出意愿	创新能力	契约完备程度	合作经验	政策环境	工作导向	文化距离	知识属性
高校在与我们合作的领域具有很强的研发实力	0.095	0.122	0.131	0.13	0.185	0.203	**0.74**	0.102	0.009	0.002	0.203	-0.008	0.204
高校在与我们的合作中表现出很强的创新能力	0.079	0.053	0.199	0.121	0.205	0.201	**0.725**	0.126	0.022	0.134	0.156	0.007	0.08
高校在与我们合作的领域拥有一流的设施	0.116	0.067	0.043	0.076	0.048	0.178	**0.684**	0.068	0.212	0.153	0.231	0.101	0.122
合作协议对最终要达成的效果有明确的规定	0.129	0.01	0.073	0.164	0.169	0.195	-0.042	**0.737**	0.275	0.161	0.13	0	0.088
合作协议对双方的利益分配有明确的规定	0.197	0.144	0.142	0.131	0.054	0.13	0.209	**0.723**	0.092	0.196	0.025	0.21	0.076
与高校的合作通常具有明确的目标	0.187	0.138	0.203	0.063	0.148	0.136	0.235	**0.687**	0.036	0.146	0.134	0.155	0.071
我们对合作过程很熟悉	0.223	0.162	0.173	0.132	0.031	0.181	0.042	0.155	**0.775**	0.084	0.081	0.031	0.089
我们与高校有很多的合作经历	0.164	0.13	0.325	0.066	0.071	0.123	0.131	0.182	**0.733**	0.105	-0.002	0.018	0.096
我们对合作所涉及的知识和技术很熟悉	0.305	0.146	0.198	0.214	0.162	0.068	0.112	0.06	**0.639**	0.106	0.03	0.191	0.104
政府对此类合作有较多的政策支持	0.113	0.113	0.173	0.174	0.161	0.074	0.1	0.171	0.06	**0.804**	0.051	0.062	0.072

续表

测量题项	成分												
	吸收能力	接受意愿	关系导向	合作预期	知识距离	溢出意愿	创新能力	契约完备程度	合作经验	政策环境	工作导向	文化距离	知识属性
与高校的合作中，政府提供了充足的资金	0.254	0.041	0.126	0.053	0.168	0.04	0.126	0.098	0.185	**0.75**	-0.066	0.154	0.045
政府积极推动高校成果的转化	0.157	0.26	0.083	0.158	0.078	0.187	0.058	0.211	0.021	**0.722**	0.22	-0.03	0.125
高校人员工作非常专业和敬业	0.103	0.191	0.228	0.046	0.155	0.165	0.27	0.178	0.081	0.053	**0.745**	0.069	0.04
高校人员是令人尊敬的	0.18	0.22	0.156	0.148	0.279	0.066	0.236	0.075	0.009	0.04	**0.716**	0.09	0.009
高校人员工作能力让我们信服	0.175	0.093	0.296	0.048	0.321	0.135	0.301	0.114	0.047	0.113	**0.596**	0.02	0.05
在与高校合作过程中感觉双方的处事风格协调一致	-0.266	-0.191	-0.207	-0.118	-0.183	-0.138	-0.08	-0.155	-0.054	-0.16	-0.033	**-0.683**	-0.099
我们在工作方式、办事效率等方面，与高校人员比较合拍	-0.28	-0.227	-0.263	-0.207	-0.154	-0.138	-0.002	-0.145	-0.145	-0.094	-0.078	**-0.64**	-0.136
我们与高校人员很容易达成共识	-0.356	-0.291	-0.211	-0.059	-0.197	-0.154	-0.004	-0.192	-0.12	0.019	-0.17	**-0.504**	-0.055
合作涉及的知识和技术比较难懂	0.093	0.069	0.077	0.091	0.056	-0.056	0.076	0.084	0.124	0.097	0.05	0.045	**0.791**
合作涉及的技术门槛很高（如需要专门培训或采购特殊设备）	0.053	0.012	0.092	0.15	0.102	0.141	0.123	0.009	0.032	0.058	0.008	0.205	**0.779**
合作领域涉及很多专业性问题	0.144	0.059	0.188	0.029	0.102	0.299	0.313	0.172	0.1	0.023	0.007	-0.259	**0.536**
Cronbach's α	0.913	0.918	0.874	0.858	0.836	0.849	0.833	0.825	0.867	0.839	0.867	0.849	0.685

做因子分析。Bartlett 球形度检验的 $p = 0.000 < 0.05$，表明变量之间存在显著的相关关系，适宜做因子分析。

因子分析采用主成分分析法萃取因子，采用方差最大正交旋转方法，进一步分析采用特征值大于 1 的主成分作为因子，得到 13 个因子，共解释了 72.894% 的总变异［Hair 等（1995）认为，因子萃取应至少解释总变异的 95% 时停止，但在人文社会科学中，可以低至 50% ~60% 。］。结果发现，两个题项“高校人员已经获得了相应的资金来开展合作”“单位很多同事希望到高校继续深造”的因子载荷（反映因子和题项之间的对应程度）小于 0.5，根据 Hair 等（1995）的观点，将其删除，保留其余题项。采用 Cronbach's α 系数进一步对问卷进行信度检验，结果显示总量表的 Cronbach's Alpha 值为 0.963，大于 0.8。除知识属性的 Cronbach's Alpha 值为 0.685 外，其他各个分量表的 Cronbach's Alpha 值都大于 0.8，表明内部一致性较好，自变量量表具有较高的信度。探索性因子分析详细结果如表 4 –16 所示。

4.3.2.2　因变量量表的检验

本书研究的因变量为“溢出绩效”，共有 7 个测量题项。首先对量表是否适合进行因子分析展开 KMO 和 Bartlett 球形度检验，结果如表 4 – 17 所示。KMO 值为 0.915，数值大于 0.9，表明非常适合做因子分析。Bartlett 球形度检验的卡方统计值的 p 为 0.000，表明变量之间存在显著的相关关系，适宜做因子分析。

表 4 –17　因变量量表 KMO 和 Bartlett 检验（N =127）

取样足够度的 Kaiser – Meyer – Olkin 度量		0.915
Bartlett 球形度检验	近似卡方	2340.827
	df	21
	Sig.	0.000

通过主成分分析法萃取因子，采用方差最大正交旋转方法，进一步分析取特征值大于 1 的主成分作为因子，得到 2 个因子，共解释了 78.518% 的总变异，根据 Hair 等（1995）的观点，因子萃取有效。采用 Cronbach's α 系数进一步对问卷进行信度检验，结果显示总量表的 Cronbach's Alpha 值为 0.929，大于 0.8，各个分量表的数值也都大于 0.8，表明内部一致性较好，因变量量表具有较好的信度。探索性因子分析结果见表 4 –18。

表 4-18　因变量探索性因子分析结果

测量题项	成分	
	潜在绩效	有形绩效
通过合作我们对今后的工作有了新的思路	**0.856**	0.293
通过长时间的合作我们学习到很多知识和技术	**0.801**	0.389
合作涉及的技术已被我们所吸收并运用到其他方面	**0.750**	0.435
合作的成果具有很好的社会效益	**0.717**	0.411
合作达到了预期的经济效益目标	0.352	**0.863**
我们对合作成果的质量很满意	0.357	**0.836**
合作帮助我们解决了很多难题（如产品品种或市场等方面）	0.530	**0.689**
Cronbach's α	0.894	0.883

4.4　正式调查与数据收集

4.4.1　正式调查

正式调查时，本课题以江苏省作为样本省份。江苏省是高等教育大省，普通高校数量居全国首位，农村建设与发展走在全国前列，江苏省十分重视高校与农村基层的合作交流，自 2008 年起，江苏省委组织部通过"科技镇长团"政策，已连续选派 7 批共 2666 位高校优秀博士、教授组团到全省 79 个县（市、区）的 619 个乡镇、街道、开发区任职，期限一般为 1 年，极大地推动了高校与基层的产学研合作与交流。江苏高校的科学研究、人才培养等活动为区域农村经济发展提供了强有力的智力支持，在高校与农村的合作交流实践中有诸多理论有待总结、提升。故本书选取江苏省为样本省份。课题组从 2014 年 3 月起在江苏省的农村地区展开 9 个月的调研。

调研共分三个阶段，第一阶段自 2014 年 3 月到 6 月中旬，此阶段调研是前期走访和广泛了解基层情况的研究前期准备阶段。在充分收集农村基层知识需求、校企合作等情况的基础上，开展了一些访谈和走访工作，并根据实际情况，为下一步的访谈和问卷调查做好充分的准备，包括确定采访目的、采访人选、了解被采访人、调研组人员的相关培训，材料准备以及思想准备等。

第二阶段自 2014 年 6 月底到 11 月，该阶段对江苏省以及少量省外农村地区展开了大量的实地调研，包括问卷调查和访谈。访谈采取结构化访谈（又称标准化访谈），在访谈对象的选择方面，课题组考虑到多样性的原则，走访访谈的合作社既有苏南、苏中经济发达的农村合作社，又有苏北经济发展一般的合作社。从企业合作与高校对接的角度，课题组选择所调研合作社的类型既有技术能人带头型，又有村社合一型。访谈面对面完成，并现场填写问卷，调查人员当场解答问卷中的事项，在充分交换意见的基础上，问卷填写的质量高，具有较高的可信度。走访农村专业合作社57家，共62名合作社理事长、总经理、社员参与了访谈，得到访谈录音材料155份，共计时长205个小时。具体样本选择见表4－19。

表4－19　实地调研访谈合作社一览表

编号	时间	地点	合作社名称
001	2014年6月25日	连云港赣榆	赣榆县苏合农产品销售专业合作联社
002	2014年6月25日	连云港赣榆	赣榆县润民禽蛋专业合作社
003	2014年6月25日	连云港赣榆	赣榆县惠民泥鳅养殖专业合作联社
004	2014年6月25日	连云港赣榆	赣榆县徐福煎饼专业合作社
005	2014年6月25日	连云港赣榆	赣榆县犇牛农机专业合作社
006	2014年7月4日	句容市戴庄	戴庄合作社
007	2014年7月4日	句容市戴庄	天王镇戴庄村合作社
008	2014年7月14日	常州市	常州市润土瓜蔬专业合作社
009	2014年7月14日	常州市	常州新北区三新食用菌合作社
010	2014年7月14日	常州市	金坛市万叶水产专业合作社
011	2014年7月14日	常州市	金坛市下杖农机专业合作社
012	2014年7月14日	扬州市仪征	刘集镇民宇生猪
013	2014年7月14日	扬州市仪征	茶叶合作社
014	2014年7月14日	扬州市仪征	蓝天果业
015	2014年7月14日	扬州市仪征	马集镇合作社
016	2014年7月14日	扬州市仪征	惠民合作社
017	2014年7月14日	扬州市宝应	范水镇中宝德园有机稻米专业合作社
018	2014年7月14日	扬州市宝应	莲馨园荷藕产销专业合作社
019	2014年7月14日	扬州市宝应	射阳湖风车头水产品产销专业合作社
020	2014年7月14日	扬州市高邮	界首镇水稻生产专业合作社
021	2014年7月14日	扬州市高邮	阳光特种水产专业合作社
022	2014年7月14日	扬州市高邮	周巷镇杂交水稻制种专业合作社
023	2014年7月14日	扬州市	花卉合作社

续表

编号	时间	地点	合作社名称
024	2014 年 7 月 14 日	扬州市	菌类合作社
025	2014 年 7 月、8 月	徐州市	丰县富富果蔬专业合作社
026	2014 年 7 月、8 月	宿迁市	沭阳县万匹银杏专业合作社
027	2014 年 7 月、8 月	东台市	东台市东成甜叶菊专业合作社
028	2014 年 7 月、8 月	连云港东海	东海县润泽生猪养殖专业合作社
029	2014 年 7 月、8 月	海安市	海安壮志义利苗木合作社
030	2014 年 7 月、8 月	常州市	溧阳市梅庄粮食植物专业合作社
031	2014 年 7 月、8 月	淮安市	新业农机合作社
032	2014 年 7 月、8 月	苏州市张家港	张家港市凤凰镇凤凰水蜜桃农民专业合作社
033	2014 年 7 月、8 月	苏州市张家港	张家港市乐余镇江峰农民专业合作社
034	2014 年 7 月、8 月	苏州市张家港	张家港市乐余镇永利村
035	2014 年 7 月、8 月	南京市溧水区	溧水区中亮黑莓专业合作社
036	2014 年 7 月、8 月	淮安市洪泽县	洪泽县芳芳平菇合作社
037	2014 年 7 月、8 月	苏州市常熟县	常熟梅李新丰合作社
038	2014 年 7 月、8 月	山东省	山东省诸城市孟友烟草生产专业合作社
039	2014 年 7 月、8 月	浙江省	海盐尼松野鸭专业合作社
040	2014 年 7 月、8 月	贵州省	盘县滑石乡核桃协会
041	2014 年 7 月、8 月	河南省	光山县满堂香庄园特色农业专业合作社
042	2014 年 7 月、8 月	陕西省	旬阳富民蚕桑合作社
043	2014 年 7 月、8 月	河南省	固始县飞鸿养殖专业合作社
044	2014 年 7 月、8 月	江西省	赣县顺春有机农业专业合作社
045	2014 年 7 月、8 月	山东省	茌平县诚信农民葡萄专业合作社
046	2014 年 11 月 5 日	淮安市	淮阴红薯粉加工专业合作社
047	2014 年 11 月 5 日	淮安市	淮阴獭兔养殖专业合作社
048	2014 年 11 月 5 日	淮安市	淮阴西瓜种植合作社
049	2014 年 11 月 5 日	淮安市	淮阴生猪养殖专业合作社
050	2014 年 11 月 5 日	淮安市	淮阴鸡禽养殖合作社
051	2014 年 11 月 5 日	淮安市	淮阴神州鸽业合作社
052	2014 年 11 月 5 日	淮安市	淮阴农产品种植专业合作社
053	2014 年 11 月 5 日	淮安市	淮阴农机专业合作社
054	2014 年 11 月 5 日	淮安市	淮阴农机（机插秧）合作社
055	2014 年 11 月 5 日	淮安市	淮阴绿源辣椒种植专业合作社
056	2014 年 11 月 5 日	淮安市	淮阴果蔬种植专业合作社
057	2014 年 11 月 5 日	淮安市	淮阴葡萄种植专业合作社

第三阶段通过江苏省委组织部对第六批江苏省科技镇长团的成员进行调研。科技镇长团成员的主要职责是分管任职地区的人才、科技工作，推进产学研合作。科技镇长团是高校服务农村建设的推动者和参与者，对高校服务农村建设现状非常了解，且成员均是从全国院校选拔的博士和教授，能充分理解问卷调研目的，填写的问卷质量高。

三个阶段共收集问卷482份，有效问卷465份，有效回收率为96.4%。

4.4.2　样本特征

对正式调查的样本进行描述性统计分析，具体如下：

4.4.2.1　性别

调研对象的性别比例如表4－20所示，其中有402位男性，占总调查的86.5%，女性占13.5%。

表4－20　性别统计

性别	人数（人）	百分比（%）
男	402	86.5
女	63	13.5
总计	465	100.0

4.4.2.2　年龄

调研人群年龄统计分析见表4－21，可以看出年龄聚集在36~45岁，占全体问卷数的49.5%，其次分别是26~35岁、46~55岁和56岁及以上，25岁及以下的人数最少共17人，占3.7%。

表4－21　年龄统计

年龄		人数（人）	百分比（%）
分类	25岁及以下	17	3.7
	26~35岁	95	20.4
	36~45岁	230	49.5
	46~55岁	78	16.8
	56岁及以上	45	9.7
	合计	465	100.0

4.4.2.3 受教育程度

在受教育程度的调查中，55.9%的被调查者是研究生及以上学历，高中学历和本科学历的比例分别为13.3%和13.8%，另有10.3%的大专毕业生和6.7%的初中及以下学历者。具体数据可见表4-22。

表4-22 受教育程度统计

受教育程度		人数（人）	百分比（%）
分类	初中及以下	31	6.7
	高中（包括职高/中专/技校）	62	13.3
	大专	48	10.3
	本科	64	13.8
	研究生及以上	260	55.9
	合计	465	100.0

4.4.2.4 推动主体

在被问及"与高校的合作主要的推动主体或主导方"的问题时，61.9%的被调查者认为是由政府主导的，其余19.1%的人认为是由合作社主导，具体如表4-23所示。

表4-23 推动主体统计

推动主体		人数（人）	百分比（%）
分类	政府	288	61.9
	高校	88	18.9
	合作社	89	19.1
	合计	465	100.0

4.4.2.5 身份

在调查过程中，被调查者的身份大多是乡镇管理人员，其次为村委管理人员，整个调查贴近现实，从最基层的角度考量，获取一手资料，具体如图4-1所示。

4.4.2.6 合作类型

在与高校的合作类型调查中，前3位分别是：技术管理咨询（64.9%）、人才引进（59.1%）、人员培训（55.5%），如图4-2所示。除了建立联合示范基地外，合资成立企业、购买专利、委托研发也是重要的合作方式。

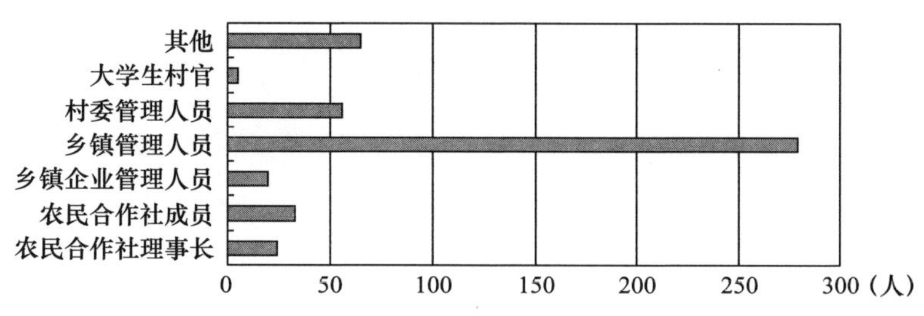

图4-1　被调查者身份分布

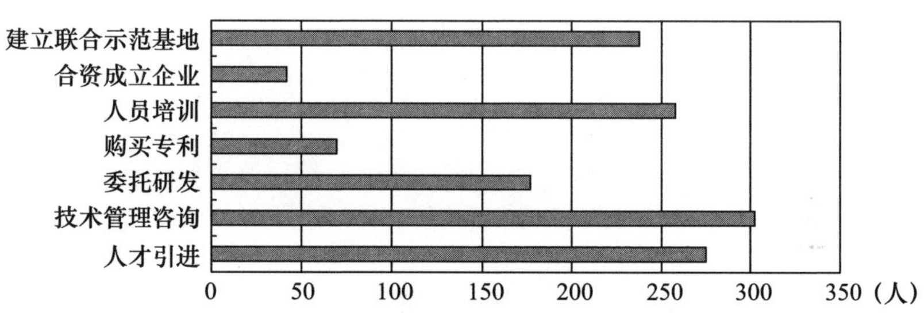

图4-2　与高校合作类型分布

4.5　本章小结

本章主要就面向农村的高校知识溢出绩效及其影响因素提出假设和进行量表设计。分别就知识源的三个亚类属（知识属性、创新能力、溢出意愿）、关联情景的四个亚类属（信任、距离、契约完备程度和政策环境）、接受方四个亚类属（吸收能力、合作经验、合作预期和接受意愿）与溢出绩效的两个亚类属（有形绩效和潜在绩效）的关系，在文献分析的基础上提出了相关假设。在此基础上，结合理论模型中面向农村的高校知识溢出路径亚类属，在文献分析基础上设计了自变量和因变量的测量题项，包括：知识源变量的知识属性、创新能力、溢出意愿的测量题项；关联情景的信任、距离、契约完备程度、政策环境的测量题项；接受方的吸收能力、合作经验、合作预期和接受意愿测量题项；溢出绩效的有形绩效和潜在绩效的测量题项。描述了初始问卷的形成过程，以及在江苏省内开展的预调研工作。对预调研收集的数据分自变量和因变量进行了 KMO 和 Bartlett 球形度检验，在检验结果适宜的基础上进行了探索性因子分析，开展了问卷的信度和效度检验，阐述了问卷的修改完善和最终问卷的形成过程，对正式调查工作进行了较为详细的描述，并列出了实地调研访谈的合作社。对正式调研获得的数据分性别、年龄、受教育程度、推动主体、身份、合作类型等进行了描述性统计分析。

第5章　面向农村的高校知识溢出绩效的实证检验

本章采用结构方程模型来检验知识源、关联情景、接受方等自变量与溢出绩效因变量之间的假设关系。验证性因子分析是假设检验之前必要的步骤，用于分析测量模型的效度。Floyd 和 Widaman（1995）认为，当评定假设模型的合适性（有效性）时，验证性因子分析非常有用。DiStefano（2002）认为，验证性因子分析在社会科学领域特别有用，因为在这一领域主要用问卷作为测量工具。多年来，多种多样的拟合优度指数被用于评定模型的效度，其中用得最多的有：卡方（χ^2）、近似误差均方根（Root Mean Square Error of Approximation，RMSEA）、范拟合指数（Normed Fit Index，NFI）、增量拟合指数（Incremental Fit Index，IFI）、Tucker－Lewis 指数（Tucker－Lewis Index，TLI）和比较拟合指数（Comparative Fit Index，CFI）（Diamantopoulos 和 Siguaw，2000）。其中，当卡方统计显著时，拒绝原假设——模型能很好地拟合样本数据。但卡方统计对样本量敏感，所以研究者报告时通常对卡方统计标准化，即用卡方对自由度的比率（χ^2/df）表示（Byrne，2009）。通常认为，好的拟合χ^2/df不超过5.0（Ramayah，2010）。近似误差均方根（RMSEA）通常被认为是最富有信息的拟合指数之一，好的拟合 RMSEA 不超过0.05，合理（较好）拟合 RMSEA 在0.05～0.08，一般（普通）拟合 RMSEA 在0.08～0.10，当 RMSEA 大于0.10时，认为拟合不好或适配度欠佳。在评定模型的拟合性时，范拟合指数（NFI）、增量拟合指数（IFI）、Tucker－Lewis 指数（TLI）和比较拟合指数（CFI）大于0.90表示好的拟合模型，越接近于1，拟合得越好。接下来，本书采用这些指数对知识源变量、关联情景变量、接受方变量进行验证性因子分析，并对相关假设进行检验。

5.1 知识源对溢出绩效的假设检验

知识源是面向农村的高校知识溢出过程的起点，溢出能否成功，知识绩效如何，都与知识源的创新能力、知识属性及溢出意愿有关。

5.1.1 知识源变量的验证性因子分析

本研究采用“知识属性”“创新能力”“溢出意愿”对知识源的特征进行测度。首先需要确定该测量模型的有效性，检验方法是运用 AMOS 统计分析软件对相关指标进行验证性因子分析，验证模型如图 5 – 1 所示。

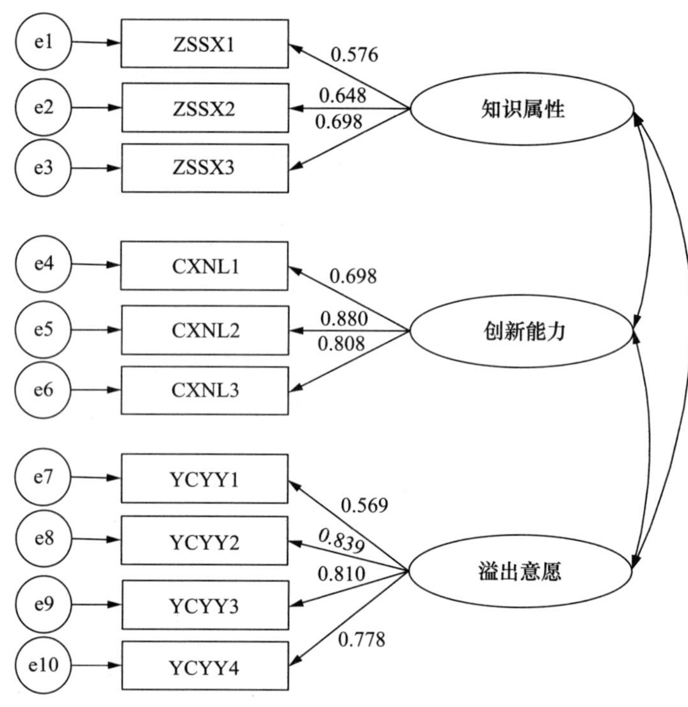

图 5 – 1　知识源的 AMOS 测度模型

运行 AMOS 软件后的拟合结果见表 5 – 1，从拟合结果可以看出 χ^2/df 的值为 3.17，在可接受范围，RMSEA 为 0.068，介于 0.05 ~ 0.08，NFI 和 TLI 大于 0.9，

CFI、IFI 接近于1，在 $P<0.001$ 的水平上各路径系数显著，相应的临界值也都大于标准的1.96，模型拟合得很好。因此通过“知识属性”“创新能力”和“溢出意愿”三个变量对知识源的特征进行测量是有效的。

表5-1　知识源测量模型的拟合结果

路径			标准化路径系数	路径系数	S. E.	C. R.	P
合作涉及的知识和技术比较难懂	<---	知识属性	0.576	0.918	0.093	9.859	***
合作涉及的技术门槛很高（如需要专门培训或采购特殊设备）	<---	知识属性	0.648	1.000			
合作领域涉及很多专业性问题	<---	知识属性	0.698	0.865	0.105	8.208	***
高校在与我们合作的领域拥有一流的设施	<---	创新能力	0.698	1.000			
高校在与我们合作的领域具有很强的研发实力	<---	创新能力	0.880	1.203	0.075	16.108	***
高校在与我们的合作中表现出很强的创新能力	<---	创新能力	0.808	1.103	0.072	15.313	***
高校在制度上鼓励合作	<---	溢出意愿	0.569	1.000			
合作项目从意向到落实，整个过程高校都是积极主动的	<---	溢出意愿	0.839	1.203	0.097	12.400	***
高校发现了与我们进行合作的需要，并做了大量工作	<---	溢出意愿	0.810	1.101	0.091	12.134	***
高校对合作内容十分感兴趣	<---	溢出意愿	0.778	1.085	0.091	11.970	***
χ^2	101.492	df	32	χ^2/df	3.17	RMSEA	0.068
NFI	0.948	IFI	0.964	TLI	0.949	CFI	0.963

注：*** 表明显著性水平 $P<0.001$。

5.1.2　知识源变量的假设检验

根据前文的研究设计，本部分需要验证的假设有：

H1：知识属性对知识溢出绩效有影响。

H2：高校创新能力对知识溢出绩效有显著正向影响。

H3：高校溢出意愿对知识溢出绩效有显著正向影响。

运用 AMOS 验证知识属性、创新能力和溢出意愿三个变量与面向农村的高校知识溢出绩效的关系，模型共包含知识属性、创新能力、溢出意愿、有形绩效和潜在绩效 5 个因子，17 个题项，19 个残差项，初始模型如图 5－2 所示。

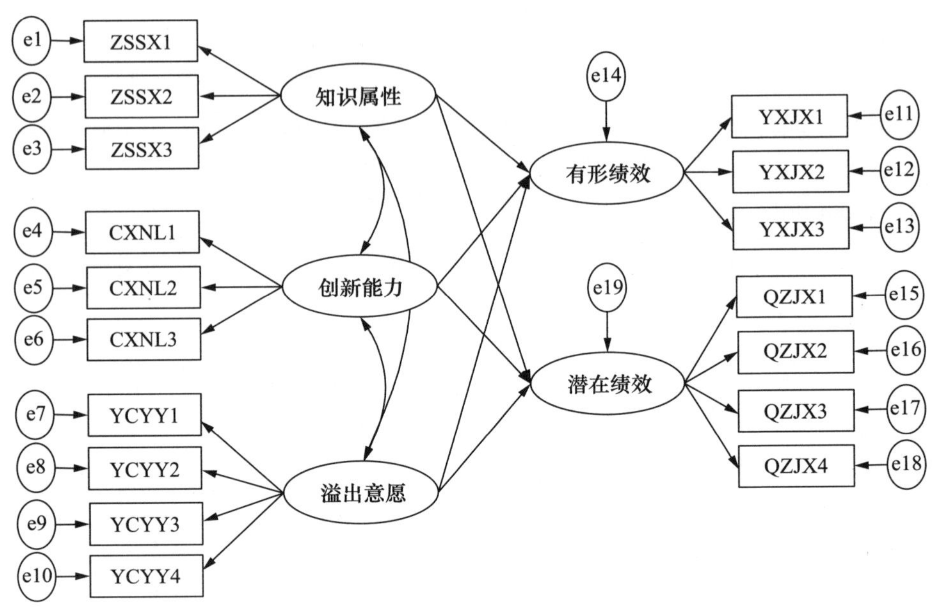

图 5－2 “知识源—溢出绩效” AMOS 初始模型

在 AMOS 软件中绘制该模型图，进行数据的导入和链接，运行软件，拟合结果见表 5－2，χ^2/df 大于 5，RMSEA 大于 0.10，虽然 NFI、IFI、TLI、CFI 等指标均接近 0.9，但小于 0.9，拟合结果有待改进。

表 5－2 “知识源—溢出绩效” 初始模型模拟结果

路径			标准化路径系数	路径系数	S. E.	C. R.	P
有形绩效	<---	知识属性	0.075	0.122	0.111	1.096	0.273
有形绩效	<---	创新能力	0.178	0.308	0.123	2.508	0.012
有形绩效	<---	溢出意愿	0.234	0.391	0.111	3.524	***
无形绩效	<---	知识属性	0.083	0.079	0.074	1.070	0.285
无形绩效	<---	创新能力	0.278	0.280	0.078	3.610	***

续表

路径			标准化路径系数	路径系数	S. E.	C. R.	P
无形绩效	<---	溢出意愿	0.329	0.321	0.069	4.651	***
χ^2	687.593	df	111	χ^2/df	6.19	RMSEA	0.106
NFI	0.849	IFI	0.870	TLI	0.840	CFI	0.870

注：*** 表明显著性水平 P<0.001。

本研究根据系统提示的 MI 模型修正指数对初始模型进行修正，修正主要涉及少数几条残差项之间的相关关系，修正后的模型如图 5－3 所示。

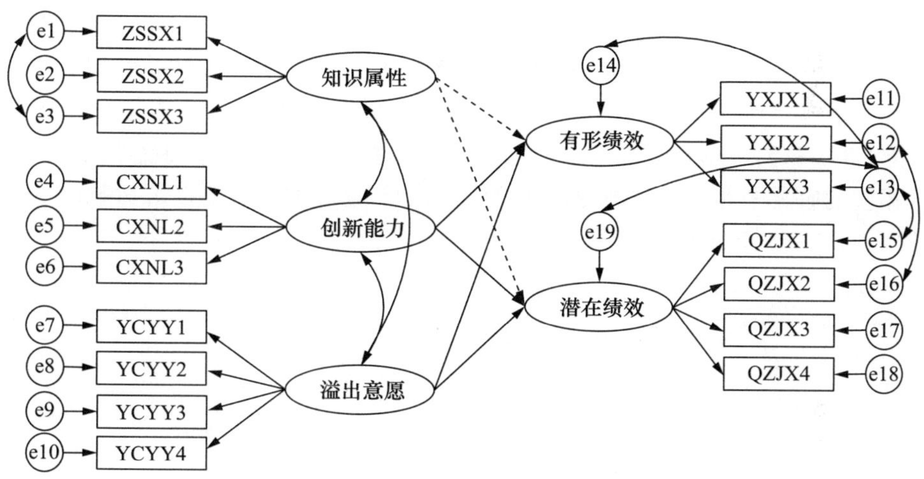

图 5－3　“知识源—溢出绩效”AMOS 最终模型

运行 AMOS 软件后的拟合结果见表 5－3，可以看出 χ^2/df 为 2.7，落在可接受范围内；RMSEA 为 0.061，介于 0.05 和 0.08 之间；NFI、IFI、TLI、CFI 都大于 0.9，其中 IFI 和 CFI 接近于 1。说明修正后的模型符合拟合指标要求，拟合结果比较理想。

表 5－3　“知识源—溢出绩效”最终模型拟合结果

路径			标准化路径系数	路径系数	S. E.	C. R.	P
有形绩效	<---	创新能力	0.205	0.348	0.092	3.788	***

续表

路径			标准化路径系数	路径系数	S. E.	C. R.	P
有形绩效	<---	溢出意愿	0. 215	0. 354	0. 093	3. 789	***
无形绩效	<---	创新能力	0. 262	0. 312	0. 075	4. 183	***
无形绩效	<---	溢出意愿	0. 272	0. 314	0. 074	4. 213	***
χ^2	285. 448	df	107	χ^2/df	2. 7	RMSEA	0. 061
NFI	0. 937	IFI	0. 960	TLI	0. 949	CFI	0. 960

注：*** 表明显著性水平 $P<0.001$。

接下来看变量之间的回归系数和显著性，发现“有形绩效 <--- 知识属性”和“无形绩效 <--- 知识属性”之间的关系在 $P<0.05$ 水平上都不显著，两条路径的临界值也都小于标准的 1. 96，根据 C. R. 值和标准 1. 96 之差按从小到大逐条删除相应路径，进行模型第二次修正，在 $P<0.001$ 的水平上各路径系数显著，而且相应的临界值也都大于标准的 1. 96，模型拟合非常好。溢出方影响因素与溢出绩效的作用路径如图 5 -4 所示。

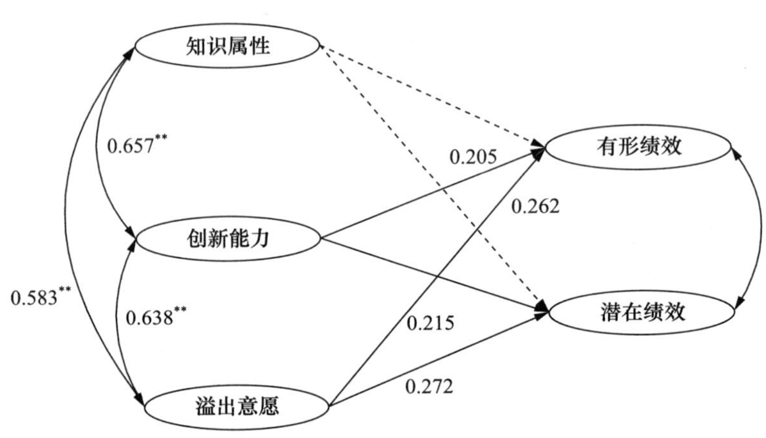

图 5 -4 “知识源—溢出绩效”作用路径

根据 AMOS 最终拟合结果及图表所示可以得出以下结论：

(1)“知识属性”对“有形绩效”和“潜在绩效”无显著正向影响。这一结果与 Cummings 和 Teng (2003)、郭京京 (2013)、金辉 (2014) 等关于知识属性与溢出效应的结果并不一致。进一步对知识属性与溢出绩效进行一元线性回归分析，结果如表 5－4 所示。可以看出，单就知识属性对有形绩效和潜在绩效进行回归分析时，有显著正向影响。这说明在溢出源因素中，知识属性相对创新能力和溢出意愿的作用较小，影响不显著。这一结果也从某种程度上说明了面向农村的高校知识溢出的特殊性。

表 5－4　“知识属性—溢出绩效”一元线性回归分析结果

模型		非标准化回归系数	标准误	标准化回归系数	t	Sig.	R^2	Adj R^2	F
知识属性—有形绩效	Const.	2.726	0.154		17.672	0.000	0.115	0.113	59.987
	知识属性	0.323	0.042	0.339	7.745	0.000			
知识属性—潜在绩效	Const.	3.103	0.139		22.285	0.000	0.099	0.097	50.823
	知识属性	0.268	0.038	0.315	7.129	0.000			

（2）“创新能力”对“有形绩效”和“潜在绩效”有显著正向影响。H2 通过检验。说明高校创新能力越强，对农村的知识溢出绩效越好。这一结果与已有的高校对区域的知识溢出和高校对企业的知识溢出效应实证结果一致。

（3）“溢出意愿”对“有形绩效”和“潜在绩效”有显著正向影响。H3 通过检验。说明高校知识溢出意愿越强，越有利于知识溢出。这一结果符合知识溢出理论关于溢出意愿和溢出效应关系的认识（Grant，1996；王雪莉，2013）。

5.2　关联情境对溢出绩效假设检验

农村经济实体和基层政府在合作中对高校人员的信任。高校与农村之间距离对知识溢出绩效也有重要影响。高校与农村合作中制定的合作契约的完备程度、政策环境都会影响溢出绩效。这些关联情境对知识溢出绩效有重要影响。

5.2.1　关联情境变量的验证性因子分析

本书在小样本前测中进行了探索性因子分析。为了进一步验证测量指标的合理性，对大样本数据采用 AMOS 软件对关联情景测量模型进行验证性因子分析。知识溢出关联情境的测量模型如图 5－5 所示。

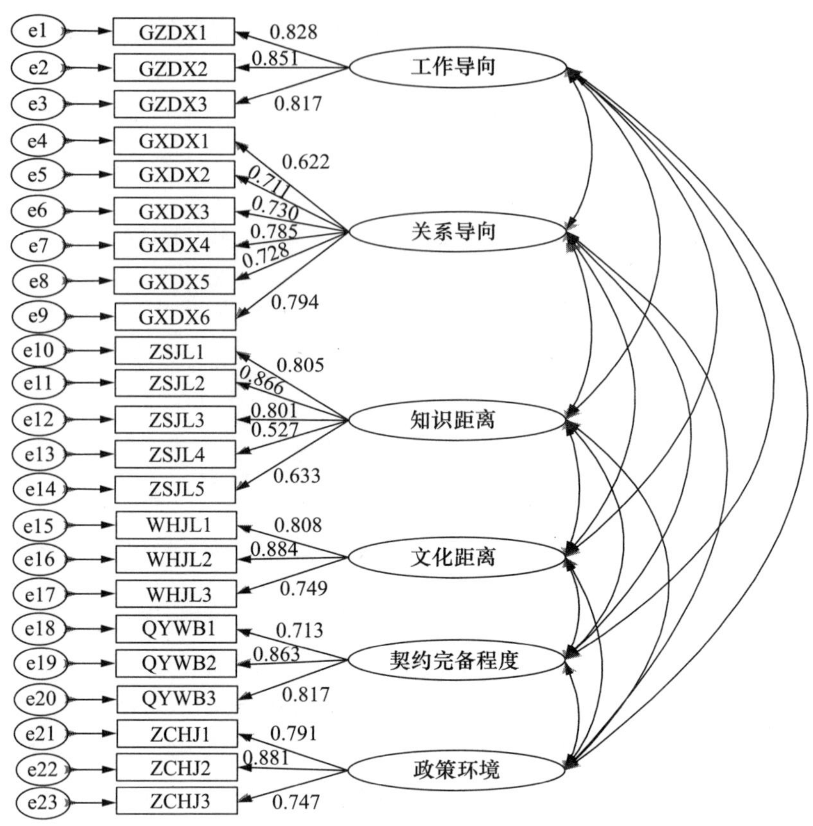

图 5-5　关联情境的 AMOS 测度模型

运行 AMOS 软件后的拟合结果见表 5-5。从拟合结果可以看出χ^2/df的值为 3.079，落在可接受范围内；IFI 值为 0.928，TLI 值为 0.914，CFI 值为 0.927，均大于0.9；RMSEA 值为0.067，在0.05 到0.08 之间。在 P<0.001 的水平上各路径系数都显著，而且相应的临界值也都大于标准的 1.96；但 NFI 值等于 0.896，小于0.9，该指标未达到理想水平，需要对模型进行修正。

表 5-5　关联情境测量模型的初始拟合结果

路径			标准化路径系数	路径系数	S. E.	C. R.	P
高校人员是令人尊敬的	<---	工作导向	0.828	1.000			
高校人员工作非常专业和敬业	<---	工作导向	0.851	0.968	0.047	20.793	***
高校人员工作能力让我们信服	<---	工作导向	0.817	1.072	0.056	19.043	***

续表

路径			标准化路径系数	路径系数	S. E.	C. R.	P
我们与高校人员间有良好的个人关系（私交）	<---	关系导向	0. 622	1. 000			
我们会对彼此的问题做出积极响应	<---	关系导向	0. 711	1. 047	0. 079	13. 335	***
我们对彼此的工作关系投入了大量的感情	<---	关系导向	0. 730	1. 228	0. 090	13. 638	***
我们与高校经常进行沟通交流	<---	关系导向	0. 785	1. 294	0. 097	13. 304	***
我们与高校经常通过非正式聚会来促进信息交流	<---	关系导向	0. 728	1. 265	0. 102	12. 405	***
我们与高校的沟通顺畅	<---	关系导向	0. 794	1. 300	0. 098	13. 327	***
高校所输送的人才正是我们所需要的	<---	知识距离	0. 805	1. 000			
培训所提供的知识正是我们所需要的	<---	知识距离	0. 866	1. 052	0. 050	21. 080	***
高校所提供的技术正是我们所需要的	<---	知识距离	0. 801	1. 047	0. 056	18. 665	***
我们所掌握的知识和技术与高校相比差距很大	<---	知识距离	0. 527	0. 788	0. 070	-11. 221	***
合作内容是高校擅长的领域	<---	知识距离	0. 633	0. 839	0. 061	13. 820	***
在与高校合作过程中感觉双方的处事风格协调一致	<---	文化距离	0. 808	1. 000			
我们在工作方式、办事效率等方面，与高校人员比较合拍	<---	文化距离	0. 884	1. 039	0. 051	20. 495	***
我们与高校人员很容易达成共识	<---	文化距离	0. 749	0. 762	0. 046	16. 751	***
合作协议对最终要达成的效果有明确的规定	<---	契约完备程度	0. 713	1. 000			
合作协议对双方的利益分配有明确的规定	<---	契约完备程度	0. 863	0. 960	0. 057	16. 705	***
与高校的合作通常具有明确的目标	<---	契约完备程度	0. 817	0. 863	0. 056	15. 505	***
政府积极推动高校成果的转化	<---	政策环境	0. 791	1. 000			
政府对此类合作有较多的政策支持	<---	政策环境	0. 881	1. 138	0. 061	18. 670	***
与高校的合作中，政府提供了充足的资金	<---	政策环境	0. 747	1. 127	0. 070	16. 058	***
χ^2	662. 056	df	215	χ^2/df	3. 079	RMSEA	0. 067
NFI	0. 896	IFI	0. 928	TLI	0. 914	CFI	0. 927

注：*** 表明显著性水平 P < 0. 001。

根据 MI 指数对模型进行修正，修正后的模型如图 5 - 6 所示。

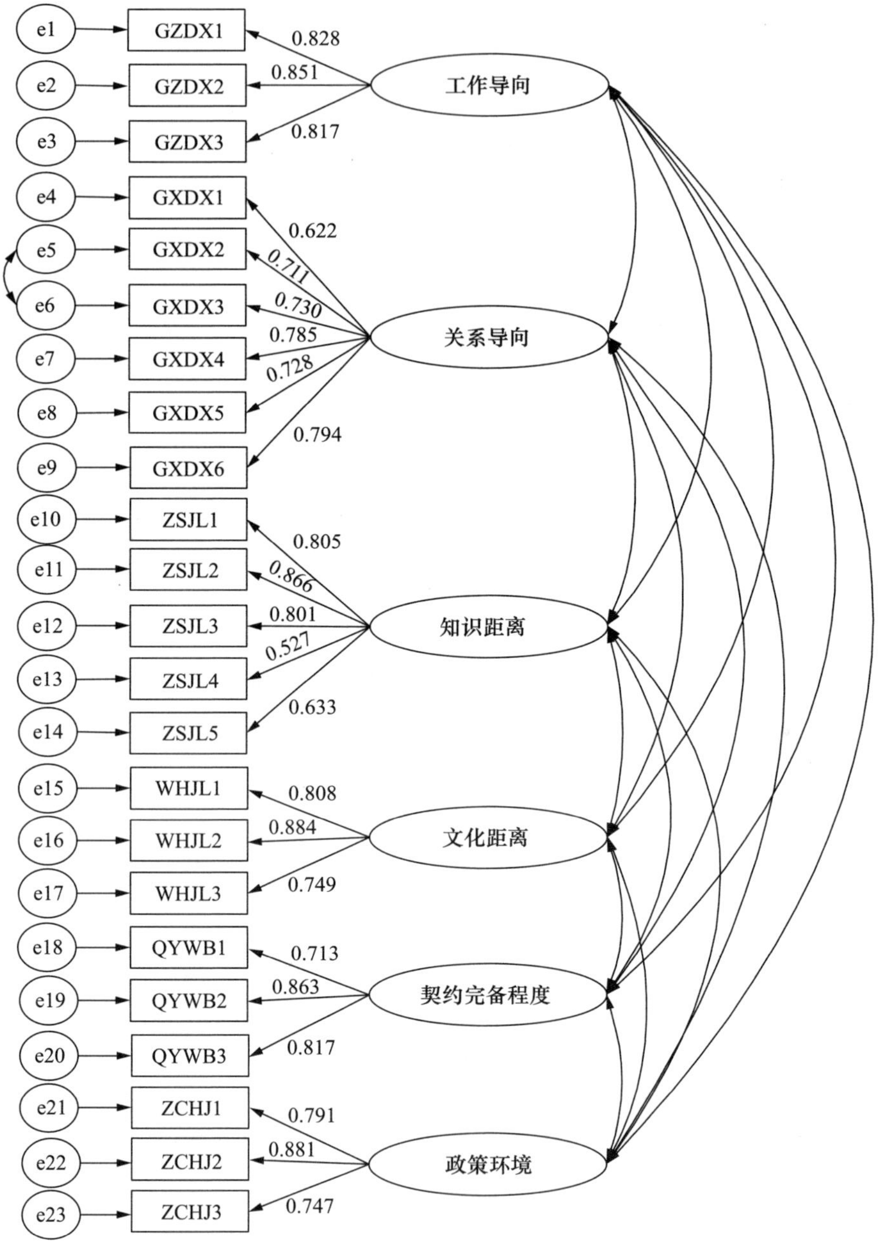

图 5 - 6 关联情境的 AMOS 测度模型（修正后）

运行AMOS软件后的拟合结果见表5-6，χ^2/df的值为2.844，落在可接受范围内；NFI、IFI、TLI、CFI值均大于0.9；RMSEA值为0.063，小于0.08；修正后的模型的所有拟合指标已经符合要求，拟合结果好。从拟合结果可以看出，在$P<0.001$的水平上各路径系数显著，而且相应的临界值也都大于标准的1.96。因此，本书采用“信任”“距离”“契约完备程度”“政策环境”四个变量对面向农村的高校知识溢出的关联情境进行测量是有效的。

表5-6 关联情境测量模型的拟合结果（修正后）

路径			标准化路径系数	路径系数	S. E.	C. R.	P
高校人员是令人尊敬的	<---	工作导向	0.828	1.000			
高校人员工作非常专业和敬业	<---	工作导向	0.851	0.968	0.047	20.772	***
高校人员工作能力让我们信服	<---	工作导向	0.817	1.072	0.056	19.018	***
我们与高校人员间有良好的个人关系（私交）	<---	关系导向	0.622	1.000			
我们会对彼此的问题做出积极响应	<---	关系导向	0.711	0.975	0.078	12.470	***
我们对彼此的工作关系投入了大量的感情	<---	关系导向	0.730	1.151	0.090	12.831	***
我们与高校经常进行沟通交流	<---	关系导向	0.785	1.336	0.101	13.258	***
我们与高校经常通过非正式聚会来促进信息交流	<---	关系导向	0.728	1.331	0.106	12.576	***
我们与高校的沟通顺畅	<---	关系导向	0.794	1.356	0.101	13.365	***
高校所输送的人才正是我们所需要的	<---	知识距离	0.805	1.000			
培训所提供的知识正是我们所需要的	<---	知识距离	0.866	1.052	0.050	21.077	***
高校所提供的技术正是我们所需要的	<---	知识距离	0.801	1.047	0.056	18.664	***
我们所掌握的知识和技术与高校相比差距很大	<---	知识距离	0.527	0.788	0.070	-11.222	***
合作内容是高校擅长的领域	<---	知识距离	0.633	0.839	0.061	13.817	***
在与高校合作过程中感觉双方的处事风格协调一致	<---	文化距离	0.808	1.000			

续表

路径			标准化路径系数	路径系数	S. E.	C. R.	P
我们在工作方式、办事效率等方面，与高校人员比较合拍	<---	文化距离	0.884	1.041	0.051	20.480	***
我们与高校人员很容易达成共识	<---	文化距离	0.749	0.764	0.046	16.745	***
合作协议对最终要达成的效果有明确的规定	<---	契约完备程度	0.713	1.000			
合作协议对双方的利益分配有明确的规定	<---	契约完备程度	0.863	0.959	0.057	16.710	***
与高校的合作通常具有明确的目标	<---	契约完备程度	0.817	0.863	0.056	15.512	***
政府积极推动高校成果的转化	<---	政策环境	0.791	1.000			
政府对此类合作有较多的政策支持	<---	政策环境	0.881	1.137	0.061	18.663	***
与高校的合作中，政府提供了充足的资金	<---	政策环境	0.747	1.127	0.070	16.056	***
χ^2	608.636	df	214	χ^2/df	2.844	RMSEA	0.063
NFI	0.905	IFI	0.936	TLI	0.924	CFI	0.936

注：*** 表明显著性水平 $P<0.001$。

5.2.2 关联情境变量的假设检验

本部分需要验证的假设有：

H4：高校与农村的工作导向信任对知识溢出绩效有显著正向影响。

H5：高校与农村的关系导向信任对知识溢出绩效有显著正向影响。

H6：高校与农村的知识距离对知识溢出绩效有显著负向影响。

H7：高校与农村的文化距离对知识溢出绩效有显著负向影响。

H8：高校与农村的契约完备程度对知识溢出绩效有显著正向影响。

H9：面向农村的高校知识溢出中，政策环境对溢出绩效有显著正向影响。

根据前文的验证性因子分析，知识溢出关联情境中信任包含工作导向和关系导向，距离分为知识距离和文化距离。溢出绩效分为有形绩效和潜在绩效。接下来，本书验证工作导向信任、关系导向信任、知识距离、文化距离、政策环境等六个变量与面向农村的高校知识溢出有形绩效和潜在绩效的关系。模型共包含工作导向信任、关系导向信任、知识距离、文化距离、政策环境、有形绩效和潜在绩效等8个因子，一共有23个题项，32个残差项，具体初始模型见图5-7。

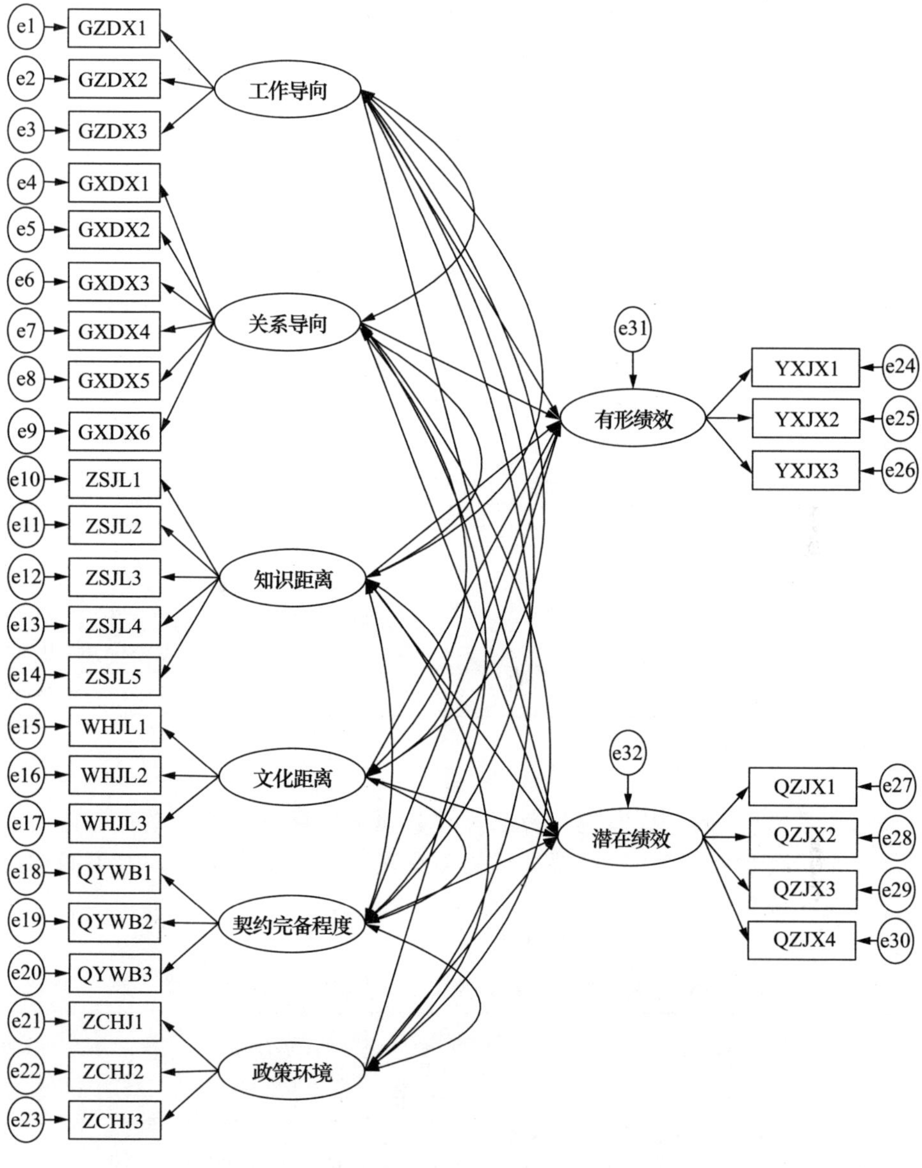

图 5－7　"关联情境—溢出绩效"AMOS 初始模型

运行 AMOS 软件后的模型初始拟合结果如表 5－7 所示。从表 5－7 可以看出，χ^2/df 等于 3.031，落在可接受范围内；RMSEA 落在 0.05～0.08；IFI、TLI 和 CFI 均满足整体模型拟合程度评价标准，值都大于 0.90，但 NFI 的值是 0.878，小于 0.9，不符合模型拟合标准。故应对模型进行修正。

表 5 –7 “关联情境—溢出绩效”测量模型初始拟合结果

路径			标准化路径系数	路径系数	S. E.	C. R.	P
有形绩效	<---	工作导向	0. 203	0. 214	0. 068	3. 135	0. 002
潜在绩效	<---	工作导向	0. 238	0. 230	0. 061	3. 752	***
有形绩效	<---	关系导向	–0. 055	–0. 074	0. 086	–0. 854	0. 393
潜在绩效	<---	关系导向	–0. 019	–0. 024	0. 077	–0. 308	0. 758
有形绩效	<---	知识距离	–0. 300	–0. 363	0. 080	–4. 528	***
潜在绩效	<---	知识距离	–0. 275	–0. 305	0. 071	–4. 301	***
有形绩效	<---	文化距离	–0. 383	–0. 350	0. 064	–5. 511	***
潜在绩效	<---	文化距离	–0. 368	–0. 307	0. 056	–5. 472	***
有形绩效	<---	契约完备程度	0. 040	0. 038	0. 058	0. 656	0. 512
潜在绩效	<---	契约完备程度	0. 011	0. 010	0. 052	0. 193	0. 847
有形绩效	<---	政策环境	0. 091	0. 087	0. 053	1. 655	0. 098
潜在绩效	<---	政策环境	0. 098	0. 086	0. 047	1. 846	0. 065
χ^2	1145. 57	df	378	χ^2/df	3. 031	RMSEA	0. 066
NFI	0. 878	IFI	0. 915	TLI	0. 901	CFI	0. 914

注：*** 表明显著性水平 P < 0. 001。

通过查看修正指数 MI 发现，有部分残差项可能存在相关关系，而在模型中未表示出来，因此根据 MI 对模型进行相关修正，即绘制出部分残差项的相关关系，经过三次修正，再次运行模型。如图 5 –8 和表 5 –8 所示。

表 5 –8 “关联情境—溢出绩效”测量模型最终拟合结果

路径			标准化路径系数	路径系数	S. E.	C. R.	P
有形绩效	<---	工作导向	0. 183	0. 198	0. 064	3. 076	0. 002
潜在绩效	<---	工作导向	0. 223	0. 215	0. 059	3. 660	***
有形绩效	<---	关系导向	–0. 012	–0. 016	0. 081	–0. 198	0. 843
潜在绩效	<---	关系导向	0. 007	0. 009	0. 074	0. 115	0. 908
有形绩效	<---	知识距离	–0. 316	–0. 393	0. 077	5. 119	***
潜在绩效	<---	知识距离	–0. 266	–0. 295	0. 069	4. 297	***
有形绩效	<---	文化距离	–0. 300	–0. 281	0. 057	4. 948	***
潜在绩效	<---	文化距离	–0. 313	–0. 261	0. 051	5. 101	***

续表

路径			标准化路径系数	路径系数	S. E.	C. R.	P
有形绩效	<---	契约完备程度	0. 042	0. 041	0. 056	0. 734	0. 463
潜在绩效	<---	契约完备程度	0. 039	0. 034	0. 051	0. 665	0. 506
有形绩效	<---	政策环境	0. 095	0. 094	0. 051	1. 836	0. 066
潜在绩效	<---	政策环境	0. 102	0. 090	0. 046	1. 951	0. 051
χ^2	919. 88	df	375	χ^2/df	2. 453	RMSEA	0. 056
NFI	0. 902	IFI	0. 940	TLI	0. 929	CFI	0. 939

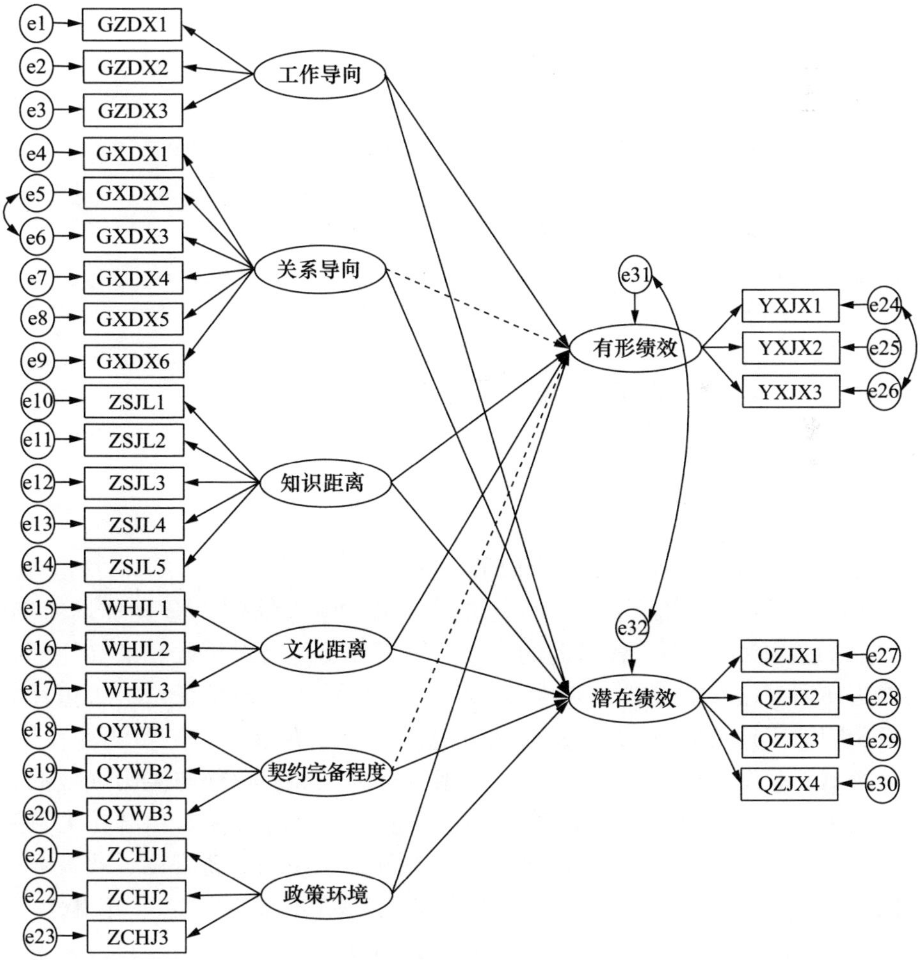

图 5 – 8　“关联情境—溢出绩效” AMOS 最终模型

由表5-8可以看出，模型修正后χ^2/df为2.453，小于5.0，落在可接受范围内；NFI值为0.902，IFI值为0.940，TLI值为0.929，CFI值为0.939，均大于0.9；RMSEA值为0.056，落在0.05至0.08之间，模型拟合效果好。其中，"关系导向"对"有形绩效"和"潜在绩效"的临界值、"契约完备程度"对"有形绩效"和"潜在绩效"的临界值都小于标准的1.96，且在$P<0.05$的水平上不显著。对于"政策环境"，当置信区间取90%时，可以认为其对"有形绩效"和"潜在绩效"的影响是显著的。关联情境影响因素与溢出绩效的作用路径及标准路径系数如图5-9所示。

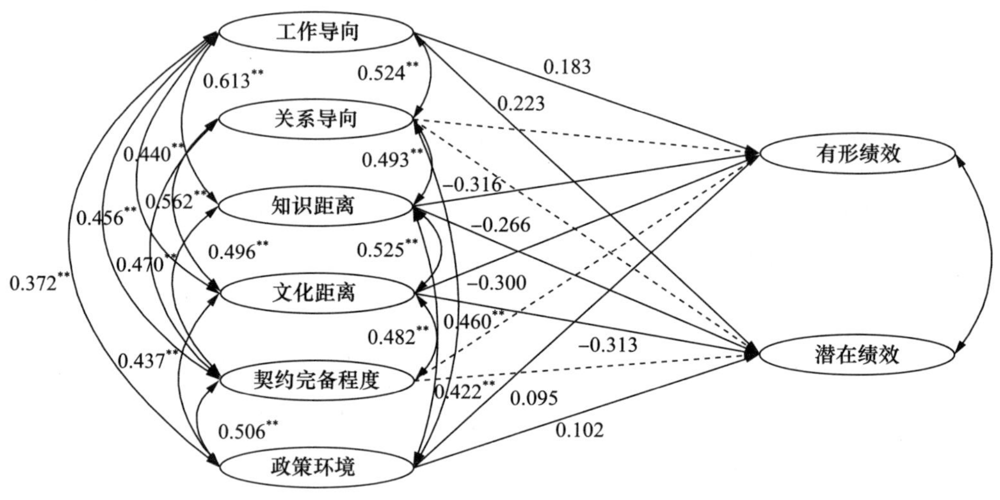

图5-9 "关联情境—溢出绩效"的作用路径

根据AMOS最终拟合结果及图表所示可以得出以下结论：

(1)"工作导向信任"对"有形绩效"和"潜在绩效"有显著正向影响。假设H4通过检验。说明工作导向的信任对知识溢出的有形绩效和潜在绩效有显著的促进作用。这一结果与Paliszkiewicz（2014）关于管理信任、组织信任对组织绩效影响的实证结果一致。"关系导向信任"对"有形绩效"和"潜在绩效"无显著影响。假设H5没有通过检验。单独进行关系导向信任与溢出绩效的回归分析，结果如表5-9所示，可以看出关系导向信任对有形绩效和潜在绩效有显著影响。这说明在工作导向、知识距离、文化距离、契约完备程度、政策环境等多种因素综合作用时，关系导向信任的作用变得不显著。这一结果与张涵（2013）等关于国内5个城市孵化网络成员的调查实证结果并不一致，一定程度上表明面向农村的高校知识溢出机理及溢出绩效的特殊性。

表 5－9 “关系导向信任—溢出绩效”一元线性回归分析结果

模型		非标准化回归系数	标准误	标准化回归系数	t	Sig.	R^2	Adj R^2	F
关系导向信任—有形绩效	Const.	1.858	0.179		10.367	0.000	0.223	0.221	132.826
	关系导向信任	0.513	0.045	0.472	11.525	0.000			
关系导向信任—潜在绩效	Const.	2.190	0.159		13.793	0.000	0.238	0.237	144.830
	关系导向信任	0.475	0.039	0.488	12.035	0.000			

（2）“知识距离”和“文化距离”对“有形绩效”和“潜在绩效”均有显著负向影响。假设 H6 和假设 H7 通过检验。说明知识源与接受方的知识距离和文化距离越小，知识溢出的有形绩效和潜在绩效越高。这与 Crespo 等（2014）、邹波等（2012）关于企业之间、校企之间的知识距离和文化距离对知识溢出效应的实证结果一致。

（3）“契约完备程度”对“有形绩效”和“潜在绩效”无显著影响，假设 H8 没有通过检验。单独对契约完备程度与溢出绩效的关系进行回归分析，结果如表 5－10 所示，可以看出契约完备程度对有形绩效和潜在绩效有显著影响。这说明在关联情景因素中，契约完备程度的作用较小，影响不显著。这一结果与 Hart 和 Moore（1990）、杨畅和李寒娜（2014）关于契约的完备性与企业绩效之间关系的研究结果并不一致，可能是由于农村与高校的合作不同于企业和高校的合作，农村与高校的合作制定完备契约的难度大，完备契约存在的可能性小。

表 5－10 “契约完备程度—溢出绩效”一元线性回归分析结果

模型		非标准化回归系数	标准误	标准化回归系数	t	Sig.	R^2	Adj R^2	F
契约完备程度—有形绩效	Const.	2.060	0.162		12.679	0.000	0.222	0.220	132.005
	契约完备程度	0.453	0.039	0.471	11.489	0.000			
契约完备程度—潜在绩效	Const.	2.455	0.146		16.824	0.000	0.216	0.214	127.353
	契约完备程度	0.400	0.035	0.464	11.285	0.000			

（4）“政策环境”对“有形绩效”和“潜在绩效”有显著正向影响。假设 H9 通过检验。说明政府为高校与农村之间知识溢出提供的政策环境好，有利于

提高知识溢出的有形绩效和潜在绩效。

5.3 接受方变量对溢出绩效的假设检验

知识接受者是面向农村的高校知识溢出过程的节点，溢出能否成功，知识溢出绩效如何，都是通过知识的接受者农村经济组织、农村行政组织消化吸收新知识所导致的知识创新表现的。

5.3.1 接受方变量的验证性因子分析

下面对接受方关键因素进行验证性因子分析，目的同样是检验本研究采用“吸收能力”“合作经验”“合作预期”“接受意愿”4个变量对接受方属性和特征进行测量的合理性。其验证模型如图5-10所示。

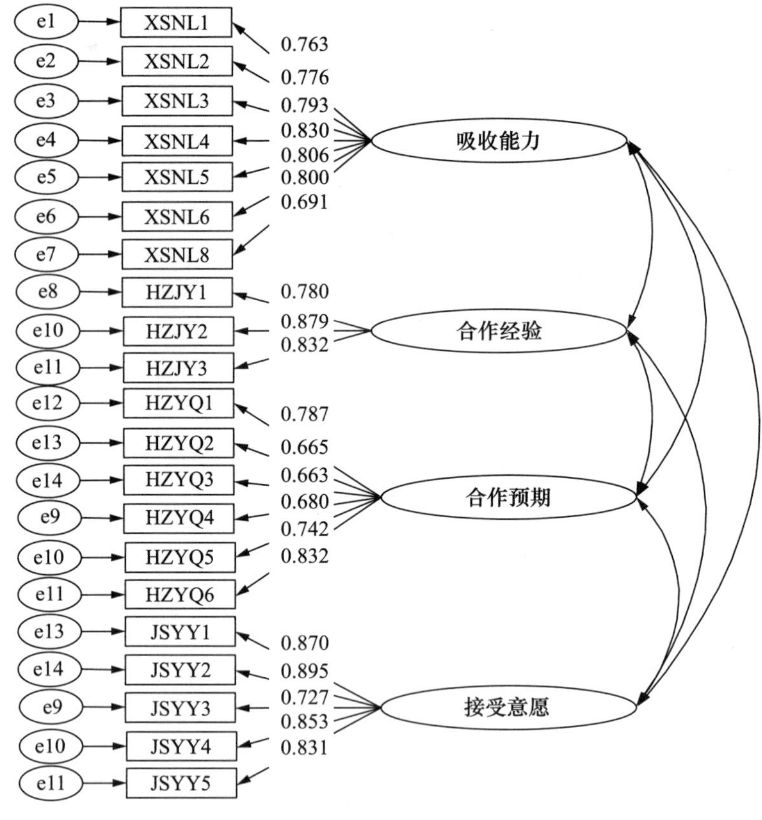

图5-10 接受方的AMOS测度模型

在 AMOS 软件中绘制该模型，导入数据，运行软件，得到的拟合结果见表 5－11。从拟合结果我们可以看出 χ^2/df 的值为 3.828，落在可接受范围之内；RSMEA 值为 0.078，介于 0.05～0.08。另外，IFI、TLI 和 CFI 都大于 0.9，在 P<0.001 的水平上各路径系数显著，而且相应的临界值也都大于标准的 1.96，模型拟合较好。因此，本书对接受方因素的测度模型是有效的。

表 5－11　接受方测量模型拟合结果

路径			标准化路径系数	路径系数	S. E.	C. R.	P
我们能较好地发挥所引进人才的作用	<---	吸收能力	0.763	1.000			
我们擅长把外部知识应用到组织内部	<---	吸收能力	0.776	1.116	0.063	17.601	***
获取的新知识、新技术能够很好地指导工作实践	<---	吸收能力	0.793	1.018	0.057	17.845	***
我们经常思考如何更有效地应用新知识、新技术	<---	吸收能力	0.830	1.102	0.059	18.788	***
同事之间经常会分享新知识、新技术	<---	吸收能力	0.806	1.187	0.066	18.067	***
我们能够从外界快速识别对自身有用的信息	<---	吸收能力	0.800	1.098	0.061	17.915	***
我们经常参加各类培训	<---	吸收能力	0.691	1.139	0.075	15.153	***
我们对合作所涉及的知识和技术很熟悉	<---	合作经验	0.780	1.000			
我们对合作过程很熟悉	<---	合作经验	0.879	1.131	0.061	18.632	***
我们与高校合作是为了更方便地引进人才	<---	合作预期	0.787	1.000			
我们与高校合作是为了拓展社会关系网络	<---	合作预期	0.665	1.018	0.070	14.596	***
我们与高校合作是为了增加经济效益	<---	合作预期	0.663	0.806	0.057	14.105	***
我们与高校合作是为了降低成本和风险	<---	合作预期	0.680	0.900	0.062	14.492	***

续表

路径			标准化路径系数	路径系数	S. E.	C. R.	P
我们与高校合作是为了获取先进技术	<---	合作预期	0. 742	0. 985	0. 061	16. 048	***
我们与高校有很多的合作经历	<---	合作经验	0. 832	1. 083	0. 060	18. 011	***
我们努力创造与高校合作的机会	<---	接受意愿	0. 870	1. 000			
我们认识到与高校合作的重要性和迫切性	<---	接受意愿	0. 895	1. 000	0. 037	27. 258	***
合作得到领导的高度重视	<---	接受意愿	0. 727	0. 845	0. 045	18. 739	***
与高校合作是我们学习的好机会	<---	接受意愿	0. 853	0. 867	0. 036	24. 110	***
我们很乐意与高校合作	<---	接受意愿	0. 831	0. 874	0. 038	22. 912	***
我们与高校合作是为了加强交流和相互学习	<---	合作预期	0. 721	0. 997	0. 063	15. 875	***
χ^2	700. 57	df	183	χ^2/df	3. 828	RSMEA	0. 078
NFI	0. 906	IFI	0. 921	TLI	0. 909	CFI	0. 921

注：*** 表明显著水平 $P<0.001$。

5. 3. 2　接受方变量的假设检验

本部分需要验证的假设有：

H10：接受方吸收能力对溢出绩效有显著正向影响。

H11：接受方合作经验对溢出绩效有显著正向影响。

H12：接受方合作预期对溢出绩效有显著正向影响。

H13：接受方接受意愿对溢出绩效有显著正向影响。

接下来，运用 AMOS 对以上四个假设进行验证。模型共包含 6 个因子，28 个题项，30 个残差项，具体模型如图 5 - 11 所示。

运行 AMOS 软件后的拟合结果见表 5 - 12，结果发现 χ^2/df 等于 3. 465，落在可接受范围内；RMSEA 等于 0. 073，介于 0. 05 ~ 0. 08；IFI、TLI、CFI 都大于 0. 90，满足模型拟合程度评价标准，然而 NFI 小于 0. 90，不符合模型拟合标准。为了优化模型拟合程度，对模型进行修正。

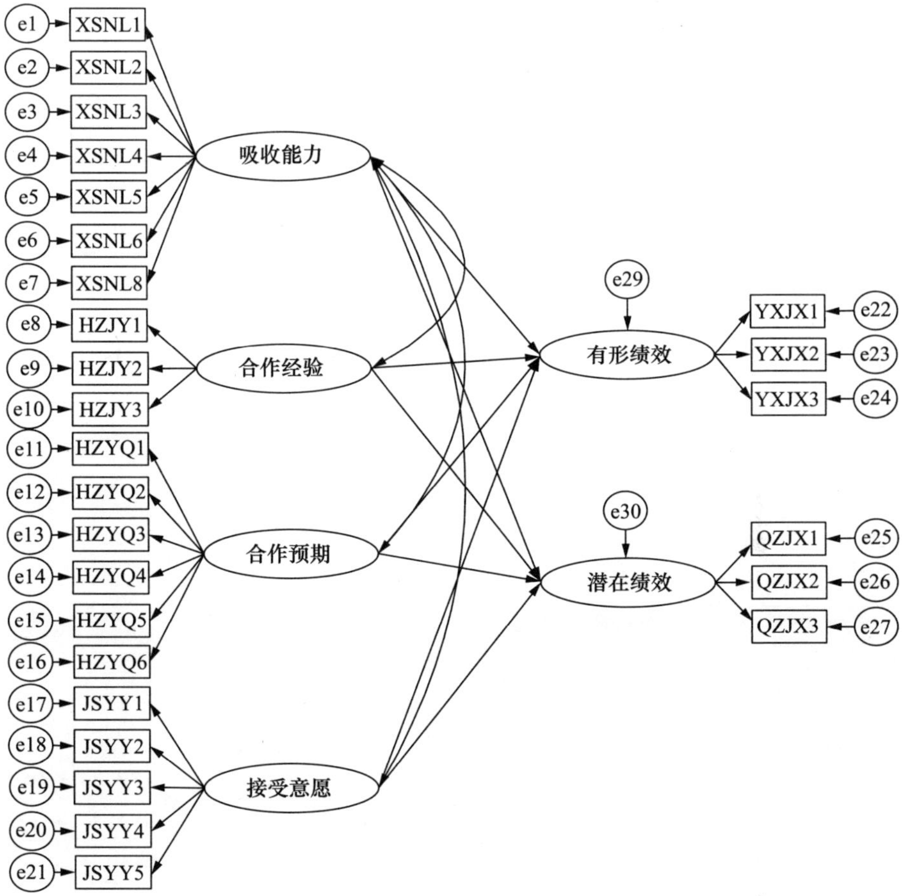

图 5－11　“接受方—溢出绩效”AMOS 初始模型

表 5－12　“接受方—溢出绩效”初始模拟结果

路径			标准化路径系数	路径系数	S. E.	C. R.	P
有形绩效	<---	吸收能力	0. 159	0. 185	0. 068	2. 698	0. 007
有形绩效	<---	合作经验	0. 222	0. 229	0. 050	4. 546	***
有形绩效	<---	合作预期	0. 174	0. 200	0. 075	2. 659	0. 008
有形绩效	<---	接受意愿	0. 403	0. 403	0. 063	6. 435	***
潜在绩效	<---	吸收能力	0. 149	0. 158	0. 056	2. 823	0. 005
潜在绩效	<---	合作经验	0. 217	0. 204	0. 041	4. 941	***
潜在绩效	<---	合作预期	0. 185	0. 193	0. 062	3. 123	0. 002

续表

路径			标准化路径系数	路径系数	S. E.	C. R.	P
潜在绩效	<---	接受意愿	0. 459	0. 418	0. 052	8. 083	***
χ^2	1164. 16	df	336	χ^2/df	3. 465	NFI	0. 882
IFI	0. 913	TLI	0. 902	CFI	0. 913	RSMEA	0. 073

注：*** 表明显著水平 P <0. 001。

根据 MI 模型修正指标，对模型进行修正。修正同样仅涉及几个变量残差项的相关关系。修正后的模型如图 5 –12 所示。

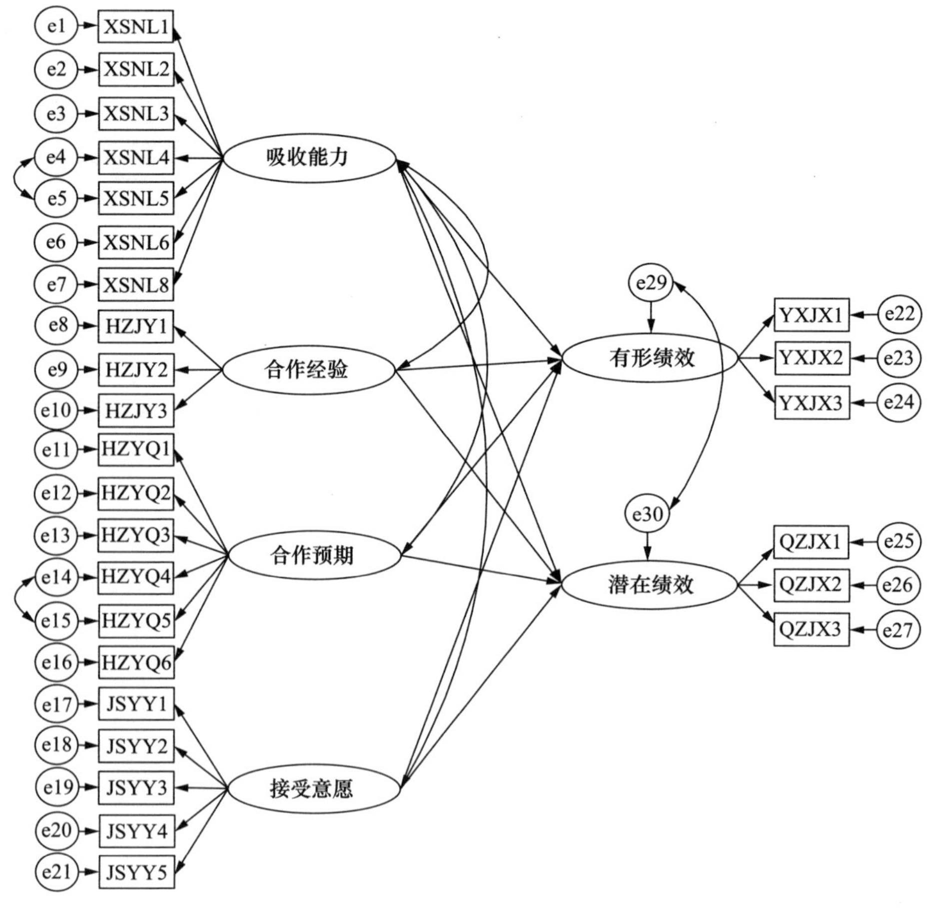

图 5 –12　“接受方—溢出绩效”AMOS 最终模型

运行 AMOS 软件后的拟合结果见表 5－13，结果表明，χ^2/df 的值为 2.928，落在可接受范围内；RMSEA 的值为 0.064，小于 0.08；NFI、IFI、TLI 和 CFI 的值都大于 0.90；各路径的临界值均大于标准的 1.96，且在 $P<0.05$ 水平上显著，模型拟合良好，变量间各回归系数显著。接受方影响因素与溢出绩效的作用路径及标准化系数如图 5－13 所示。

表 5－13　“接受方—溢出绩效”的最终模拟结果

路径			标准化路径系数	路径系数	S. E.	C. R.	P
有形绩效	<---	吸收能力	0.186	0.212	0.069	3.076	0.002
有形绩效	<---	合作经验	0.199	0.202	0.050	4.052	***
有形绩效	<---	合作预期	0.194	0.221	0.073	3.031	0.002
有形绩效	<---	接受意愿	0.363	0.356	0.061	5.862	***
潜在绩效	<---	吸收能力	0.162	0.171	0.057	2.988	0.003
潜在绩效	<---	合作经验	0.200	0.189	0.042	4.537	***
潜在绩效	<---	合作预期	0.200	0.212	0.061	3.448	***
潜在绩效	<---	接受意愿	0.434	0.395	0.051	7.712	***
χ^2	975.25	df	333	χ^2/df	2.928	NFI	0.901
IFI	0.933	TLI	0.923	CFI	0.933	RSMEA	0.064

注：*** 表明显著水平 $P<0.001$。

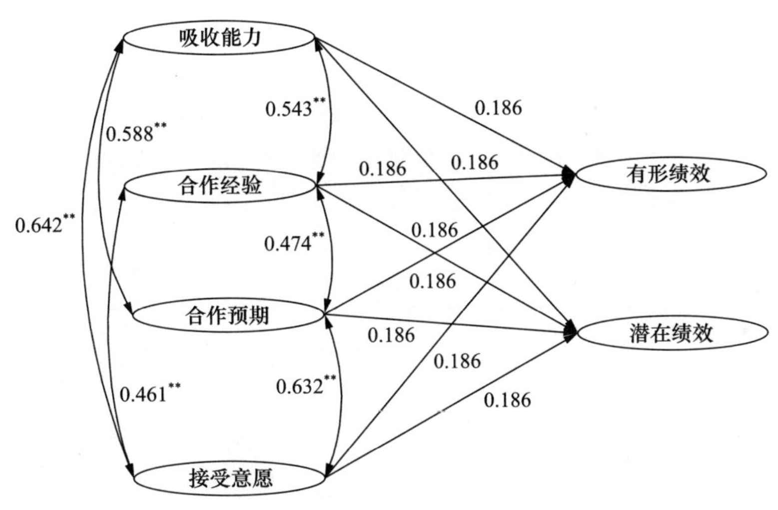

图 5－13　“接受方—溢出绩效”作用路径

根据 AMOS 最终拟合结果及图表所示可以得出以下结论：

（1）“吸收能力”对“有形绩效”和“潜在绩效”有显著正向影响。假设 H10 通过检验。说明农村经济组织、行政组织的吸收能力对高校对农村的知识溢出绩效有显著的促进作用。这一结果与 Agrawal（2002）、许箫迪等（2007）关于企业吸收能力与知识溢出绩效之间关系的研究结果一致。

（2）“合作预期”对“有形绩效”和“潜在绩效”有显著正向影响。假设 H11 通过检验。说明农村经济组织、行政组织的合作预期越强，知识溢出绩效越好。这一结论与 Dhanaraj 和 Parkhe（2006）、金芙蓉和罗守贵（2009）等关于合作预期和创新绩效的关系一致。

（3）“合作经验”对“有形绩效”和“潜在绩效”有显著正向影响。假设 H12 通过检验。说明农村经济组织、行政组织的合作经验对知识溢出绩效有显著的促进作用。这一结果进一步印证了 D'Este 和 Patel（2007）、叶飞等（2009）的观点。

（4）“接受意愿”对“有形绩效”和“潜在绩效”有显著正向影响。假设 H13 通过检验。说明农村经济组织、行政组织的接受意愿越强，越有利于知识溢出绩效的提高。这与 Young 和 Lan（1997）关于跨国公司的研究结果一致，也从新的方面印证了刘璇华（2007）关于产学研合作意愿是合作创新绩效的决定因素的观点。

5.4 假设检验结果汇总

采用计量分析方法，运用结构方程分析软件，对相关假设进行了验证。结果发现，H1、H5、H8 未通过检验，其余假设均通过验证。未通过检验的假设已经在前文中进行了解释说明。具体的假设检验结果如表 5-14 所示。

表 5-14 假设检验结果汇总

假设	是否通过检验
H1：知识属性对知识溢出绩效有影响	未通过
H2：高校创新能力对知识溢出绩效有显著正向影响	通过验证
H3：高校溢出意愿对知识溢出绩效有显著正向影响	通过验证
H4：高校与农村的工作导向信任对知识溢出绩效有显著正向影响	通过验证
H5：高校与农村的关系导向信任对知识溢出绩效有显著正向影响	未通过

续表

假设	是否通过检验
H6：高校与农村的知识距离对知识溢出绩效有显著负向影响	通过验证
H7：高校与农村的文化距离对知识溢出绩效有显著负向影响	通过验证
H8：高校与农村的契约完备程度对溢出绩效有显著正向影响	未通过
H9：高校与农村知识溢出中，政策环境对溢出绩效有显著正向影响	通过验证
H10：接受方吸收能力对溢出绩效有显著正向影响	通过验证
H11：接受方合作经验对溢出绩效有显著正向影响	通过验证
H12：接受方合作预期对溢出绩效有显著正向影响	通过验证
H13：接受方接受意愿对溢出绩效有显著正向影响	通过验证

5.5　本章小结

本章采用正式调研数据，就面向农村的高校知识溢出模型的有关假设进行了验证。

首先，知识源变量的验证性因子分析结果表明：通过“知识属性”“创新能力”和“溢出意愿”三个变量对知识源的特征进行测量是有效的。对知识源变量与溢出绩效变量之间的拟合结果表明：“知识属性”对“有形绩效”和“潜在绩效”无显著正向影响；“创新能力”对“有形绩效”和“潜在绩效”有显著正向影响；“溢出意愿”对“有形绩效”和“潜在绩效”有显著正向影响。

其次，对关联情景变量进行了验证性因子分析，修正结果表明：采用“信任”“距离”“契约完备程度”“政策环境”四个变量对面向农村的高校知识溢出的关联情境进行测量是合理的。对关联情景变量与溢出绩效变量之间的检验结果表明：“工作导向信任”对“有形绩效”和“潜在绩效”有显著正向影响；知识距离”和“文化距离”对“有形绩效”和“潜在绩效”均有显著负向影响；“契约完备程度”对“有形绩效”和“潜在绩效”无显著影响；“政策环境”对“有形绩效”和“潜在绩效”有显著正向影响。

最后，对接受方变量进行了验证性因子分析，分析结果表明：采用“吸收能力”“合作经验”“合作预期”“接受意愿”四个变量对接受方属性和特征进行测量是有效的。对接受方变量与溢出绩效变量之间的最终拟合结果表明：“吸收能力”对“有形绩效”和“潜在绩效”有显著正向影响；“合作预期”对“有形绩效”和“潜在绩效”有显著正向影响；“合作经验”对“有形绩效”和“潜在绩效”有显著正向影响；“接受意愿”对“有形绩效”和“潜在绩效”有显著正向影响。

本章还说明了假设成立的政策含义，对未通过检验的假设进行了解释说明，同时对本书研究结果与现有相关研究结果、观点的关系进行了说明，最后对假设检验结果进行了汇总。

第 6 章　面向农村的高校知识溢出的演化路径研究

根据实证分析，高校对农村的知识溢出效率与知识源、接受方和关联情境等因素有关。其中，高校的创新能力、溢出意愿，农村经济组织的知识吸收能力、合作经验、合作预期和接受意愿等对知识溢出具有正向影响；政策环境、高校与农村的工作导向信任等正向影响知识溢出效率，而高校与农村的知识与文化距离等对知识溢出具有负向影响。本章基于实证研究成果，从高校与农村经济组织微观交互视角出发，运用计算实验方法，模拟面向农村的高校知识溢出的动态过程，分析农村经济组织在不同情境下的行为演化规律，探索优化及提高知识溢出绩效的策略及政策手段。

6.1　情景描述与算法设计

高校服务农村的方式包括产学研项目合作、人才培养、管理咨询、技术培训等，其中以产学研合作交流项目较多。由于实证方法的统计学特性，难以考虑参与者个体的风险偏好、资源差异等对其合作行为及知识溢出过程的影响。本章以产学合作项目为例，将个体微观层面因素纳入对知识溢出过程及其绩效的研究，构建面向农村的高校知识溢出的计算实验模型，作为对实证研究的验证与补充。模型只考虑高校对农村单向知识溢出，接受方也只考虑农村经济组织（农民专业合作社、家庭农场、专业大户、乡镇企业等农村经济实体，简称农村经济主体）。同时，假设农村经济组织具有不同的知识吸收能力和风险偏好态度，且农村经济组织的合作经验、风险偏好等随项目合作收益动态变化，并通过高校服务农村项目实现的实际净收益和农村经济组织的知识量反映面向农村的高校知识溢出的绩效。高校通过合作项目服务农村的过程描述如图 6－1 所示。

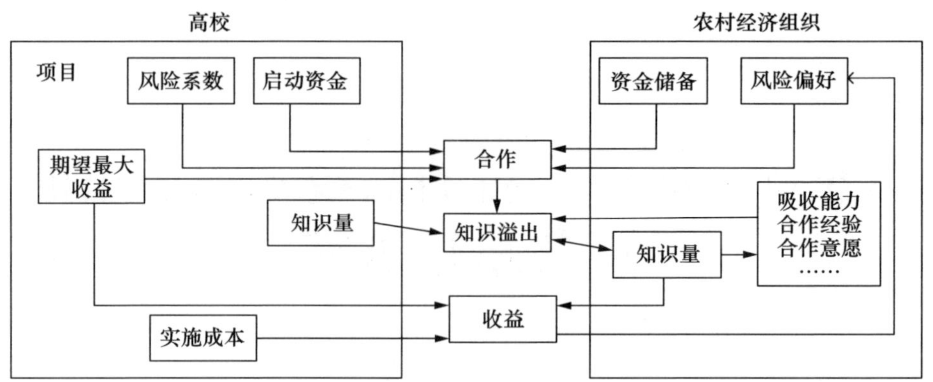

图 6－1　高校服务农村过程描述

高校服务农村中，知识溢出和农村经济主体知识存量的累积是一个逐步实现的过程，在此过程中，农村经济主体首先根据自身的风险偏好、资金状况和项目的最大收益预期、实现收益的风险系数等选择合适的合作项目，符合条件后项目启动；农村经济主体在项目运作中接受高校知识溢出，知识存量、合作经验等增加；项目最终获得的实际收益与项目本身能够实现的最大收益和农村经济主体的知识量有关。本实验通过项目合作最终实现的净收益以及农村经济主体的知识量体现高校对农村的知识溢出绩效。

系统主体间交互是一个多周期过程，假定 t 代表当前周期，j 代表服务项目，i 代表农村经济主体，系统相关要素变量算法设计如下：

（1）直接知识溢出。Kokko（1994）认为，经济主体之间的知识差距过大时，落后者学习基础较差，学习能力有限，知识共享的机会变小，因此知识差距过大会阻碍溢出效应的发生；但如果不存在知识差距，接受方学习的范围就相当狭小，因此知识距离与知识溢出量的关系为“驼峰”状。Klaus（2010）认为，知识溢出除与知识距离有关外，还与学习主体的知识吸收能力有关。本实验参考 Klaus 构建的知识溢出计算模型，并考虑农村经济主体的实际情况，将接受主体的接受溢出知识的综合效用定义为与主体知识吸收能力、合作意愿、合作经验及高校的创新能力、溢出意愿等因素的函数。项目执行过程中高校对农村经济主体的知识溢出算法为：

$$SP_{i,j,t}^{proc} = \omega_{in}\left[d_{i,j,t} \times e^{-(d_{i,j,t}/\gamma_i)} \right] \tag{6-1}$$

式中，ω_{in} 为项目执行过程中的高校面向农村经济主体的知识溢出模式参数，用于控制模拟实验中整体的知识溢出速度；$d_{i,j,t}$ 为主体 i 当期知识存量与项目 j 实现最大收益所需知识量之间的距离，γ_i 为主体接受溢出知识的综合效用，与主体 i 的知识吸收能力、合作意愿、合作经验及高校的创新能力、溢出意愿等相关：

$$\gamma_i = la_i^{\theta_1} \times lb_i^{\theta_2} \times lc_i^{\theta_3} \times ld_j^{\theta_4} \times le_j^{\theta_5} \tag{6-2}$$

式中，la_i、lb_i、lc_i 分别为主体 i 的知识吸收能力、合作意愿、合作经验，ld_j、le_j 为项目 j 对应高校的创新能力、溢出意愿，θ_1、θ_2、θ_3、θ_4、θ_5 分别对应上述知识溢出影响因素在实证分析中的线性回归系数。

（2）公共知识溢出。农村经济主体在项目合作中产生的知识溢出对其他农村经济主体也会产生影响，即从事同类项目合作的农村经济主体之间产生知识溢出：

$$SP_{i,j,t}^{ext} = \omega_{ex} \sum_{k \neq i} (d_{k,j,t} \times e^{-(d_{k,j,t}/\gamma_k)}) \tag{6-3}$$

式中，ω_{ex}为项目农村经济主体接受外部知识溢出的参数。

（3）项目实际毛收益。合作项目能够实现的实际收益与项目最大收益和农村经济主体 i 在项目合作期获取的知识存量有关，即：

$$r_{i,j,t} = r_j^{\max}(1 - e^{\frac{-1}{1 - RD_{i,j,t}^{proc}}}) \tag{6-4}$$

式中，$r_{i,j,t}$为农村经济主体 i 在 t 周期实现的收益，$r_j^{\max}$ 为项目 j 能够实现的最大收益，$RD_{i,j,t}^{proc}$为农村经济主体 i 在 t 周期累积的与项目 j 有关的知识存量。该知识存量与农村经济主体合作经验、知识累积以及合作过程中的知识溢出有关：

$$RD_{i,j,t}^{proc} = 1 - (1 - RD_{i,j,t-1}^{proc}) \frac{1 + \alpha_{i,t}(SP_{i,j,t}^{proc} + \beta \times SP_{i,j,t}^{\text{ext}})}{1 + (SP_{i,j,t}^{proc} + \beta \times SP_{i,j,t}^{\text{ext}})} \tag{6-5}$$

式中，$\alpha_{i,t}$为主体 i 在周期 t 的项目合作经验，$SP_{i,j,t}^{proc}$为主体 i 在 t 周期与项目 j 相关的知识溢出，β 为外部知识溢出对知识累积的影响系数，$SP_{i,j,t}^{ext}$为 t 周期其他主体（除主体 i 外）与项目 j 有关的外部知识溢出。

（4）项目净收益。农村经济主体项目合作获取的净收益除与合作项目实现的实际收益有关外，还取决于项目所需的启动资金和合作成本：

$$\Pi_{i,j,t} = r_{i,j,t} - q_j - c_j \tag{6-6}$$

式中，$\Pi_{i,j,t}$为农村经济主体 i 通过合作项目 j 获取的净收益，q_j 为项目 j 所需的启动资金，c_j 为农村经济主体需要支付的项目 j 合作成本。

6.2 模型设计

6.2.1 主体行为规则

农村经济主体首先根据自身的风险偏好选择合适的合作项目，符合条件后项目启动。每个项目通常有一定的合作期限（如一年、两年或几年等）。为模拟面向农村的高校知识溢出中各主体行为及实现绩效的长期演化规律，本模型将总的模拟周期设定为 T，各周期以 $t(t=1,\cdots,T)$ 表示，且假定每个项目的合作期为 T_1。譬如，为研究不同情境下10年间高校服务农村中各主体行为及绩效演化，可设定模拟周期 $T=100$，而每个项目的合作期 $T_1=10$。

系统相关主体属性及行为规则设计如下：

（1）将合作项目划分为 m 个不同的类型（如特色养殖项目、农产品加工项目等），每个类型的服务项目 $j(j=1,\cdots,m)$ 具有不同的属性，包括项目合作能够实现的最大收益、农村经济主体与高校合作需要的启动资金、项目的风险等级、合作过程中支出的成本、项目的知识量等。

（2）系统中有 n 个农村经济主体，每个农村经济主体 $i(i=1,\cdots,n)$ 具有不同的风险态度、初始资金和知识吸收能力。

（3）每个项目周期开始时，农村经济主体 i 根据自身的风险偏好、资金状况和项目的最大预期收益、项目风险等级选择不同的高校服务项目 j，当农村经济主体拥有该项目合作所需的启动资金时，高校服务项目开始启动。

（4）在项目合作周期内，农村经济主体 i 在合作过程中接受高校的知识溢出，增加自身知识存量及合作经验。

（5）项目合作周期完成时，根据知识量累积情况计算实现的项目实际收益及净收益，并根据净收益调整自身的风险偏好，并继续从选择合作项目开始，循环进入下一项目周期。

高校服务农村中农村经济主体的工作流程如图6-2所示。

系统主要数据表设计如下（见表6-1至表6-4）：

（1）项目类型表。

（2）高校主体表。

（3）农村经济主体表。

（4）农村经济主体过程表。

6.2.2 主体学习机制

农村经济主体通过项目合作积累合作经验，并根据项目合作获取净收益的情况及其他农村经济主体项目合作获取净收益的情况调整自身的风险偏好，该过程通过主体的自适应和自学习机制实现。

农村经济主体的合作经验随项目合作的开展不断累积：

$$ep_{i,t}=ep_{i,t-1}+\delta_1(1-ep_{i,t-1}) \tag{6-7}$$

式中，$ep_{i,t}$ 为农村经济主体 i 在 t 周期的合作经验，δ_1 为农村经济主体合作经验累积参数。

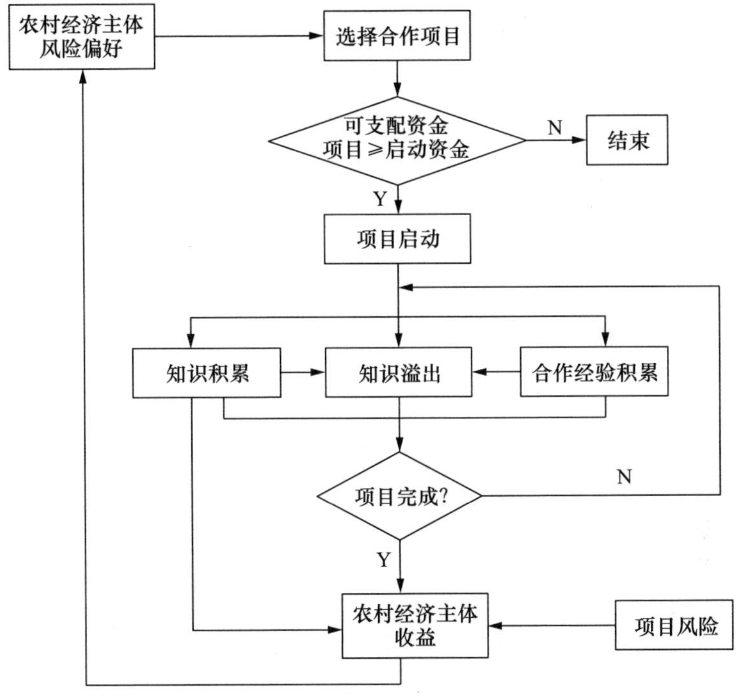

图 6－2　农村经济主体工作流程

表 6－1　项目类型表设计

字段名称	字段类型	字段长度	含义
XMID	字符	2	项目类型编号
MAXINCOME	数值	10	最大收益
RISK	数值	4	风险系数
STFI	数值	10	启动资金
COST	数值	10	项目成本
KNOWL	数值	10	知识量

表 6－2　高校主体表设计

字段名称	字段类型	字段长度	含义
UNID	数值	4	高校主体编号
XMID	字符	2	项目类型编号
INNO	数值	4	创新能力
KNSP	数值	4	知识溢出意愿

表 6-3　农村经济主体表设计

字段名称	字段类型	字段长度	含义
COID	数值	4	农村经济主体编号
INIFI	数值	10	初始资金
CORISK	数值	4	风险偏好
KNCA	数值	4	知识吸收能力
INICO	数值	4	初始合作意愿
COEX	数值	4	初始合作经验

表 6-4　农村经济主体演化过程表设计

字段名称	字段类型	字段长度	含义
PC	数值	4	事项组编号
PTIME	数值	10	模拟周期
COID	数值	4	农村经济主体编号
XMMXID	数值	4	合作项目编号
KNOWS	数值	4	农村经济主体知识量
COEXS	数值	4	合作经验
INCOME	数值	4	本期收益
ENDFI	数值	4	农村经济主体资金
CORISK	数值	4	农村经济主体风险偏好
KNCA	数值	4	农村经济主体知识吸收能力

农村经济主体的风险偏好根据主体对上期项目的风险感知不断调整，是一个自适应过程：

$$risk_{i,t} = \varphi_1(1-(1-risk_{i,t-1})^{p_{i,j,t-1}}) + (1-\varphi_1)(1-(1-risk_{i,t-1})^{q_{i,t-1}}) \quad (6-8)$$

式中，$risk_{i,t}$为农村经济主体 i 在 t 周期的风险偏好，$p_{i,j,t-1}$为农村经济主体 i 通过合作项目 j 在 $t-1$ 周期的净收益情况获取的风险感知，$q_{i,t-1}$为农村经济主体 i 根据 $t-1$ 周期全体农村经济主体净收益状况获取的风险感知，φ_1 为农村经济主体自身风险感知经验的偏好调整系数，根据前景理论的“风险规避”思想，有限理性个体的感知风险为：

$$\begin{cases} p_{i,j,t-1} = 1 + (\delta_2)^{\alpha q} & \Pi_{i,j,t} > 0 \\ p_{i,j,t-1} = 1 - \mu(\delta_2)^{\beta q} & \Pi_{i,j,t} < 0 \end{cases} \quad (6-9)$$

式中，δ_2 为主体对自身收益的风险感知参数。尽管 Kahneman 等（1979）研究表明，$\alpha q = \beta q = 0.88$，$\mu = 2.25$ 与经验数据一致，但曾建敏（2007）认为，在

中国情境下风险偏好系数是敏感性增强的，即 $\alpha q = 1.21$，$\alpha q = 1.02$，$\mu = 2.25$，本章采用后者。

$$\begin{cases} q_{i,j,t-1} = 1 + (\delta_3)^{\alpha q} & \sum_k (\Pi_{k,t}) > 0 \\ q_{i,j,t-1} = 1 - \mu(\delta_3)^{\beta q} & \sum_k (\Pi_{k,t}) < 0 \end{cases} \tag{6-10}$$

式中，δ_3 为主体对公共收益的风险感知参数，其他参数同式（6－9）的描述。

6.3　参数设置与讨论

6.3.1　参数设置

尽量考虑其客观现实原型来设置系统模拟需要的公共参数及各主体的个性化参数等，对于农村经济组织风险偏好等现实中难以具体量化的参数，根据调研中获取的问卷数据，采用多指标模糊决策方法量化各个样本的属性值。对于调研采集的高校与农村合作项目收益及成本数据等，首先对数据进行离散化处理，然后对不同的离散结果设定标准参数值，并调整参数进行反复模拟，使实验的中间结果及最终结果与调研的基本情况吻合，以确定无政策干预情境下的基本模型参数。在此基础上，加入政策相关参数，模拟政策情境对模拟结果的影响。

系统主要变量及其初始赋值规则如表 6－5 所示。

表 6－5　主要变量及初始赋值规则

变量/参数	含义	赋值	赋值规则
n	农村经济组织主体数	100	固定值
m	合作项目类型	3	固定值
T	模拟周期	100	固定值
T_1	单个项目合作周期	10	固定值
zj_i^0	农村经济主体 i 的初始资金	[100，800]	基于实证的随机
$risk_i^0$	农村经济主体 i 的初始风险偏好	[0，1]	基于实证的随机
ω_{in}	直接知识溢出模式参数	0.1	模拟训练
ω_{ex}	公共知识溢出模式参数	0.001	模拟训练
r_j^{max}	项目最大期望收益	800，400，80	实证、模拟训练

续表

变量/参数	含义	赋值	赋值规则
rs_j	项目风险系数	0.7，0.5，0.2	固定值
q_j	项目启动资金	80，50，20	实证、模拟训练
c_j	项目合作成本	100，50，40	实证、模拟训练
$\alpha_{i,0}$	初始合作经验	[0，1]	主体随机
δ_1	合作经验增加模式参数	0.2	模拟训练
φ_1	主体风险感知调整参数	0.25	模拟训练
δ_2	主体自身收益风险感知	0.01	模拟训练
δ_3	主体公共收益风险感知	0.001	模拟训练

6.3.2 参数讨论

具体参数值的设置影响系统的具体模拟结果，因此参数设置中尽量考虑与实证结果的对应。下面以不同样本初始风险偏好为例说明参数初始设置过程。

调研中发现，不同区域、不同文化背景及舆论导向下，农村经济主体具有不同的初始风险偏好，将有关风险偏好的题项模糊化处理，并采用基于语义模糊软集的多属性集合算子计算综合值，不同区域农村经济组织的风险偏好情况如图 6－3 所示。

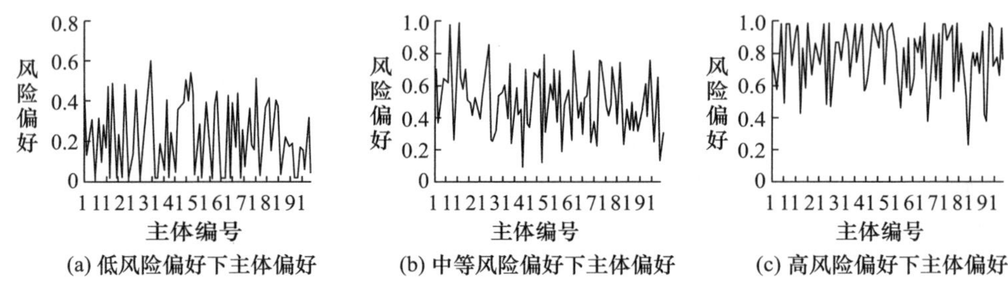

(a) 低风险偏好下主体偏好　(b) 中等风险偏好下主体偏好　(c) 高风险偏好下主体偏好

图 6－3　不同区域农村经济组织风险偏好情况

进一步将不同的风险偏好划分为 0.1，0.2，…，1 共 10 个等级，则不同区域各等级样本数量占总样本数量的比例分布情况如图 6－4 所示。

由图 6－4 可见，不同情境下农村经济主体的个体偏好具有随机性的特点，但其统计结果具有一定的分布规律，比如在中等风险偏好下具有泊松分布密度的特点。这些随机分布规律即可作为计算实验中不同情境下主体风险偏好属性初始

化的依据。基于同样的方法，使计算实验模型中各主体的初始属性设置均有据可依。实验过程中，将计算实验过程数据与可观察的实证数据进行对比，并根据两者的差异反复调整计算实验模型及各项参数，使计算实验方法构建的虚拟系统情境尽可能地反映现实场景。

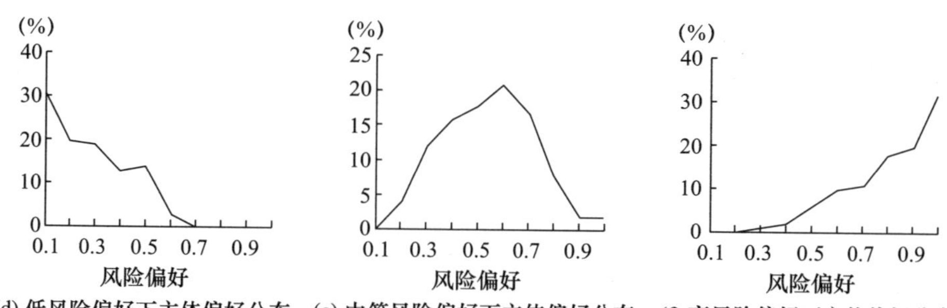

(d) 低风险偏好下主体偏好分布　(e) 中等风险偏好下主体偏好分布　(f) 高风险偏好下主体偏好分布

图 6－4　不同区域农村经济组织风险偏好分布情况

6.4　基于风险偏好情境的知识溢出及其绩效分析

由于农村经济主体初始风险偏好、初始资金等具有随机性的特点，且知识溢出过程及收益风险感知中主体间交互的影响也具有随机性，因此，各情境下的模拟实验分析均取 50 次模拟结果的平均值。下面根据演化模拟结果，分别分析不同风险偏好情境下，高校服务农村的项目合作中农村经济主体参与行为、知识溢出过程及其绩效演化情况等，并探索不同情境下提高知识溢出绩效的策略。

6.4.1　低风险偏好情境下知识溢出及其绩效分析

根据 6.1 的情境描述，不同风险偏好情境下的农村经济主体风险偏好将随着合作项目的实际收益情况发生改变。假设“初始状态”为调研结果中低风险偏好情境下的风险偏好分布，“最终状态”为系统经过 100 周期演化后农村经济主体的风险偏好分布，则不同知识吸收能力情境下，农村经济主体风险偏好演化的密度分布情况如图 6－5 所示。

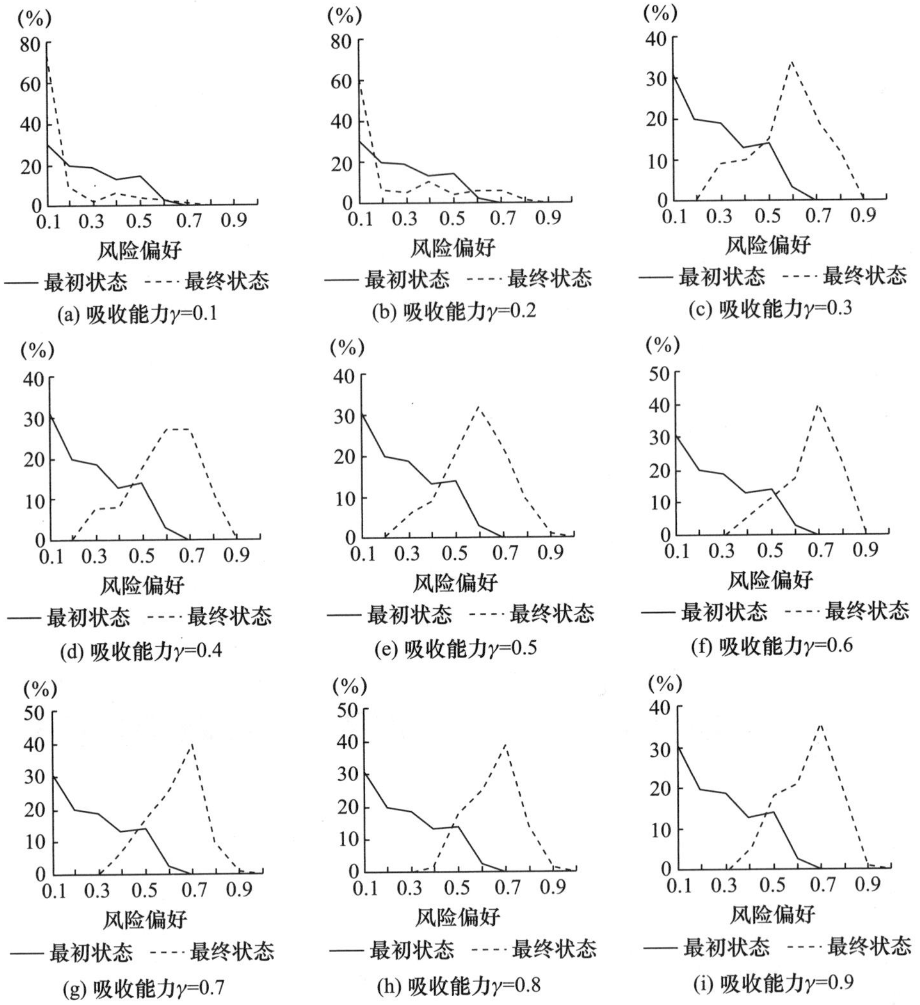

(a) 吸收能力γ=0.1

(b) 吸收能力γ=0.2

(c) 吸收能力γ=0.3

(d) 吸收能力γ=0.4

(e) 吸收能力γ=0.5

(f) 吸收能力γ=0.6

(g) 吸收能力γ=0.7

(h) 吸收能力γ=0.8

(i) 吸收能力γ=0.9

图 6－5　低风险偏好情境下农村经济主体风险偏好演化

总体来看，随着吸收能力的提高，农村经济主体风险偏好的最终状态具有向中高风险偏好演化的趋势。当主体知识吸收能力小于或等于 0.3 时，超低风险偏好主体过半；而当农村经济主体知识吸收能力大于 0.5 后，更多主体最终具有中高等级的风险偏好，但风险偏好随吸收能力的变化不显著。分别选取农村经济主体吸收能力为 0.1、0.3、0.6 及 0.8 情境以进一步分析风险偏好演化的成因，不同吸收能力下各周期知识溢出、风险偏好、合作项目、收益等随周期变化的演化情况如图 6－6 所示。

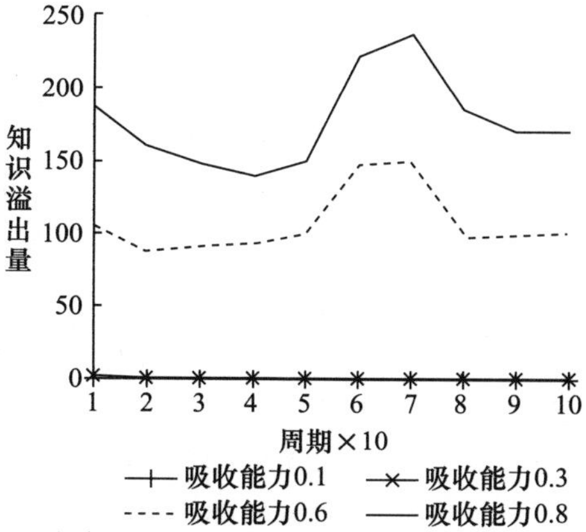

知识溢出量

0 50 100 150 200 250

1 2 3 4 5 6 7 8 9 10

周期×10

吸收能力0.1 吸收能力0.3

吸收能力0.6 吸收能力0.8

(a) 知识溢出演化

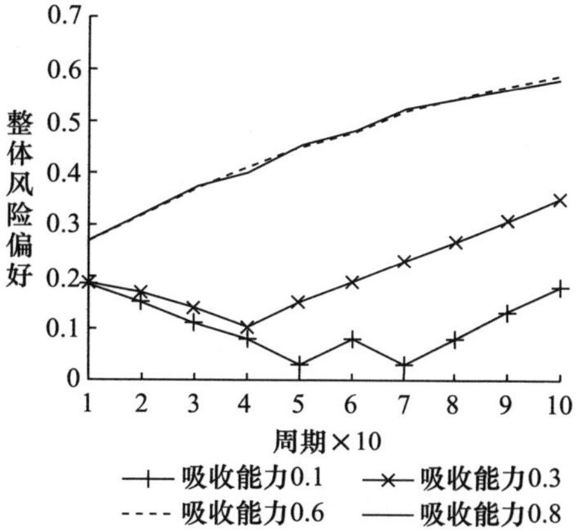

整体风险偏好

0 0.1 0.2 0.3 0.4 0.5 0.6 0.7

1 2 3 4 5 6 7 8 9 10

周期×10

吸收能力0.1 吸收能力0.3

吸收能力0.6 吸收能力0.8

(b) 整体风险偏好演化

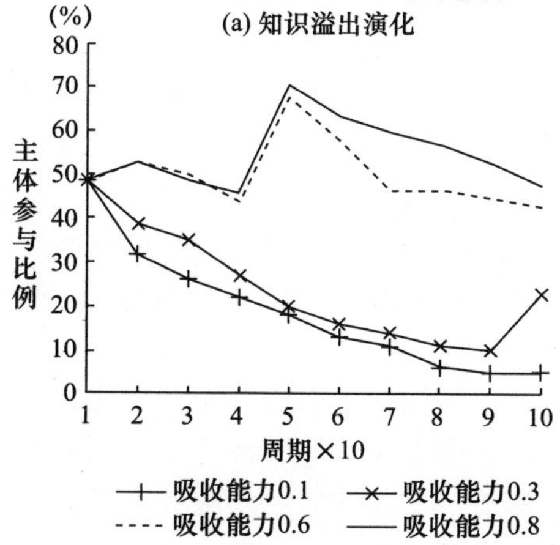

(%)

主体参与比例

0 10 20 30 40 50 60 70 80

1 2 3 4 5 6 7 8 9 10

周期×10

吸收能力0.1 吸收能力0.3

吸收能力0.6 吸收能力0.8

(c) 参与项目的农村经济主体比例

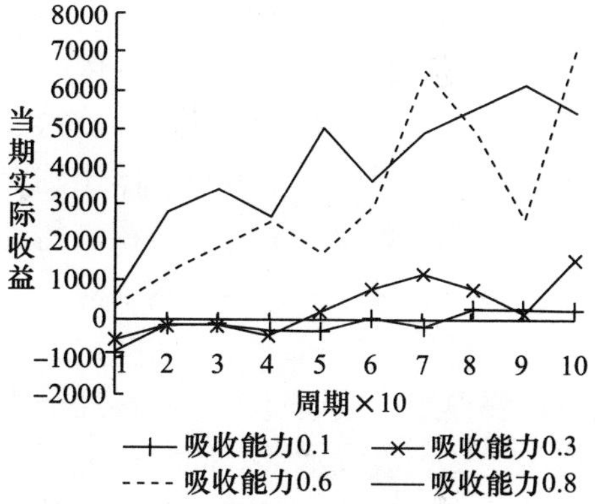

当期实际收益

−2000 −1000 0 1000 2000 3000 4000 5000 6000 7000 8000

1 2 3 4 5 6 7 8 9 10

周期×10

吸收能力0.1 吸收能力0.3

吸收能力0.6 吸收能力0.8

(d) 各周期实际收益演化

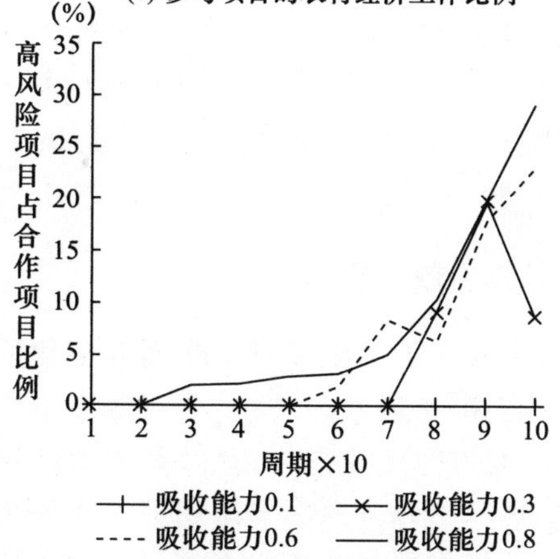

(%)

高风险项目占合作项目比例

0 5 10 15 20 25 30 35

1 2 3 4 5 6 7 8 9 10

周期×10

吸收能力0.1 吸收能力0.3

吸收能力0.6 吸收能力0.8

(e) 高风险项目占合作项目比例

(%)

亏损项目占合作项目比例

0 10 20 30 40 50 60

1 2 3 4 5 6 7 8 9 10

周期×10

吸收能力0.6 吸收能力0.8

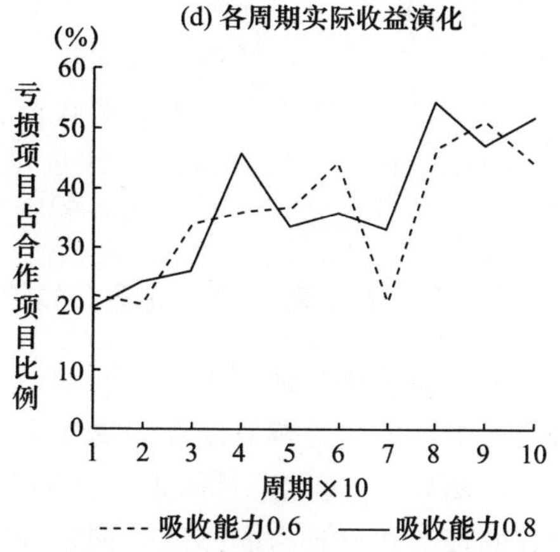

(f) 亏损项目占合作项目比例

图6-6 低风险偏好下农村经济主体知识溢出及其绩效演化

由图6－6（a）可见，当农村经济主体知识吸收能力为0.1和0.3时，各周期的知识溢出水平均很低；知识吸收能力为0.6和0.8时，知识溢出水平随知识吸收能力提高而上升（0.8>0.6），且知识溢出水平随周期演化呈现倒“U”形，在60～70周期之间知识溢出水平最高；由图6－6（b）可见，吸收能力0.6和0.8时，农村经济主体整体风险偏好呈上升趋势，知识溢出水平相对较高的60～70周期，相应知识吸收能力下的风险偏好均为0.5左右，即中等风险偏好水平下的知识溢出效率最高；而0.1和0.3吸收能力水平下，农村经济主体整体风险偏好维持在较低水平；由图6－6（c）可见，知识吸收能力0.3及以下时，主体参与呈下降趋势，图6－6（d）所示的各期收益也较低，这是导致该类情境下农村经济主体整体风险偏好水平下降及主体参与比例降低和知识溢出水平降低的直接原因，而高知识吸收能力情境下，图6－6（c）所示的农村经济主体参与水平经历了先提高后下降的倒“U”形演化状态，演化前期农村经济主体参与上升，图6－6（e）显示农村经济主体高风险项目参与较低，图6－6（f）显示亏损项目占比也较低，图6－6（d）所示的农村经济主体收益呈波浪形上升态势；随着主体收益水平的提高，参与主体比例上升［见图6－6（c）］，高风险项目参与比例提高［见图6－6（e）］，亏损农村经济主体比例上升［见图6－6（f）］，50周期后，参与农村经济主体比例下降。

由此可见，农村经济主体知识吸收能力在提高知识溢出效率及绩效实现方面具有重要作用，应通过组织农村经济组织学习、引进人才等多种方式提高农村经济组织的知识吸收水平。同时，低风险偏好情境下，为保障高校服务农村经济组织的持续参与热情，保障知识溢出效率及其绩效的长期稳定发展，需要时刻关注农村经济组织风险偏好水平的变化，引导农村经济组织根据自身条件选择相应风险等级的项目，既不要因为短期收益盲目跟风，也不要因为暂时的亏损而束缚手脚，应在正确认识自身条件及评价项目风险的基础上，科学地选择合适的合作项目。

6.4.2 中等风险偏好情境下知识溢出及其绩效分析

中等风险偏好情境中，不同知识吸收能力水平下系统经过100周期演化后农村经济主体的风险偏好演化的密度分布，如图6－7所示。

由图6－7可见，总体来看，随着知识吸收能力的提高，农村经济主体风险偏好的最终状态具有向高风险偏好演化的趋势。当农村经济主体知识吸收能力小于0.3时，主体初始状态与最终状态的风险偏好变化不大；而当农村经济主体知识吸收能力大于或等于0.3后，更多主体最终具有高等级的风险偏好。分别选取农村经济主体吸收能力为0.1、0.3、0.6及0.8情境进一步分析不同知识吸收能力下各周期知识溢出、风险偏好、合作项目、收益等随周期变化的演化情况如图 6－8 所示。

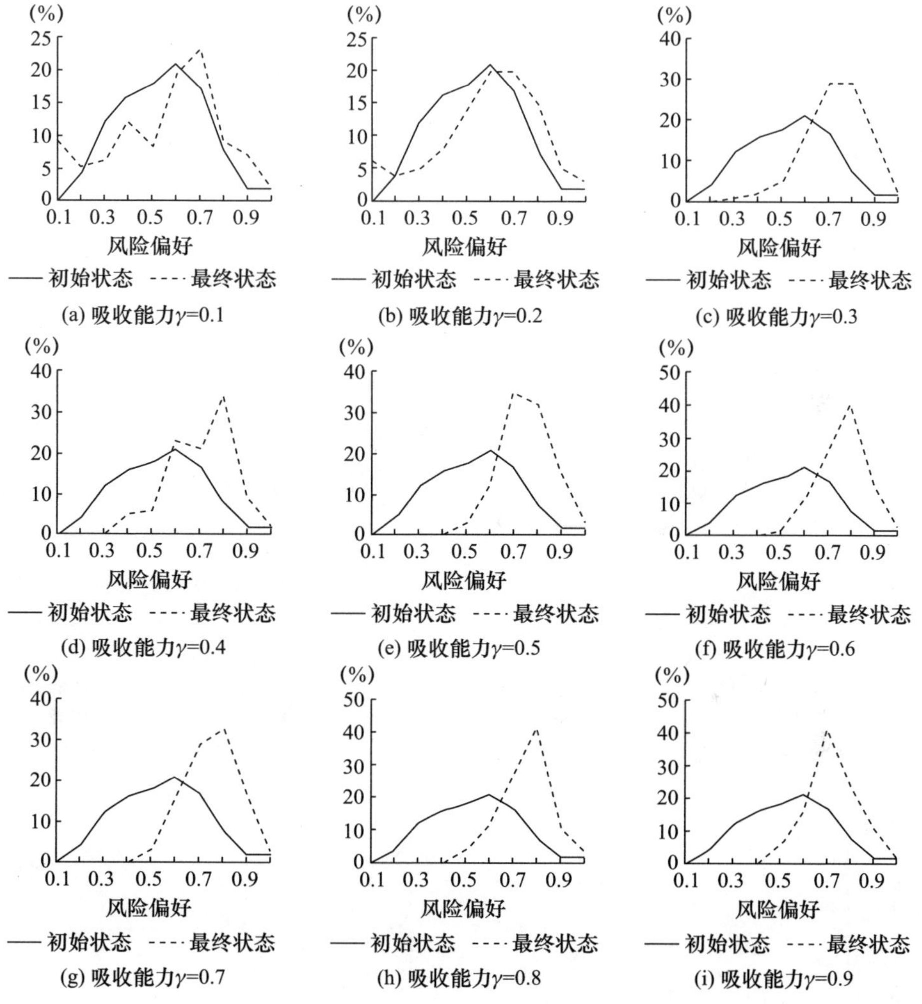

(a) 吸收能力γ=0.1

(b) 吸收能力γ=0.2

(c) 吸收能力γ=0.3

(d) 吸收能力γ=0.4

(e) 吸收能力γ=0.5

(f) 吸收能力γ=0.6

(g) 吸收能力γ=0.7

(h) 吸收能力γ=0.8

(i) 吸收能力γ=0.9

图 6－7　中等风险偏好情境下农村经济主体风险偏好演化

由图 6－8（a）可见，当农村经济主体知识吸收能力为 0.1 和 0.3 时，各周期的知识溢出水平均很低；知识吸收能力为 0.6 和 0.8 时，知识溢出水平随知识吸收能力提高而上升（0.8＞0.6），且知识溢出水平随周期演化呈现“U”形，在 90 周期左右知识溢出水平最低，但整体知识溢出水平高于低风险偏好情境［见图 6－6（a）和图 6－8（a）］。

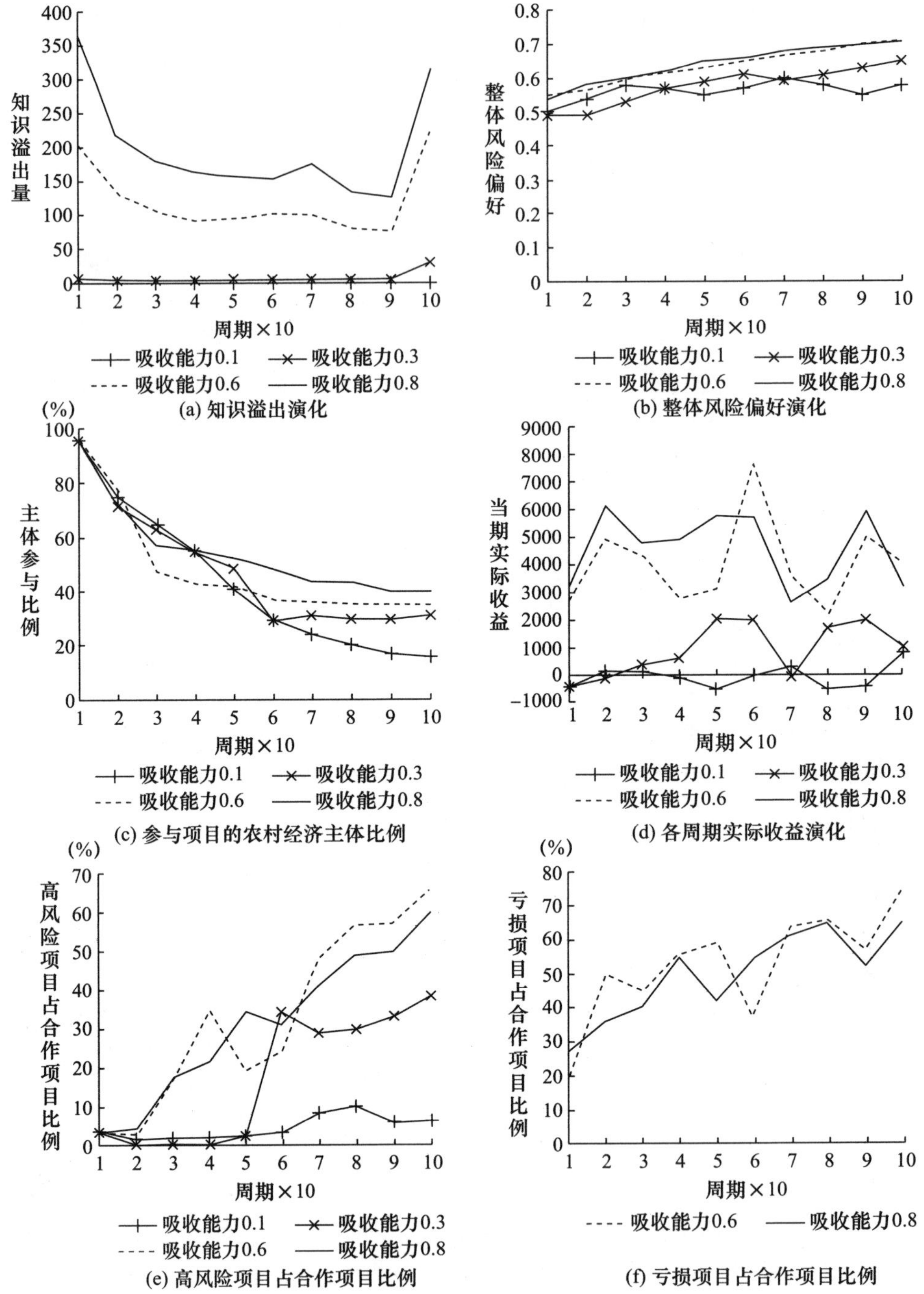

知识溢出量

周期×10

吸收能力0.1 吸收能力0.3
吸收能力0.6 吸收能力0.8

(a) 知识溢出演化

整体风险偏好

周期×10

吸收能力0.1 吸收能力0.3
吸收能力0.6 吸收能力0.8

(b) 整体风险偏好演化

(%)

主体参与比例

周期×10

吸收能力0.1 吸收能力0.3
吸收能力0.6 吸收能力0.8

(c) 参与项目的农村经济主体比例

当期实际收益

周期×10

吸收能力0.1 吸收能力0.3
吸收能力0.6 吸收能力0.8

(d) 各周期实际收益演化

(%)

高风险项目占合作项目比例

周期×10

吸收能力0.1 吸收能力0.3
吸收能力0.6 吸收能力0.8

(e) 高风险项目占合作项目比例

(%)

亏损项目占合作项目比例

周期×10

吸收能力0.6 吸收能力0.8

(f) 亏损项目占合作项目比例

图6-8 中等风险偏好下农村经济主体知识溢出及其绩效演化

由图6-8（b）可见，农村经济主体整体风险偏好呈缓慢上升趋势；图6-8（c）显示，不同知识吸收能力下，农村经济主体参与均呈下降趋势；图6-8（d）所示的各期收益则呈较大幅度的波动状态；图6-8（e）显示，农村经济主体高风险项目参与呈上升趋势。图6-8（f）显示亏损项目占比也呈上升趋势。

由此可见，在中等风险偏好情境下，由于更多农村经济主体在合作经验等不足的项目合作初期即开始选择高风险项目，亏损农村经济主体增加，导致更多农村经济主体没有资金维持后续项目合作。因此，尽管中等风险偏好情境下农村经济主体的各期收益水平略高于低风险偏好情境，但农村经济主体参与度不高，农村经济主体收益呈现两极分化趋势，长期看不利于农村地区共同富裕目标的实现。政策引导中，对于中等风险偏好地区应注意前期的风险提醒，引导农村经济组织根据合作经验等自身条件，重视高收益项目的高风险。

6.4.3 高风险偏好情境下知识溢出及其绩效分析

高风险偏好情境中，不同知识吸收能力水平下系统经过100周期演化后农村经济主体的风险偏好演化的密度分布如图6-9所示。

由图6-9可见，总体来看，农村经济主体风险偏好的最终状态略有向更高风险偏好演化的趋势。当农村经济主体知识吸收能力小于0.3时，主体初始状态与最终状态的风险偏好变化不大；而当农村经济主体知识吸收能力大于或等于0.3后，更多主体最终具有更高等级的风险偏好，但整体偏好变化不明显，且风险偏好随知识吸收能力的变化不显著。分别选取农村经济主体吸收能力为0.1、0.3、0.6及0.8情境进一步分析不同吸收能力下各周期知识溢出、风险偏好、合作项目、收益等随周期变化的演化情况如图6-10所示。

由图6-10（a）可见，高风险偏好下各周期的知识溢出水平与中等偏好情境下的知识溢出水平基本一致，当农村经济主体知识吸收能力为0.1和0.3时，各周期的知识溢出水平均很低；知识吸收能力为0.6和0.8时，知识溢出水平随知识吸收能力提高而上升（0.8 > 0.6），且知识溢出水平随周期演化呈现“U”形，在90周期左右知识溢出水平最低。

由图6-10（b）可见，知识吸收能力为0.1时，农村经济主体整体风险偏好呈下降趋势，而其他情境下主体整体风险偏好各周期基本持平；图6-10（c）显示，不同知识吸收能力下，农村经济主体参与均呈下降趋势，而吸收能力为0.6和0.8时，60周期后主体参与水平各周期基本持平；图6-10（d）所示的各期收益整体呈下降趋势，波动幅度较大，且最高收益远高于低风险偏好和中等风险偏好情境；图6-10（e）显示，知识吸收能力在0.6和0.8情境下，30周期后农村经济主体高风险项目高达80%左右；图6-10（f）显示亏损项目占比也呈上升趋势，40 周期后高达 70% 左右。

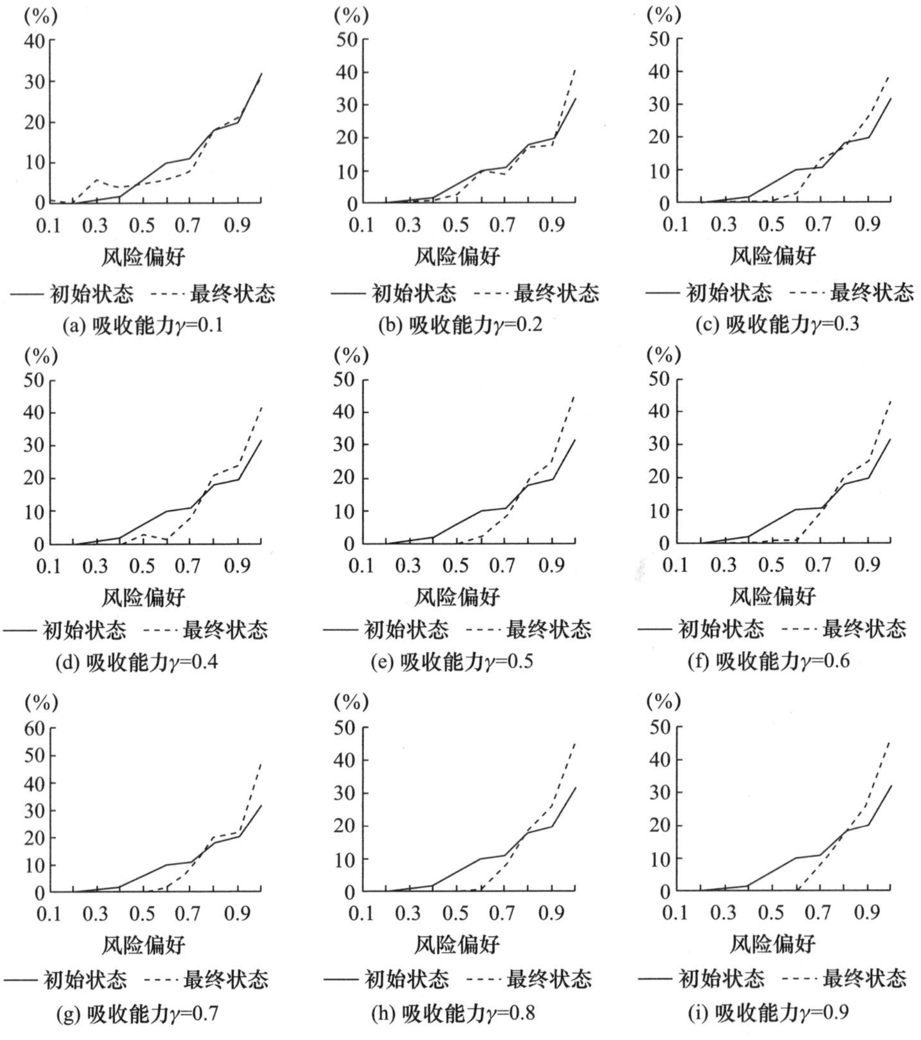

(a) 吸收能力γ=0.1

(b) 吸收能力γ=0.2

(c) 吸收能力γ=0.3

(d) 吸收能力γ=0.4

(e) 吸收能力γ=0.5

(f) 吸收能力γ=0.6

(g) 吸收能力γ=0.7

(h) 吸收能力γ=0.8

(i) 吸收能力γ=0.9

图 6－9　高风险偏好情境下农村经济主体风险偏好演化

由此可见，高风险偏好情境与中等偏好情境类似，由于更多农村经济主体在合作经验等不足的项目合作初期即开始选择高风险项目，亏损农村经济主体占比较高，导致更多农村经济主体没有资金维持后续项目合作，高风险情境下的最终农村经济主体参与水平低于中等风险偏好情境。因此，尽管高风险偏好情境下农村经济主体可能获取更高的收益，但收益不稳定程度加大，主体参与度不高，主

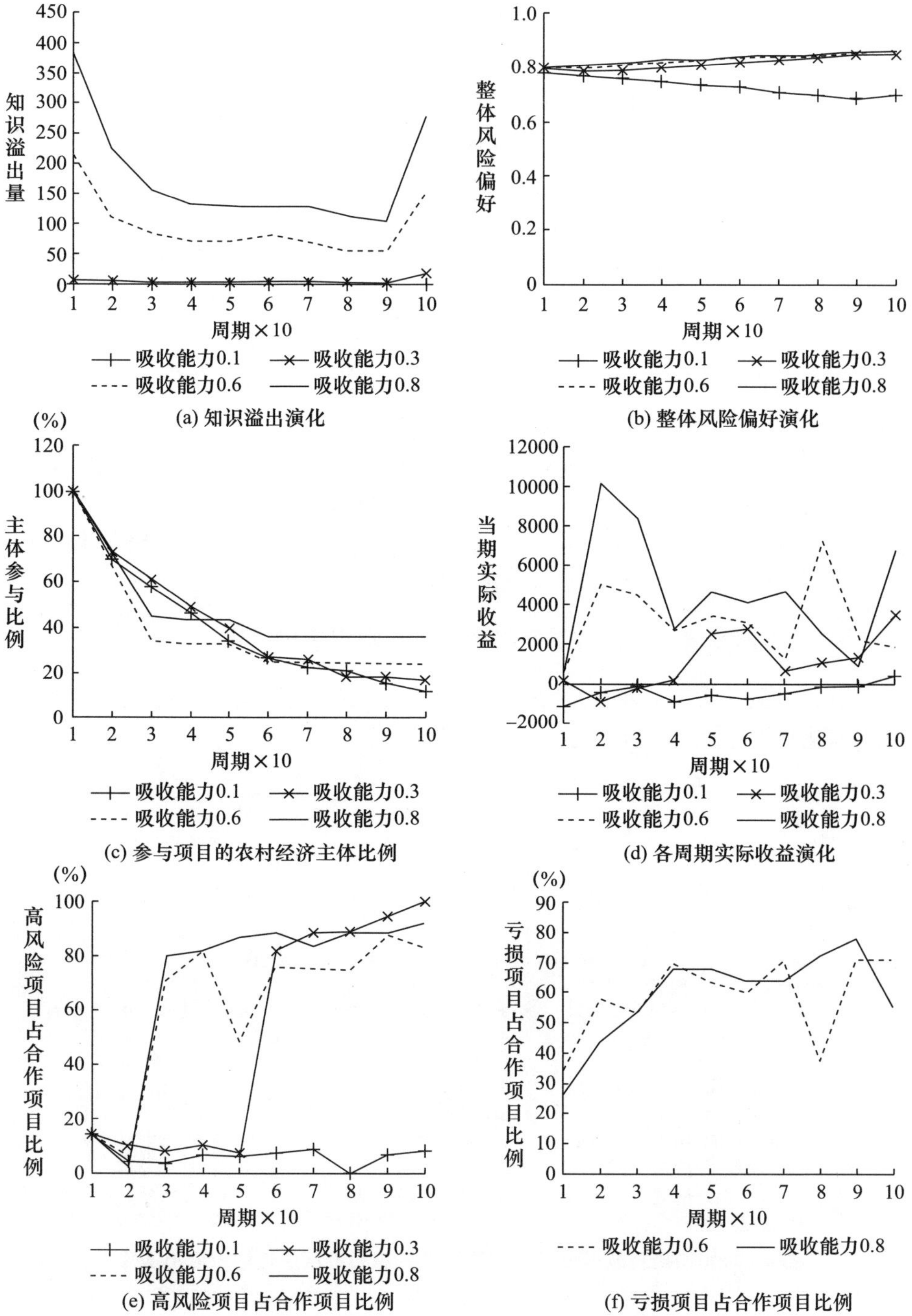

知识溢出量

周期×10

—+— 吸收能力0.1　—×— 吸收能力0.3
- - - - 吸收能力0.6　—— 吸收能力0.8

(a) 知识溢出演化

整体风险偏好

周期×10

—+— 吸收能力0.1　—×— 吸收能力0.3
- - - - 吸收能力0.6　—— 吸收能力0.8

(b) 整体风险偏好演化

(%)

主体参与比例

周期×10

—+— 吸收能力0.1　—×— 吸收能力0.3
- - - - 吸收能力0.6　—— 吸收能力0.8

(c) 参与项目的农村经济主体比例

当期实际收益

周期×10

—+— 吸收能力0.1　—×— 吸收能力0.3
- - - - 吸收能力0.6　—— 吸收能力0.8

(d) 各周期实际收益演化

(%)

高风险项目占合作项目比例

周期×10

—+— 吸收能力0.1　—×— 吸收能力0.3
- - - - 吸收能力0.6　—— 吸收能力0.8

(e) 高风险项目占合作项目比例

(%)

亏损项目占合作项目比例

周期×10

- - - - 吸收能力0.6　—— 吸收能力0.8

(f) 亏损项目占合作项目比例

图 6－10　高风险偏好下农村经济主体知识溢出及其绩效演化

体收益风险高，长期看不利于高校服务农村项目的推广。政策引导中，对于高风险偏好地区应注意引导农村经济组织规避高风险项目，尤其在合作经验等要素水平不高的情况下，应量力而行，重视通过低风险项目的成功参与，鼓励更多农村经济组织积极参与，通过知识量的累积，提高后期高风险项目的高收益概率。

6.5 政府贷款情境下知识溢出及其绩效分析

通过上述对不同风险偏好情境下农村经济主体知识溢出及绩效演化情况分析可见，由于农村经济主体知识吸收能力、合作经验等条件影响合作项目的收益，使部分主体由于后期启动资金不足而无法维持长期的项目合作。假设政府通过高校服务农村项目专项贷款等方式提供项目启动资金，下面分别从各演化周期的知识溢出量、农村经济主体参与比例、主体收益等角度分析政府贷款情境下不同风险偏好农村经济主体的行为及绩效演化情况。

6.5.1 不同风险偏好情境下农村经济主体知识溢出演化

政府通过贷款等方式提供启动资金情境下，不同风险偏好农村经济主体的知识溢出演化情况如图 6－11 所示。

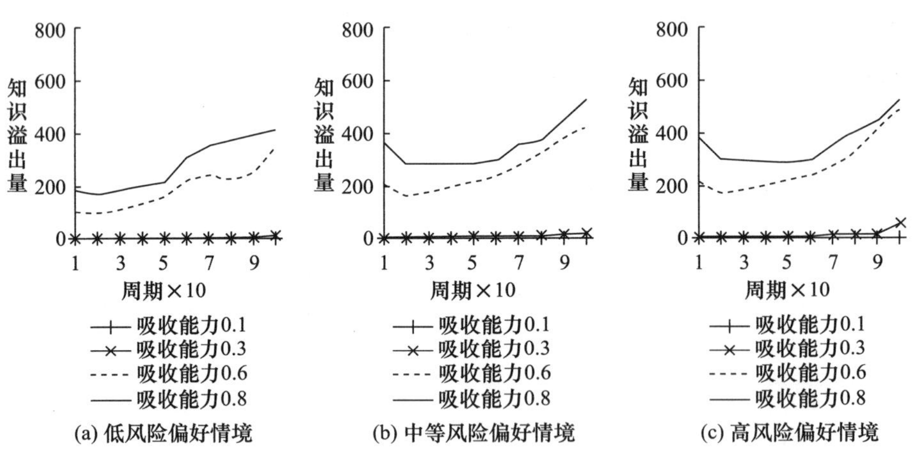

图 6－11 政府贷款情境下不同风险偏好农村经济主体知识溢出演化

由图 6－11 可见，政府为合作项目提供启动资金情境下，农村经济主体知识

吸收能力为0.6和0.8时，不同风险偏好农村经济主体的知识溢出量均较无贷款情境有较大提高，但农村经济主体吸收能力为较低的0.1和0.3时，主体知识溢出量较无政府贷款情境无显著变化。同时，由图6－11（a）可见，农村经济主体知识吸收能力较高的低风险偏好情境下，知识溢出量随周期逐步升高，而图6－11（b）和图6－11（c）显示的中、高风险偏好情境下，农村经济主体知识溢出量的演化经历了先降低后升高的“U”形，且中、高风险偏好情境下的知识溢出量均高于低风险偏好情境。

6.5.2 不同风险偏好情境下农村经济主体参与情况演化

进一步分析不同风险偏好下农村经济主体参与情况如图6－12所示。

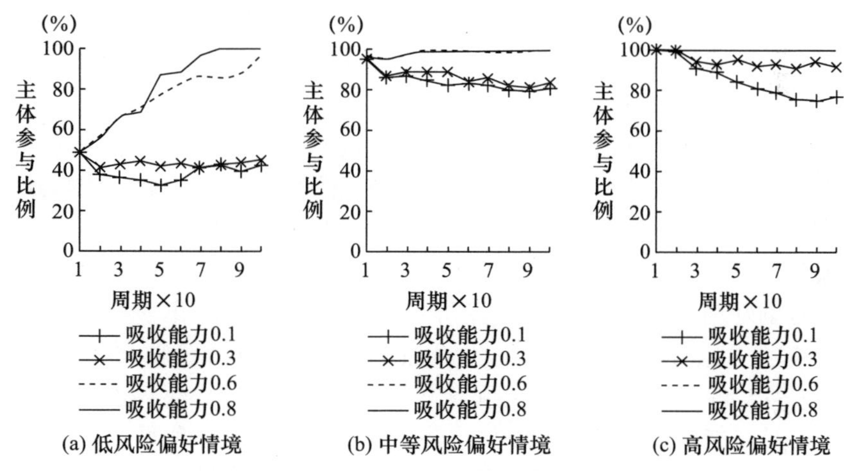

图6－12 政府贷款情境下不同风险偏好农村经济主体参与情况演化

由图6－12可见，政府为合作项目提供启动资金情境下，不同风险偏好农村经济主体的参与比例均有较大幅度的上升，且农村经济主体知识吸收能力为0.6和0.8时，演化后期主体参与比例均达到100%左右，知识吸收能力较低的0.1和0.3情境下，农村经济主体参与比例也有较大提高，说明解决启动资金问题，对农村经济主体参与高校服务项目具有推动作用。

6.5.3 不同风险偏好情境下农村经济主体收益情况演化

不同风险偏好下农村经济主体项目收益演化情况如图6－13所示。

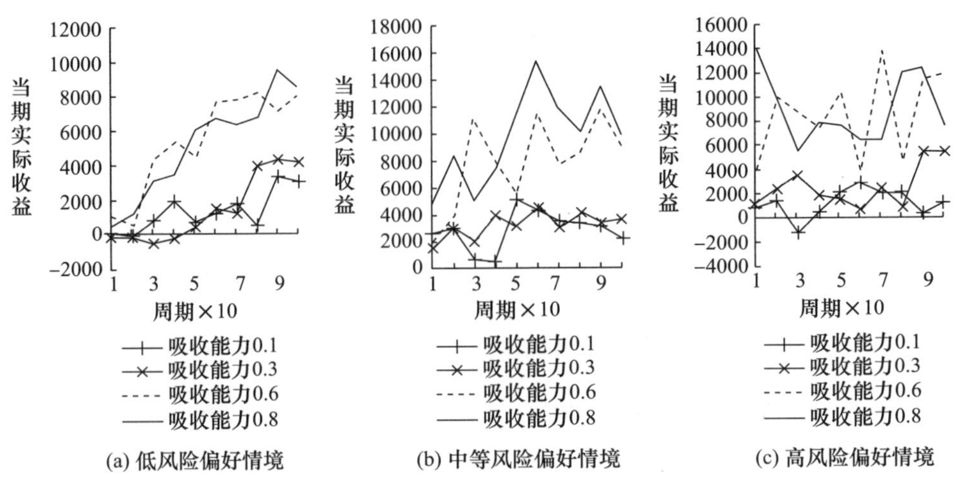

图6－13　政府贷款情境下不同风险偏好农村经济主体收益情况演化

由图6－13可见，政府为合作项目提供启动资金情境下，由于农村经济主体参与水平较高，知识溢出量较高（见图6－10、图6－12），因此，农村经济主体知识吸收能力较强情境下，不同风险偏好群体的项目收益均有较大幅度提高，且低风险偏好情境下，高吸收能力群体的收益波动性降低，呈逐步提高态势；但中、高风险偏好情境下，尽管农村经济主体参与比例在演化中后期达到100%［见图6－12（b）、图6－12（c）］，但主体收益波动仍然较大［见图6－13（b）、图6－13（c）］，收益不稳定问题并没有解决。因此，仅仅依靠提供启动资金的方式，虽然能够较好地推动农村经济主体参与高校服务项目，但由于中、高风险偏好地区主体收益的不稳定，将不利于高校服务新农村项目的可持续健康发展，实际操作中可能对农村经济主体参与热情产生负面影响。

6.6　降低项目风险情境下知识溢出及绩效分析

由6.5节对政府贷款情境下面向农村的高校知识溢出及其绩效演化情况的分析可见，仅仅通过提供启动资金推动农村经济主体参与高校服务项目的方式并不能解决主体收益不稳定的状况。尽管各类合作项目的风险程度不同，但每个合作项目的期望净收益都是正的（本模型假设中不考虑期望净收益为负值的情况）。因此，可以考虑通过建立风险基金、保险服务机构参与等形式，降低项目风险或实现风险共担。该情境下，系统中各类合作项目的最大收益和风险系数均有所降

低，项目属性变化情况如表 6－6 所示。

表 6－6　项目类型属性

项目类型编号	原参数		降低风险后参数		启动资金	项目成本	知识量
	最大收益	风险系数	最大收益	风险系数			
1	80	0.2	60	0.1	20	30	1
2	400	0.5	300	0.3	50	60	1
3	800	0.7	600	0.5	80	100	1

下面分析降低项目风险情境下，高校服务农村中不同风险偏好农村经济主体各演化周期的接受知识溢出量、主体参与比例、主体收益等的演化情况。

6.6.1　不同风险偏好情境下农村经济主体知识溢出演化

降低项目风险情境下，不同风险偏好农村经济主体的知识溢出演化情况如图 6－14 所示。

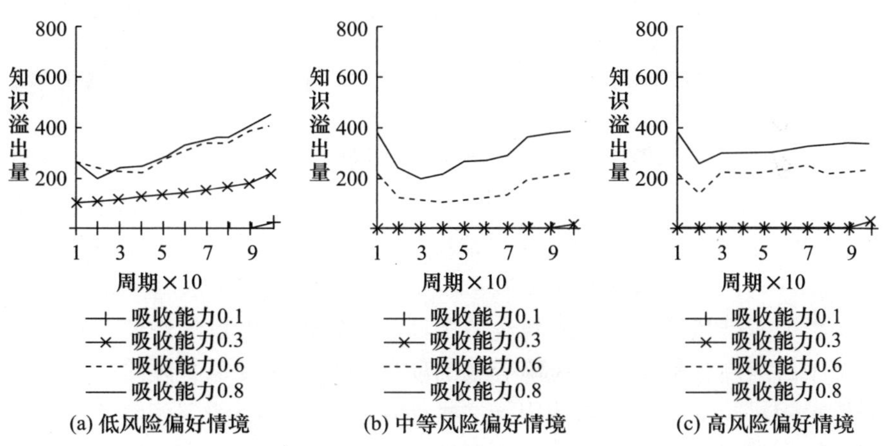

图 6－14　降低项目风险情境下不同风险偏好农村经济主体知识溢出演化

由图 6－14 可见，通过设立风险基金等方式降低项目风险情境下，农村经济主体知识溢出虽较无政策扶持情境有较大提高，但总体来看远低于政府贷款情境；同时，低风险偏好情境下，知识吸收能力为 0.3 水平的农村经济主体接受知识溢出量较其他情境有大幅提升；而中、高风险偏好情境下，农村经济主体接受的知识溢出经历了先下降后缓慢提高的过程，但最终知识溢出水平低于低风险偏好情境。

6.6.2 不同风险偏好情境下农村经济主体参与情况演化

降低项目风险情境下，不同风险偏好下农村经济主体参与情况如图6－15所示。

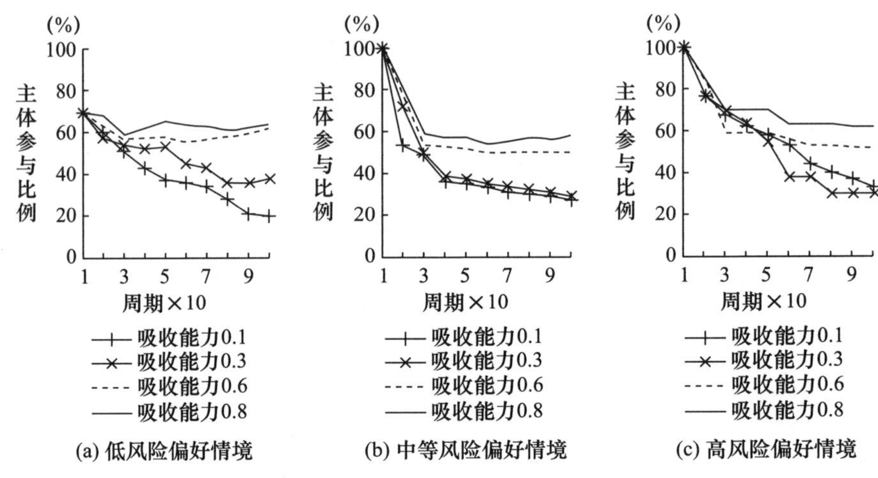

图6－15 降低项目风险情境下不同风险偏好农村经济主体参与情况演化

由图6－15可见，降低项目风险情境下，不同风险偏好农村经济主体的参与比例较政府贷款情境均有较大幅度的下降，且农村经济主体知识吸收能力为0.3、0.6和0.8时，中、高风险偏好情境下农村经济主体参与比例低于低风险偏好下的主体参与比例，这解释了图6－14中、高风险偏好下农村经济主体接受的知识溢出量低于低风险偏好下农村经济主体接受知识溢出量的现象；这是由于尽管降低了项目风险，但中、高风险等级的项目仍然存在一定的风险，且农村经济主体需要承担风险基金或保险费用，这些都降低了农村经济主体收益，使部分农村经济主体启动资金不足而无法维持项目合作。可见，必须将风险基金政策与政府贷款等政策组合，才能真正促进高校服务农村项目的可持续发展。

6.6.3 不同风险偏好情境下农村经济主体收益情况演化

降低项目风险情境下，不同风险偏好下农村经济主体项目收益演化情况如图6－16所示。

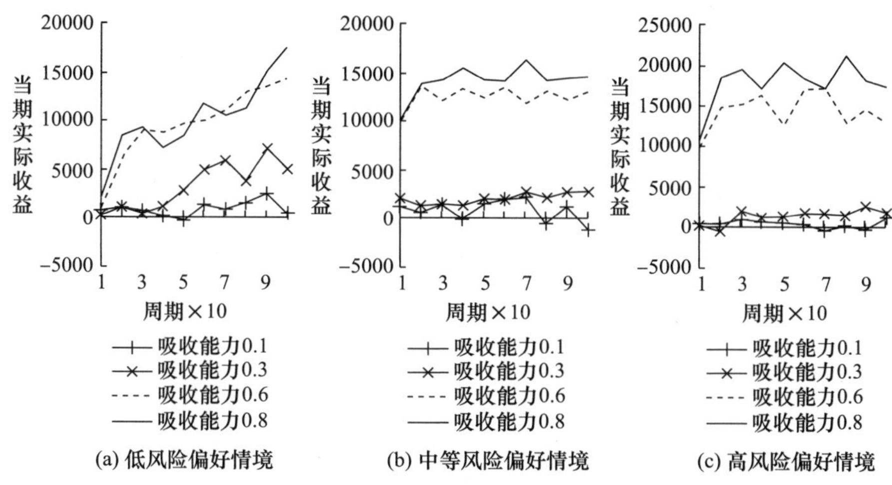

图6-16　降低项目风险情境下不同风险偏好农村经济主体收益情况演化

由图6-16可见，降低项目风险情境下，虽然不同风险偏好下农村经济主体收益平均值较政府贷款情境变化不大，但收益随周期演化的波动幅度降低。可见，降低项目风险可以解决农村经济主体收益不稳定的状况。应该注意的是，当农村经济主体知识吸收能力很低时，无论是政府提供项目启动资金，还是成立风险基金降低项目风险，农村经济主体能够实现的收益均很低。因此，从提高农村经济主体软实力入手，通过各种形式的培训或学习手段提高农村经济主体综合素质，为农村引进实用人才，提高农村经济主体知识吸收能力，才是提高面向农村的高校知识溢出绩效的根本途径。而政策扶持方面，既要通过多种渠道的贷款或融资方式帮助高校服务农村项目的有效实施，又要注意保障合作项目的收益稳定，以吸引更多农村经济主体参与项目，充分利用集体的智慧提高知识溢出效率，更使高校服务农村项目成为“抛砖引玉”的起点，使大众创业、万众创新在农村地区遍地开花结果。

6.7　本章小结

从高校与农村经济组织微观交互的视角出发，运用计算实验方法，模拟了面向农村的高校知识溢出的动态过程，分析了农村经济组织在不同情境下的行为演化规律。研究发现，农村经济组织的吸收能力和风险偏好在知识溢出绩效的长期演化过程中具有重要作用，因此，应通过组织农村经济组织学习、引进人才等多种方式提高农村经济组织的知识吸收水平，并关注农村经济组织风险偏好水平的变化，引导农村经济组织根据自身条件选择相应风险等级的项目。政策扶持情境下，既要通过多种渠道的贷款或融资方式帮助高校服务农村项目的有效实施，又要注意保障合作项目的收益稳定，降低项目风险，以吸引更多农村经济组织参与项目，充分利用集体的智慧提高知识溢出效率。

第7章　面向农村的高校知识溢出的引导策略

本章根据实证研究和计算实验结果，结合我国农村建设和发展的现状及面向农村的高校知识溢出的发展趋势，分别从知识源、知识接受方、溢出环境等层面探讨促进面向农村的高校知识溢出的策略，以进一步拓宽面向农村的高校知识溢出渠道，提高知识溢出绩效，更好地发挥高校人才培养、教育培训、科技和多学科等方面的优势，深入挖掘对农村服务的切入点，切实做好服务农村建设和发展的工作。同时，通过系列保护性政策的出台，调动农村经济组织主动参与的积极性，提高农村经济组织的综合实力和创新能力，为我国农村社会的全面小康和可持续发展提供决策支持。

7.1　知识源层面的策略探讨

高校的学科专业较为齐全、智力资本密集、技术优势明显，高校是科技创新和科技发明孕育的场所，我国每年数以千万计的科技成果是从高校产生的，这是一笔巨大的财富。尤其是高校在农业发展方面取得的科研成果和先进技术以及教育培训方面的优势，对于提高农业生产效率和充分挖掘农村地区资源优势，提升农村人力资本水平，发展特色农业，加快我国农村建设和发展的进程具有十分重要的意义。为此，应从更新高校服务观念、健全高校服务农村制度、改善高校知识供给和拓宽高校服务渠道等方面，探索高校作为知识源层面的政策引导策略。

7.1.1　更新高校服务农村观念

人才培养、科学研究、服务社会是高等学校的三大职能，而高校服务农村建设和发展是时代赋予高校的光荣使命，也是社会主义新农村建设对高校提出的新要求。高校强化新农村建设服务，必须首先明确服务农村的功能定位，并更新服务观念。知识经济时代，高等教育的功能日益分化和细化，这要求高校的功能定位必须从综合型转向特色型，既要“埋头拉车”，又要“抬头看路”，其科学研究必须坚持“顶天立地”的发展思路。一方面，高校应高度重视研究现代科学问题和开发前沿技术，并不断提高水平和自主创新能力；另一方面，高校要高度重视面向区域乃至全国的“三农”问题，针对农村经济社会发展中出现的新问题，运用现代化技术与手段，寻求解决问题的途径，造福广大农民群众。高校功能的定位如果脱离了经济与社会发展的需要，便如同洪水中的高脚屋。因此，对于农村建设过程中面临的农民整体素质提升、农村公共事业发展、现代化农业建设推进等“瓶颈”问题，高校应发挥自身人才培养、科学研究、信息咨询、教育服务等方面的独特优势，帮助农村实现经济、文化、教育现代化，推动社会主义新农村建设。为此，高校要根据自身优势与特点，找准定位，认真分析农村地区的实际需求，充分利用高校与农村之间的“知识与文化落差”，各高校应坚持扬长避短，“错位”服务的原则，结合自身学科、人才培养、科学研究优势，推动与农村之间的产学合作、政产学合作。

由于每所地方高校较难从整体上把握地方经济发展的总体布局，特别是对国家宏观战略调整的前瞻性较难把握，因此，教育主管部门应对地方高校的功能定位给予引导，对高等教育资源进行整合，建立满足培养不同人才需要的不同层次的高等教育立体网络。高校则应改变传统的人才培养模式，形成新型的产学研、农科教结合机制；积极联合农村扶助对象，从多渠道争取经费支持，与农村经济组织、农村行政组织共建产学研基地，推动其科技成果的转化，指导农村经济组织发展农村特色经济。同时，高校要充分整合人才、智力、装备、技术、信息等方面的资源，充分利用其人缘、地缘、信息、成本等诸多便利和优势，努力成为服务农村建设与发展的人才培养培训中心、文化创意和扩散中心、“三农”问题咨询决策中心以及应用型科技成果研发中心。同时，高校要重视应用研究，整合好自己优势科研资源，发挥其科技开发能力强、研究测试手段先进的优势，采取技术成果转让和推广应用、技术指导等方式，推动农村经济组织的改造和发展。

7.1.2 健全高校服务农村制度

政府在面向农村的高校知识溢出中的作用，要为知识溢出营造良好的环境，为高校提供相对宽松的政策支持，为面向农村的高校知识溢出提供必要的优惠政策。比如，为符合一定条件的产学合作项目免税、赠地、提供更多的经费支持或直接拨款，为农村组织成员的培训免交或部分免交学费等。地方政府应尤其重视利用业已发展起来的高校的人力资源、技术资源、智力资源等促进农村地区经济

社会发展和新农村建设，通过科研经费扶持等手段，鼓励广大教师开展服务农村的应用性研究，调整学科发展方向，增强高校的科研能力和经费保障。

从制度环境建设看，首先，要从法规方面理顺高校与政府之间的关系，真正做到高等教育管理与办学的分离，对高等教育管理制度进行改革，建立起宏观调控与自主办学的平衡机制，使高校能够更好地融入农村的建设和发展。其次，应改革国家对高校的考核监督体系，要把高校对经济社会，特别是农村地区的影响和贡献纳入对高校的评估体系，并将外部社会评价与内部学术评价有机统一，将评估结果作为资源配置的依据之一。为了更好地开展高校服务农村建设工作，也需要建立和完善高校内部制度。高校应主动对接农村社会的需求，建立与服务农村社会职能相适应的管理机构，制定合理的分配机制、激励机制，以鼓励教职工积极参与农村科技成果转化、产业化和适合农村情景的“四创”活动（创新、创业、创意、创造）。进一步优化高校科技成果评价机制，在评价指标中加大市场需求性、经济效益、社会效益等的权重，把科研成果产业化、社会化作为衡量科研质量的重要标尺。

应通过完善高校服务农村中的技术产权保护制度，保护高校技术创新的积极性。首先，要在农村组织和农户中培训知识产权保护的基本知识，树立和强化尊重知识产权的观念。同时，要加强政府监管和知识产权执法力度，创造良好的农业技术创新环境。其次，进一步完善农业技术创新激励机制，逐步建立健全产权激励和市场激励等多元化的激励机制，充分激发高校科研人员的创造力，进一步加快农业技术创新、推广和应用进度。最后，要完善农业技术产权交易市场，促进农业技术产权流动。进一步加强农业技术产权咨询与评估等中介服务结构的建设，提高农业技术产权的转化效率。高校是人才汇聚之地，具有相当数量的思想家、理论学家和科研人员等，高校应充分利用各类人才所掌握的互补性知识，通过团队协作来加快知识创造活动；应充分调动各类人员的创新、创造和创意激情，打造面向农村的科技攻关、技术服务两类团队，从产学研合作的角度，加强知识尤其是隐性知识的进一步传播。

7.1.3　改善面向农村的高校知识溢出的知识供需匹配

由于高校与农村信息不对称，没能使高校优势发挥作用，阻碍了高校对农村服务的知识溢出效率。为了使高校和科研院所的服务能够深入农村建设和发展的方方面面，促进农民增收、农业增产和农村繁荣，高校在服务农村建设和发展过程中，要充分发挥人才培养、科技创新、技术示范、教育培训、信息咨询等的优势，主动和农村经济组织、农村行政组织合作，建立便捷、快速的服务平台。为此，首先，高校需要组建一支能够根据农村知识（技术）需求及时调整和确定方向的服务团队，促进对农村地区实用、适用科技成果的转化、推广和知识扩散，服务于农村的建设和发展。其次，高校需要组建一支了解农村实情、掌握农村知识需求的教学团队，为农村培养大量高水平技术人员和管理人才，造就农村社会经济发展的中坚力量，以适应农村建设和发展的需要。最后，高校需要组建一支服务农村社会的专职团队，通过挖掘和创新农村优良的传统文化，推动农村的文化创意与农村产业的融合，创造新型经济。

高校必须创新出面向农村的可产业化的科研成果，才能形成面向农村的高校知识溢出的有效知识供给。高效的高校科研成果推广具有双向互通功能：一方面，向农村展示高校的科研成果，寻找合适的合作伙伴；另一方面，向高校科研人员反馈农村发展的需求，用以引导高校科研的方向来服务农业，从而创造出有利于新农村建设的科研成果。高校应与农村经济组织、农村行政组织合作并建立一个风险共担与利益共享的技术对接机制，形成一种良性互动的官产学研关系。高校应积极主动介入农业高新技术产业化的过程，通过与农村经济组织的合作，加快高校知识向农村的溢出，使高校与农村的合作深度不断加大。通过搭建有效的优势互补、资源整合、利益共享、共同发展、携手共建的平台，形成多层次、多渠道、多形式、全方位的高校与农村、农业、农民的合作格局，促进高校知识顺利溢出到农村，更好地发挥高校服务新农村建设的职能。

7.1.4 拓宽高校服务农村渠道

高校虽然是各种先进技术创新的摇篮，但如果没有很好的扩散机制，高校成果也只是空有其创新的躯壳，不能真正发挥其对农村、对社会、对国家的价值。因此，高校对农村的技术创新成果只有被广泛应用和推广，才能真正体现我国高校的科研对农村、对社会的贡献，才不枉费国家巨资补贴高校进行科研活动的良苦用心。作为技术创新的研究发明者来说，科研成果物尽其用时，不仅体现了其对整个社会贡献的个人价值，也可以让后来的科研人员“站在巨人的肩膀上”，对前人的研究成果不断改进和完善。因此，应通过各种渠道将高校的技术创新成果及创新知识扩散到农村地区，以更好地提升面向农村的高校知识溢出的绩效。

首先，高校服务农村建设与发展应善于发掘合作领域，可适当借鉴国外“开放大学”模式，开展各种形式的培训服务，通过培训农村建设和发展需要的大量人力资源，提升农村地区人才的综合素质。高校对农村组织的服务除了科技服务、管理咨询、信息服务服务外，还可通过高校衍生企业提供各种硬件资源服务。在文化服务方面，高校可充分发挥自身文化传承和创新功能，主动加强对农村的文化辐射，全面参与农村文化建设，在开发和弘扬农村文化资源的同时，推动城乡文化的交融，促进农村文化创意产业与乡村经济的融合发展。在高校服务

农村经济和发展的过程中，高校应全面深入地了解农村地区政治、经济、文化特点与需求，主动调整、优化涉农专业的学科和专业布局结构，提升高校服务农村建设和发展的能力，同时，高校在这个过程中也获得了学校学科、专业可持续发展的资源、动力。为此，高校应强化涉农学科、专业的师资力量建设，提升专职教师的创新能力和实训能力，推进人才培养水平的提升。加强高校与农村经济组织的深度合作，重视产学研合作研究，努力促进研究成果的产业化。

其次，应不断深化农村行政组织的管理机制，构建服务型政府，对农业推广高校进行制度供给和政策支持，构建“广泛参与、人人共享”的利益格局，达到高校与农村经济组织的和谐持续发展。政府应在高校与农村经济组织的合作中事前做好制度建议和合同约束，明确农业项目推广的责任主体和监督对象，形成高校、农村行政组织、农村经济组织的良好的利益格局，实现农村社会的全面发展。另外，应建立农业信息服务网点，站内设置终端信息源，在网上及时发布各种信息；要充分利用高校的优势资源，培养一支高素质的农业信息推广员队伍，包括信息制造、信息服务、分析、评估、预测以及计算机技术、网络工程技术等方面的人才；要建立一个与其他信息部门协作良好、资源互利共享的农业信息服务体系，积极开辟信息传播、扩散渠道，努力提高信息质量，拓宽高校知识成果传播的渠道。

7.2　知识接受方层面的策略探讨

在我国现阶段，农村的科技文化素质及整体教育水平偏低，而吸收能力需要突破“门槛”才能较好地吸收高校的知识溢出。人力资本和前期相关知识是农村经济主体、农村行政主体的知识存量，其中人力资本是吸收能力的主要来源，只有当农村有关主体的人力资本存量足够丰裕，才能较好地模仿高校和其他农村主体的先进技术，充分吸收其溢出的知识；农村经济主体、农村行政组织前期相关知识构成其吸收能力的基础，这种知识的广度和深度决定了主体识别外部知识的范围和吸收的速度。接受方的研发活动是其吸收能力的保障，它推进农村经济组织人力资本的积累，并增加其知识存量。良好的学习机制对于农村经济组织、农村行政组织吸收能力的提高相当重要，不管是组织内部的知识扩散与知识创新活动，还是外部的技术模仿、转移与引进，都需要不断地学习。

7.2.1　依托高校优势资源大力培养新型农民

农村经济产业转型升级首先是人才的转型升级。高校可通过举行各种各样的培训班、进修班以及专业证书班等，提高农村和农民的科研技术水平，加大农村与高校的合作。另外，努力开展农业技术人才培训，造就新型农民。农村经济组织应该依托高校的人才和技术优势，根据其生产经营要求，以实用技术和管理技能为主要内容，通过举办各种管理咨询、技术培训活动，如季节短训班和“绿色证书”培训班等形式，为农村经济组织培训大量技术人员和管理能手。这些人才的培养方式能很好地促进高校的科技研发人员和科研成果与农村实际需求的交流互动，提高高校知识溢出效率。

同时，可通过高校涉农专业与农村经济组织的合作，提高农村经济组织创新能力。如通过合作双方共同派遣研发人员，共建实验室、合作中心、联合开发中心等研发平台，通过多种形式的合作，农村经济组织可以借助高校研发团队，发挥高校研发的知识优势，推进高校科研成果向农村的有效转移，促进农村技术水平的进步和农业经济发展。高校和农村经济组织合作开发的高技术和生产手段一旦投入使用，在生产经营和发展过程中显现其优势，就不可避免地被其他农村经济组织及其成员观察到，从而低成本地学习、消化吸收，并可通过“逆向（反求）工程”对新技术进行模仿创新，扩大面向农村的高校知识溢出效应。

随着我国高等教育的大众化及其投入的不断增加，人们接受高等教育的机会不断增多，从而使人口的整体素质不断提高，这是我国农村建设和发展以及全面建成小康社会的重要人才保障。高校毕业生具有的较高知识水平、创新能力、较强的组织管理能力，选聘涉农高校毕业生这一高素质的人力资本投入农村建设和发展的队伍之中，充分发挥其知识和能力优势，必然会为农村建设和发展带来前所未有的机遇，从而加快农村建设和发展的进程，提高高校与农村经济组织研发合作中的知识溢出绩效。为此，应通过制定优惠政策，吸引一批优秀的大中专毕业生充实基层农技队伍。大学生毕业后去农村经济组织或农村行政组织工作，可以将他们在大学期间所学习、掌握的科学研究知识带入农村经济组织、农村行政组织。同时，处于农村建设和发展的主战场，也可提升他们解决复杂问题的能力以及执行研究与发展创意的能力。这种能力对于农村的建设和发展具有重要的价值。同时，还应优化农业科技创新激励机制，完善高校及其专职科研机构科研人员到农村经济组织、农村行政组织兼职的制度，健全农业科研成果使用、处置、收益管理制度，推进农业科技人员股权激励改革试点，激发他们创新创业的积极性，充分发挥高校及其专职科研机构科研人员、农业科技特派员队伍在农业科研成果产业化中的作用。

7.2.2 努力提高农村组织综合素质

农村经济组织的综合实力是保障高校知识溢出效率的关键。要增强农村经济组织自主能力和经营能力，增强农村行政组织的自治能力和服务能力，完善有关管理制度。为此，须建立农村经济组织权责明确、协调运转、有效制衡的法人治理结构，完善农村行政组织民主选举、民主决策、民主管理、民主监督的制度体系。具体包括三个方面：①完善农村经济组织、农村行政组织的组织、人事、财务制度建设，促进组织自主、自律、自强机制的形成；②建立农村社会监督体系，自觉接受广大农民的监督，建立农村组织的社会监督与自律相结合的机制；③加强农民参与权的保障，培养农民民主权利意识，提升农民参与、合作的能力。

在农村经济组织的发展中，引导、扶持、规范、监督、维护、整合是农村行政组织及其上级政府部门发挥主导作用的形式。具体来说，主要有以下几个方面：

（1）加大对农村经济组织发展的政策扶持力度，推动各级政府部门与农村经济组织开展多层次合作，落实农村经济组织发展的税收优惠政策。

（2）坚持农村经济组织“民办、民管、民受益”的原则，大力培育“服务三农”（面向农村、服务农民、推动农业）的农村服务型组织的发展。

（3）建立投入保障机制、公共财政的资助和奖励机制、政府购买服务机制，以加大对农村经济组织经费投入的力度。

（4）加大对农村经济组织成员的培训力度，不断提高其业务能力和管理水平。

（5）制定农村经济组织行为规则，加大对农村经济组织的监管力度，确保其依法开展各项活动。

7.2.3 通过制度重构提高农村融资的有效供给

为保证高校服务农村项目的顺利实施，融资渠道的有效供给是关键。为此，应建立一个稳定、高效、统一的农业财政补贴长效机制，统一财政对农村资本投资渠道，集中管理使用所有支持农业的财政资金，确保财政支持农业资金的统一管理和合理使用。此外，支农资金需要得到科学合理的安排，以提高资金利用率。建议农村金融机构在支农信贷经营中的损失补贴，涵盖部分财政支农资金的利息补贴和风险补偿，从而扩大农金部门的支农资金投放的规模，发挥财政支农资金使用的乘数效应。同时，在农村地区建立资金回流机制。通过建立农业发展基金和农民共同基金等多种形式，筹资对象面向农业和农民，从而扩大资本规模和支持农业的能力；地方政府也应积极出台相应优惠政策，促进民间资本参与到农村投融资等。

还应进一步拓宽融资渠道，建立多元化的投资体系支持农业技术的推广。因此，可组合商业金融、政策金融、民间金融和合作金融以及其他多元化的金融机构，构建既有互相竞争，但也有内部功能互补的农村金融服务体系。提高农业政策性银行职能和业务范围，逐步改善农村政策贷款占所有农村贷款的比例，充分发挥政策性银行的支持农业作用。同时，鼓励私人银行、股份制银行和其他金融业务面向广大的农村金融市场，通过核准制建立新的正规的商业金融机构的市场准入。

7.3 知识溢出环境层面的策略探讨

知识溢出的过程依托社会经济活动，在高校对农村的知识溢出过程中，为进一步提高知识溢出绩效，可通过构建紧密的产学合作网络，发展面向产学合作的农村公共技术平台及农村科技中介服务机构，促使更多的高校和农村经济组织参与其中。不断扩大高校与农村经济组织的产学合作规模，完善相关政策环境，提高农村产学合作的紧密度。深入调研农村产学合作的成功案例，促使更多具有丰富产学合作经历的高校与农村经济组织合作，以营造适用于知识溢出的内外部环境。

7.3.1 努力突破知识溢出的地理限制

由于知识的空间黏性，高校知识溢出尤其是高校隐性知识溢出通常会受到空间制约，具有明显的本地化特征。高校首先要牢固树立服务地方社会经济发展的思想，充分利用自身的地理优势，积极参与区域农村的建设和发展。高校应坚持走服务社会、服务地方之路，服务地方农村建设与发展是时代赋予高校的光荣使命和责任，要通过多种渠道，多层次、多方面地融入当地农村的建设和发展之中。高校可创办高水平的农业科技园、农村研究院，为农村的建设和发展提供科研设备、科技人才等技术支持。同时，农村也要积极主动为高校提供实习基地。高校要发挥学科优势和科研优势，主动积极参与农村建设，将农业科技成果转化为现实生产力。高校应发挥人文优势，挖掘农村地区的历史教育资源，利用自身的文化和创意优势，推动农村文化创意产业的发展。

虽然知识溢出通常在特定的空间范围内实现知识的流动和创新，且其效应随着空间距离的增加而减少，但随着网络与通信技术的迅猛发展，尤其是微信等新兴交流平台出现，使远距离的交流也能实现隐性知识的流动。虽然不能完全替代面对面交流的作用，但新兴网络交流手段的出现也进一步扩展了高校显性知识溢出的空间范围。因此，可借助于网络与通信技术的发展成果，构建涉农网站，及时发布科研成果及成功案例，解决高校与农村之间的信息不对称问题，加强与农村的信息交流与互动，拓展与农村的沟通渠道，并通过在线解决具体问题等方式，增进彼此的了解与信任。

7.3.2 加强面向农村的高校知识溢出的平台建设

通过加强平台建设，可营造适合面向农村的高校知识溢出的良好环境。为此，应加快构建地区和国家农业科技创新体系，加快建设农业研发、信息和服务三大平台，集成和建设一批高水平的农业科技创新、孵化、推广、培训基地，进一步加强产学研合作。这种途径下，农村可以借助高校研发团队，学校和农村优势互补，相互合作创造今后更好地服务农村建设的专项平台。这种高水平科研平台主要的形式有高校—农业共同实验室、高校—农业合作中心、技术联合开发中心等。这些科研平台既发挥了高校在服务新农村建设系统里的研发知识优势，又能兼顾农村发展、农业进步对技术的实际需要，这些条件共同推进了高校及科研院所科研知识成果向农村的有效转移。

高校应该以项目为载体，瞄准农村快速建设和发展急需的技术领域，通过充分发挥相关学科优势，深入挖掘潜力，进一步拓展服务农村建设和发展的空间，增强科技支撑农村建设和发展的能力，形成服务“三农”的技术创新优势。推动建设农业资源利用服务体系、农业区域经济服务体系、农业经济管理服务体系、农业科技服务体系，加快建设耕地保护、土地公共政策、土地规划、园林绿化、环境评估等领域的农村服务体系。

7.3.3 完善面向农村的高校知识溢出的政策环境

政府对知识溢出采取积极的指导方针和产业政策等都会提高知识溢出的发生频率和效率。因此，政府应充分发挥引导、扶持、规范、监督等主导作用。首先，积极制定激励性政策措施，做出有利于高校与农村经济组织合作创新的制度安排，推进高校与农村经济组织之间的合作。具体为：①通过完善农村经济组织税收减免政策、农业知识产权保护条例等，保护农村利益相关主体的合法权益，提高高校与农村经济组织合作的积极性，为促进高校和农村经济组织的良好合作创造条件；②通过制订合理的农业科技投入计划，以农业科技投入为调控手段，引导高校将涉农科技项目推广到农村地区；③通过制定合理的财政政策，引导资金流向高校与农村合作的科技项目。

其次，应充分发挥高校农业科技园的平台功能，整合包括农业专利申请保护、农业风险投资机构、农业金融机构、管理咨询、财务、资产评估、律师、农业技术孵化和转移中介等在内的各类中介服务机构，整合农业产业科技资源，为农村经济组织的发展提供资源共享服务和专业技术服务；建立科学合理的利益分配机制和运作流程，以利益为纽带将各农村建设和发展的各参与主体有效连接，规范各参与主体的合作与分工，保证高校与农村经济组织合作项目的有效运行。

最后，应确保高校农业科技创新产业化体系建设的稳定性和发展的连续性。政府应制定这方面政策支持，既要保证政策的连续性，又要根据情景变化适时变革，以协调政府行为、高校及其科研机构行为与农村经济组织行为，促使农业科学研究、农业技术推广与生产需求相结合，促使农业技术咨询、技术转让和农业技术服务等多种形式相结合。在运用政策促进高校与农村经济组织合作项目推广的同时，政府还应运用法律手段维护高校与农村经济组织合作项目产业化体系的建设和发展，促进农业技术推广的法制化。因此，要不断完善现行的法律法规，使之能适应农村建设和发展的需要；还要适时出台一些新的法律法规，以满足高校农业科技创新产业化发展新形势的要求，为其营造良好的法制环境。此外，国家执法监督部门还要加强对有关农业推广法律实施情况的法制监督，以维护高校和农村经济组织的合法权益，保证高校服务农村机制的长期健康发展。

7.4 本章小结

本章针对面向农村的高校知识溢出中的具体问题，分别从知识源、知识接受方、溢出环境等层面提出了提高知识溢出绩效的具体策略。

知识源层面，要求高校明确自身的功能定位，更新服务农村观念；应通过团队建设，改善高校知识供给，提高知识供需匹配度；政府应通过健全高校服务农村制度，营造有利于知识溢出的良好环境，并通过构建服务型政府，拓宽高校服务农村渠道，提高高校参与能力。

知识接受方层面，首先，应依托高校人才和技术优势，培养新型农民，提高农村经济组织知识吸收能力。其次，应加强农村经济组织建设，提高组织综合素质。最后，为保障高校服务农村项目的顺利实施，应通过制度重构，提高农村融资的有效供给。

溢出环境层面，首先，应发挥地方高校的地理优势，同时充分利用网络资源，突破地理局限，提高知识溢出绩效。其次，加强平台建设，推动产学研合作水平，营造有利于知识溢出的情境。最后，应通过完善政策环境，提高知识溢出效率，保证高校服务农村长效机制的健康发展。

第8章　结论与展望

高校服务农村建设和发展体现为高校对农村的知识溢出，且溢出绩效的高低直接影响新农村建设的进程。本书从知识源、知识接受方、知识溢出情境三个层面探讨了面向农村的高校知识溢出的影响因素、溢出机理、溢出绩效及演化规律，提出了提升面向农村的高校知识溢出绩效的政策策略。本章在对全文的工作进行总结的基础上，给出研究的主要结论及存在的不足，并进一步讨论未来的研究方向。

8.1　研究主要结论

本书在梳理国内外研究文献的基础上，基于知识溢出理论、人力资本理论和三螺旋理论构建了面向农村的高校知识溢出的三螺旋模型；从主体视角对知识溢出的形成过程进行了深入而系统的分析，结合高校人才培养、科学研究、社会服务等职能阐述面向农村的高校知识溢出的传导机制；采用扎根理论剖析了面向农村的高校知识溢出的关键因素，结合文献分析，提出了面向农村的高校知识溢出的概念模型和假设；采用结构方程模型方法分别从知识源、接受方及关联情景三个方面对假设进行验证，揭示了面向农村的高校知识溢出过程中相关因素对溢出绩效的影响和作用机理；根据实证研究成果，从高校与农村行政组织、农村经济组织微观交互视角出发，运用计算实验方法，模拟面向农村的高校知识溢出的动态过程，分析农村经济组织在不同情境下的行为演化规律；综合理论分析、实证研究及计算实验仿真研究结果，分别从知识源、知识接受方、溢出环境等层面提出了提高面向农村的高校知识溢出绩效的具体策略。本书得出的主要结论如下：

（1）面向农村的高校知识溢出的形成源于高校的职能和知识外部性，面向农村的人才培养、产学研合作、管理咨询以及技术培训是面向农村的高校知识溢出的重要渠道。高校的非营利性、使命和责任等使高校所拥有的知识更具有公共物品性和非排他性，这种特性使高校对农村的知识溢出不可避免。农村经济主体和行政主体能够通过高校知识溢出提高自身的知识水平，增加自身的知识存量，提高农村的生产效率，促进农村社会经济快速发展。同时，面向农村的高校知识溢出形成的过程也是知识再创造的过程，不仅伴随着知识的创新，而且这一过程受知识的特性、高校的溢出意愿、接受方的吸收能力和关联情景等的影响。本书基于三螺旋理论构建了高校、农村行政组织、农村经济组织知识溢出的三螺旋模型，阐述了面向农村的高校知识溢出的形成过程，并结合溢出源的特征、溢出途径和接受者剖析了面向农村的高校知识溢出的传导机制。

（2）基于扎根理论探讨了面向农村的高校知识溢出的过程机理。研究发现，面向农村的高校知识溢出过程有五个关键因素：第一，知识源的创新能力、溢出意愿以及知识属性本身影响知识溢出效果；第二，接受方的接受意愿、吸收能力、合作经验、合作预期是关键变量；第三，产学研合作、人才培养、管理咨询、技术培训是高校对农村溢出的主要途径；第四，关联情境包括信任、距离、契约完备程度、政策环境等要素；第五，溢出绩效包含立竿见影的有形绩效和潜移默化的无形绩效两方面。

（3）通过构建面向农村的高校知识溢出的概念模型，以及在文献分析基础上提出的相关假设，设计问卷，并通过问卷、访谈调研及实证检验，分别从知识源、接受方及关联情境三个方面对相关假设进行了验证。研究发现，知识源的“创新能力”和“溢出意愿”对“有形绩效”和“潜在绩效”有显著正向影响；关联情境中的“工作导向信任”和“政策环境”对“有形绩效”和“潜在绩效”有显著正向影响，而“知识距离”和“文化距离”对“有形绩效”和“潜在绩效”均有显著负向影响；接受方的“吸收能力”“合作预期”“合作经验”“接受意愿”对溢出绩效有积极的促进作用。

（4）从高校与农村经济组织微观交互的视角出发，运用计算实验方法，模拟了面向农村的高校知识溢出的动态过程，分析了农村经济组织在不同情境下的行为演化规律。研究发现，农村经济组织的吸收能力和风险偏好在知识溢出绩效的长期演化过程中具有重要作用。因此，应通过组织农村经济组织学习、引进人才等多种方式提高农村经济组织的知识吸收水平，并关注农村经济组织风险偏好水平的变化，引导农村经济组织根据自身条件选择相应风险等级的项目。政策扶持情境下，既要通过多种渠道的贷款或融资方式帮助高校服务农村项目的有效实施，又要注意保障合作项目的收益稳定，以吸引更多农村经济组织参与项目，充分利用集体的智慧提高知识溢出效率。

（5）针对面向农村的高校知识溢出中的具体问题，分别从知识源、知识接受方、溢出环境等层面提出了提高知识溢出绩效的具体策略。

知识源层面，要求高校首先明确自身的功能定位，更新服务农村观念。同时，应通过团队建设，改善高校知识供给，提高知识供需匹配度；政府应通过健全高校服务农村制度，营造有利于知识溢出的良好环境，并通过构建服务型政府，拓宽高校服务农村渠道，提高高校参与能力。

知识接受方层面，首先，应依托高校人才和技术优势，培养新型农民，提高农村经济组织知识吸收能力；其次，应加强农村经济组织建设，提高组织综合素质；最后，为保障高校服务农村项目的顺利实施，应通过制度重构，提高农村融资的有效供给。

溢出环境层面，首先，应发挥地方高校的地理优势，同时充分利用网络资源，突破地理局限，提高知识溢出绩效；其次，加强平台建设，推动产学研合作水平，营造有利于知识溢出的情境；最后，应通过完善政策环境，提高知识溢出效率，保证高校服务农村长效机制的健康发展。

8.2　研究局限与研究展望

本书在前人研究的基础上，综合采用系统分析、基于扎根理论的质性研究、结构方程模型的实证检验和多 Agent 建模的计算实验方法，就面向农村的高校知识溢出的机理及其溢出绩效进行了较为深入的研究，构建了研究的理论框架，并得到了一些有意义的结论，同时，对如何促进面向农村的高校知识溢出提出了若干对策建议。但由于时间、人力、财力以及笔者学识能力的限制，研究仍然存在一些不足之处：

（1）我国农村地区情况复杂，不同地区资源配置、文化背景、传统习惯等存在明显不同，高校对农村的知识溢出的机制设计还有待结合不同地区的情况进行区别对待，对我国现有的面向农村的高校知识溢出模式需要进行深入研究。

（2）高校对农村的知识溢出是一个充满复杂性的动态过程，其溢出途径多样，为了对复杂问题进行适当简化和便于计算实验建模，本书在研究面向农村的高校知识溢出的演化时仅考虑了高校与农村之间合作项目过程的知识溢出。此外，面向农村的高校知识溢出的过程中涉及的主体较多，基于多 Agent 的计算实验建模设计还不够全面，对农村经济组织、农村行政组织等相关主体的特性分析还需要进一步深化，以便更好地贴合面向农村的高校知识溢出中参与主体的实际过程。

（3）面向农村的高校知识溢出绩效的量化还有待进一步深化。知识溢出绩效有显性绩效和隐性绩效，涉及经济、文化、社会等多个层面，且应该考虑其短期和长期影响。因此，对不同类型、不同主体间的知识溢出绩效测度需要采用不同的测度方法，制定更加科学的知识溢出绩效评价体系。

此外，高校与农村之间的知识溢出是一个双向的动态循环过程，本书因为篇幅原因和研究聚焦的需要，只考虑高校对农村单向知识溢出，没有研究农村对高校的反向知识溢出。

针对以上研究不足，在未来研究中，仍需作进一步深入研究：

（1）由于研究的样本主要集中在江苏省农村地区，省外样本涉及较少，且没有涵盖不同区域，这影响了研究结果的普适性。在今后的研究中，希望能够增加样本数量，同时进行区域间的对比分析，对不同区域提出更具指导性的政策建议。

（2）进一步开展调研，加强对农村经济组织、农村行政组织等相关主体的特性分析，采用实证调研的数据对相关参数和模型进行修正，使建立的计算实验模型更加贴合面向农村的高校知识溢出的实际过程。未来的研究也可采用计算实验方法，进一步研究高校面向农村的人力资本流动等其他途径的知识溢出的动态演化规律。

（3）本研究仅对促进面向农村的高校知识溢出的措施进行了初步探讨，未来的研究可以按照现有的思路，针对我国高校的专业特点和农村地区差异不断地深入细化，提出更具针对性和可操作性的措施。

附录　面向农村的高校知识溢出调查问卷

问卷编号：______
调查时间：______
调查地点：______
调 查 员：______

高校服务农村建设和农村发展调查问卷

调研对象：对高校与农村合作熟悉的科技镇长团成员，乡镇、村委管理人员，农民合作社理事长和成员，乡镇企业家及管理人员。

尊敬的女士/先生：

您好！这是一份针对“高校服务农村建设与发展”状况的调查问卷，目的是更好地促进高校与农村基层的合作交流，答案无对错之分，请您根据实际情况作答。本问卷不记名填写，您的回答对于我们的研究具有重要的参考价值。为了保证科学研究的质量，我们期待您真实地表达自己的想法，衷心感谢您的大力支持和帮助！

新农村发展研究课题组

2014 年 6 月

第一部分：基本信息，请在符合您基本情况的序号前画“√”。

1. 您所在单位：__________；（如是科技镇长团，请填写挂职单

位）

2. 您的身份（可多选）：□ 农民合作社理事长 □ 农民合作社成员
□ 乡镇企业管理人员 □ 科技镇长团成员
□ 村委管理人员 □ 大学生村官 □其他

3. 性别：□ 男 □ 女 年龄：________岁

4. 您的受教育程度：

□ 初中及以下 □ 高中（包括职高/中专/技校） □ 大专
□ 本科 □ 研究生

5. 贵单位与高校合作的主要类型有（可多选）：

□ 人才引进 □ 技术咨询/管理咨询 □ 委托研发
□ 购买专利 □ 人员培训 □ 合资成立企业
□ 建立联合实验室/示范基地 □ 其他

6. 贵单位与高校的合作主要是由哪个主体推动或主导的？（单选）

□ 政府 □ 高校 □ 合作社/乡镇企业

第二部分：请根据与高校的合作经历，判断下列表述与实际情况的符合程度并画“√”。

1 表示“完全不符合”、2 表示“不太符合”、3 表示“不确定”、4 表示“比较符合”、5 表示“完全符合”。

		完全不符合←——→完全符合				
A1	合作涉及的知识和技术比较难懂	1	2	3	4	5
A2	合作领域涉及很多专业性问题	1	2	3	4	5
A3	合作涉及的技术门槛很高（如需要专门培训或采购特殊设备）	1	2	3	4	5
B1	高校在与我们的合作中表现出很强的创新能力	1	2	3	4	5
B2	高校在与我们合作的领域具有很强的研发实力	1	2	3	4	5
B3	高校在与我们合作的领域拥有一流的设施	1	2	3	4	5

		完全不符合←——→完全符合				
C1	高校对合作内容十分感兴趣	1	2	3	4	5
C2	高校发现了与我们进行合作的需要，并做了大量工作	1	2	3	4	5
C3	合作项目从意向到落实，整个过程高校都是积极主动的	1	2	3	4	5
C4	高校在制度上鼓励合作	1	2	3	4	5

续表

		完全不符合←———→完全符合				
C5	高校人员已经获得了相应的资金来开展合作	1	2	3	4	5
D1	高校人员工作能力让我们信服	1	2	3	4	5
D2	高校人员工作非常专业和敬业	1	2	3	4	5
D3	高校人员是令人尊敬的	1	2	3	4	5
E1	我们与高校人员间有良好的个人关系（私交）	1	2	3	4	5
E2	我们会对彼此的问题做出积极响应	1	2	3	4	5
E3	我们对彼此的工作关系投入了大量的感情	1	2	3	4	5
F1	我们与高校经常进行沟通交流	1	2	3	4	5
F2	我们与高校经常通过非正式聚会来促进信息交流	1	2	3	4	5
F3	我们与高校的沟通顺畅	1	2	3	4	5
G1	合作内容是高校擅长的领域	1	2	3	4	5
G2	我们所掌握的知识和技术与高校相比差距很大	1	2	3	4	5
G3	高校所提供的技术正是我们所需要的	1	2	3	4	5
G4	培训所提供的知识正是我们所需要的	1	2	3	4	5
G5	高校所输送的人才正是我们所需要的	1	2	3	4	5
H1	我们与高校人员很容易达成共识	1	2	3	4	5
H2	我们在工作方式、办事效率等方面，与高校人员比较合拍	1	2	3	4	5
H3	在与高校合作过程中感觉双方的处事风格协调一致	1	2	3	4	5
I1	与高校的合作通常具有明确的目标	1	2	3	4	5
I2	合作协议对双方的利益分配有明确的规定	1	2	3	4	5
I3	合作协议对最终要达成的效果有明确的规定	1	2	3	4	5
J1	与高校的合作中，政府提供了充足的资金	1	2	3	4	5
J2	政府对此类合作有较多的政策支持	1	2	3	4	5
J3	政府积极推动高校成果的转化	1	2	3	4	5
K1	我们经常参加各类培训	1	2	3	4	5
K2	我们能够从外界快速识别对自身有用的信息	1	2	3	4	5
K3	同事之间经常会分享新知识、新技术	1	2	3	4	5
K4	我们经常思考如何更有效地应用新知识、新技术	1	2	3	4	5
K5	获取的新知识、新技术能够很好地指导工作实践	1	2	3	4	5
K6	我们擅长把外部知识应用到组织内部	1	2	3	4	5
K7	单位很多同事希望到高校继续深造	1	2	3	4	5
K8	我们能较好地发挥所引进人才的作用	1	2	3	4	5

续表

		完全不符合←——→完全符合				
L1	我们与高校有很多的合作经历	1	2	3	4	5
L2	我们对合作过程很熟悉	1	2	3	4	5
L3	我们对合作所涉及的知识和技术很熟悉	1	2	3	4	5
M1	我们与高校合作是为了获取先进技术	1	2	3	4	5
M2	我们与高校合作是为了降低成本和风险	1	2	3	4	5
M3	我们与高校合作是为了增加经济效益	1	2	3	4	5
M4	我们与高校合作是为了加强交流和相互学习	1	2	3	4	5
M5	我们与高校合作是为了拓展社会关系网络	1	2	3	4	5
M6	我们与高校合作是为了更方便地引进人才	1	2	3	4	5
N1	我们很乐意与高校合作	1	2	3	4	5
N2	与高校合作是我们学习的好机会	1	2	3	4	5
N3	合作得到领导的高度重视	1	2	3	4	5
N4	我们认识到与高校合作的重要性和迫切性	1	2	3	4	5
N5	我们努力创造与高校合作的机会	1	2	3	4	5
P1	我们对合作成果的质量很满意	1	2	3	4	5
P2	合作达到了预期的经济效益目标	1	2	3	4	5
P3	合作帮助我们解决了很多难题（如产品品种或市场等方面）	1	2	3	4	5
P4	通过长时间的合作我们学习到很多知识和技术	1	2	3	4	5
P5	通过合作我们对今后的工作有了新的思路	1	2	3	4	5
P6	合作涉及的技术已被我们所吸收并运用到其他方面	1	2	3	4	5
P7	合作的成果具有很好的社会效益	1	2	3	4	5

请您仔细检查，确保没有遗漏答题！

再次感谢您的作答，祝您工作顺利，生活愉快！

参考文献

[1] Adams, J. D. Comparative Localization of Academic and Industrial Spillover [J]. Journal of Economic Geography, 2002, 2 (3): 253 -278.

[2] Agrawal, A. Innovation, Growth Theory and the Role of Knowledge Spillovers [J]. Innovation Analysis Bulletin, 2002, 4 (3): 3 -6.

[3] Almeida, P. , Kogut, B. Localization of Knowledge and the Mobility of Engineering Regional Networks [J]. Management Science, 1999, 45 (7): 905 -917.

[4] Anufriev, M. , Dindo, P. Wealth - driven Selection in a Financial Market with Heterogeneous Agents [J]. Journal of Economic Behavior & Organization, 2010, 73 (3): 327 -358.

[5] Arthur, W. B. , Holland, J. H. , LeBaron B. , Palmer, R. G. , Tayler, P. Asset Pricing under Endogenous Expectations in an Artificial Stock Market [A]. In: W. B. Arthur, S. Durlauf, D. Lane (ed.), The Economy As an Evolving Complex System II [C]. Boston: Addison - Wesley, 1997.

[6] Arvanitis, S. , Kubli, U. , Woerter, M. University - industry Knowledge and Technology Transfer in Switzerland: What University Scientists Think about Co - operation with Private Enterprises [J]. Research Policy, 2008, 37 (10): 1865 - 1883.

[7] Audretsch, D. B. , Fledman, M. P. Knowledge Spillovers and the Geography of Innovation [J]. Handbook of Regional and Urban Economics, 2004 (4): 2063 -3073.

[8] Aulakh, P. S. , Sahay, A. Trust and Performance in Cross - border Marketing Partnerships: A Behavioral Approach [J]. Journal of International Business Studies, 1996, 27 (5): 1005 -1032.

[9] Barrett, C. L. , Eubank, S. G. , Smith, J. P. If Smallpox Strikes Portland [J]. Scientific American, 2005, 292 (3): 42 -49.

[10] Battke, B., Schmidt, T. S., Stollenwerk, S., Hoffmanna, V. H. Internal or External Spillovers—Which Kind of Knowledge is More Likely to Flow within or Across Technologies [J]. Research Policy, 2016, 45 (1): 27-41.

[11] Bell, D. The Coming of Post-industrial Society: A Venture in Social Forecasting [M]. Basic Books, Inc., Publishers, 1973.

[12] Bercovitz, J., Feldman, M. Technology Transfer and the Academic Department: Who Participates and Why [C]. Druid, Summer Conference, 2003 (15): 12-14.

[13] Berger, T. Agent-based Spatial Models Applied to Agriculture: A Simulation Tool for Technology Diffusion, Resource use Changes and Policy Analysis [J]. Agricultural Economics, 2001, 25: 245-260.

[14] Bigliardi, B., Colacinom P., Dormiom, A. I. Innovative Characteristics of Small and Medium Enterprises [J]. Journal of Technology Management & Innovation, 2011, 6 (2): 83-93.

[15] Black, D., Henderson, V. A Theory of Urban Growth [J]. Journal of Political Economy, 1999, 107 (2): 252-284.

[16] Blazsek, S., Escribano, A. Knowledge Spillovers in US Patents - A Dynamic Patent Intensity Model with Secret Common Innovation Factors [J]. Journal of Econometrics, 2010, 159 (1): 14-32.

[17] Bock, G. W., Zmud, R. W., Kim, Y. G., Lee, J. N. Behavioral Intention Formation in Knowledge Sharing: Examining the Roles of Extrinsic Motivators, Social Psychological Forces, and Organizational Climate [J]. MIS Quarterly, 2005, 29 (1): 87-111.

[18] Bodorkós, B., Pataki, G. Linking Academic and Local Knowledge: Community-based Research and Service Learning for Sustainable Rural Development in Hungary [J]. Cleaner Production, 2009, 17 (12): 1123-1131.

[19] Bonaccorsi, A., Piccaluga, A. A Theoretical Framework for the Evaluation of University-industry Relationships [J]. R&D Management, 1994, 24 (3): 229-247.

[20] Branstetter, L. Is Foreign Direct Investment a Channel of Knowledge Spillovers? Evidence from Japan's FDI in United State [J]. Journal of International Economics, 2006, 68: 325-344.

[21] Breschi, S., Lissoni, F., Montobbio, F. The Geography of Knowledge Spillovers: Conceptual Issues and Measurement Problems [A]. In: Breschi, S.,

Malerba, F. (ed.), Clusters, Networks and Innovation [C]. Oxford, UK: Oxford University Press, 2005.

[22] Brown, S., Gray, D., Mchardy, J., Taylor, K. Employee Trust and Workplace Performance [J]. Journal of Economic Behavior & Organization, 2015, 116 (27): 361 -378.

[23] Bustamante, M. A. Linking Properties of Knowledge and Knowledge Net-Work Topology with Performance [D]. The Graduate College at the University of Nebraska, 2007.

[24] Byrne, B. M. Structural Equation Modeling with AMOS: Basic Concepts, Applications, and Programming [M]. Routledge, Taylor & Francis Group, New York, 2009.

[25] Caniëls, M. C. J. Knowledge Growth Differentials Across Spillovers and Economic Growth: Regional Europe [M]. Edward Elgar, Cheltenham, 2000.

[26] Caragliu, A., Bo, C. D. Determinants of Spatial Knowledge Spillovers in Ltalian Provinces [J]. Socio - Economic Planning Sciences, 2011, 45 (1): 28 - 37.

[27] Chang M. H., Harrington J. E. Jr. Multi - market Competition, Consumer Search, and the Organizational Structure of Multi - unit Firms [J]. Management Science, 2003 (49): 541 -552.

[28] Chang, S. B., Lai, K. K., Chang, S. M. Exploring Technology Diffusion and Classification of Business Methods: Using the Patent Citation Network [J]. Technological Forecasting and Social Change, 2009 (76): 107 - 117.

[29] Chen, C. J. The Effects of Knowledge Attribute, Alliance Characteristic, and Absorptive Capacity on Knowledge Transfer Performance [J]. R&D Management, 2004, 34 (3): 311 -321.

[30] Chua, A. L., Pan, S. L. Knowledge Transfer and Organizational Learning in is Offshore Sourcing [J]. Omega, 2008, 36 (2): 267 -281.

[31] Chyi, Y. L., Lai, Y. M., Liu, W. H. Knowledge Spillovers and Firm Performance in the High - Technology Industrial Cluster [J]. Research Policy, 2012, 41 (3): 556 -564.

[32] Coe, D. T., Helpman, E. International R&D Spillovers [J]. European Economics Review, 1995, 39: 859 -887.

[33] Cohen, W. M., Levinthal, D. A. Absorptive Capacity: A New Perspective on Learning and Innovation [J]. Administrative Science Quarterly, 1990, 35

(1)：128 –152.

[34] Cortright, J., Provo, J. Metropolitan Portland's Nursery Industry Cluster [D]. Portland, OR: Institute for Portland Metropolitan Studies, Portland State University, 2000.

[35] Couture, V. Knowledge Spillovers in Cities: An Auction Approach [J]. Journal of Economic Theory, 2015 (157): 668 –698.

[36] Crespo, C. F., Griffith, D. A., Lages, L. F. The Performance Effects of Vertical and Horizontal Subsidiary Knowledge Outflows in Multinational Corporations [J]. International Business Review, 2014, 23 (5): 993 –1007.

[37] Cummings, J. L., Teng, B. S. Transferring R&D Knowledge: The Key Factors Affecting Knowledge Transfer Success [J]. Journal of Engineering and Technology Management, 2003 (20): 39 –68.

[38] Davies, T. University – Industry Links and Regional Development: Thinking Beyond Knowledge Spillovers [J]. Geography Compass, 2008, 2 (4): 1058 –1074.

[39] Dhanaraj, C., Parkhe, A. Orchestrating Innovation Networks [J]. Academy of Management Review, 2006, 31 (3): 659 –669.

[40] Diamantopoulos, A., Siguaw, J. A. Introducing LISREL: A Guide for the Uninitiated [M]. Sage Pubn Inc., 2000.

[41] DiStefano, C. The Impact of Categorization with Confirmatory Factor Analysis [J]. Structural Equation Modeling: A Multidisciplinary Journal, 2002, 9 (3): 327 –346.

[42] Dong, Y. N., Lu, U. D., Qin, X. F. Spatial Knowledge Spillovers: "New 3 – Zone Interaction Engineering" [J]. Systems Engineering Procedia, 2012 (3): 307 –311.

[43] D'Este, P., Patel, P. University – industry Linkages in the UK: What are the Factors Underlying the Variety of Interactions with Industry? [J]. Research policy, 2007, 36 (9): 1295 –1313.

[44] Effie, K., Henny, R. Do Local Knowledge Spillovers Matter for Development? An Empirical Study of Uruguay's Software Cluster [J]. World Development, 2008, 36 (10): 2045 –2102.

[45] Epstein, J. M. Generative Social Science: Studies in Agent – based Computational Modeling [M]. Princeton University Press, Princeton, NJ, 2005.

[46] Etzkowitz, H. The Evolution of the Entrepreneurial University [J]. Inter-

national Journal of Technology and Globalisation, 2004, 1 (1): 64 -77.

[47] Etzkowitz, H. , Leydesdorff, L. Introduction to Special Issue on Science Policy Dimensions of the Triple Helix of University - industry - government Relations [J]. Science & Public Policy, 1997, 24 (2): 2 -5.

[48] Etzkowitz, H. , Leydesdorff, L. The Triple Helix: University - industry - government Relations: A Laboratory for Knowledge Based Economic Development [J]. EASST Review, 1995, 14 (1): 11 -19.

[49] Faber, A. , Valente, M. , Janssen, P. Exploring Domestic Micro - co-generation in the Netherlands_ An Agent - based Demand Model for Technology Diffusion [J]. Energy Policy, 2010, 38 (6): 2763 -2775.

[50] Fagerberg, J. Technology and International Differences in Growth Rates [J]. Journal of Economic Literature, 1994 (32): 1147 -1175.

[51] Fallah, H. , Ibrahim, S. Knowledge Spillover and Innovation in Technological Clusters [C]. Proceedings, IAMOT 2004 Conference, Washington, D. C. , 2004.

[52] Feldman, M. P. Location and Innovation: The New Economic Geography of Innovation, Spillovers, and Agglomeration, in G. Clark, M. Feldman and M. Gertler, eds. Oxford Handbook of Economic Geography [M]. Oxford: Oxford University Press, 2000.

[53] Figueiredo, O. , Guimarães, P. , Woodward, D. Industry Localization, Distance Decay, and Knowledge Spillovers: Following the Patent Paper Trail [J]. Journal of Urban Economics, 2015 (89): 21 -31.

[54] Filatotchev, I. , Liu, X. H. , Lu, J. Y. , Wright, M. Knowledge Spillovers Through Human Mobility Across National Borders: Evidence from Zhongguancun Science Park in China [J]. Research Policy, 2011, 40 (3): 453 -462.

[55] Findlay. Relative Backwardness, Direct Foreign Investment and the Transfer of Technology: A Simple Dynamic Model [J]. Quarterly Journal of Economics, 1978 (2): 2 -16.

[56] Floyd, F. J. , Widaman, K. F. Factor Analysis in the Development and Refinement of Clinical Assessment Instruments [J]. Psychological Assessment, 1995, 7 (3): 286 -299.

[57] Fontana, R. , Geuna, A. , Matt, M. Factors Affecting University - industry R&D Projects: The Importance of Searching, Screening and Signaling [J]. Research Policy, 2006, 35 (2): 309 -323.

[58] Frans, A. J., Raymond, V. W., Henk, W. Absorptive Capacity: Antecedents, Models and Outcomes [J]. Erim Report Series Research in Management, 2003 (4): 785-796.

[59] Fritsch, M., Slavtchev, V. Universities and Innovation in Space [J]. Industry and Innovation, 2007, 14 (2): 201-218.

[60] Gilbert, B. A., McDougall, P. P., Audretsch, D. B. Clusters, Knowledge Spillovers and New Venture Performance: An Empirical Examination [J]. Journal of Business Venturing, 2008, 23 (4): 405-422.

[61] Giuliani, E. Cluster Absorptive Capability: An Evolutionary Approach for Industrial Clusters in Developing Countries [C]. Druid, Summer Conference, Copenhagen/Elsinore. 2002.

[62] Giuliani, E. The Selective Nature of Knowledge Networks in Clusters: Evidence from the Wine Industry [J]. Journal of Economic Geography, 2007, 7 (2): 139-168.

[63] Giuliani, E., Arza, V. What Drives the Formation of "Valuable" University-industry Linkages?: Insights from the Wine Industry [J]. Research Policy, 2009, 38 (6): 906-921.

[64] Giuliani, E., Bell, M. The Micro-determinants of Micro-level Learning and Innovation: Evidence from a Chilean Wine Cluster [J]. Research Policy, 2005, 34 (1): 47-68.

[65] Glaser, B. G., Strauss, A. L., The Discovery of Grounded Theory: Strategies for Qualitative Research [M]. Chicago: Aldine, 1967.

[66] Grant, R. M. Toward a Knowledge-based Theory of the Firm [J]. Strategic Management Journal, 1996 (17): 109-122.

[67] Griliches, Z. The Search for R&D Spillovers [J]. Scandinavian Journal of Economics, 1992 (94): 29-47.

[68] Grossman, G. M., Helpman, E. Innovation and Growth in the Economy [M]. Cambridge MA: MIT Press, 1991.

[69] Gupta, A. K, Govindarajan, V. Knowledge Flows and the Structure of Control within Multinational Corporations [J]. Academy of Management Review, 1991, 16 (4): 768-792.

[70] Hair, J., Anderson, R. E., Tatham, R. L., Black, W. C. Multivariate Data Analysis (4th edn.) [M]. Prentice-Hall Inc., New Jersey, 1995.

[71] Hallin, C., Lind, C. H. Revisiting the External Impact of MNCs: An

Empirical Study of the Mechanisms Behind Knowledge Spillovers from MNC [J]. International Business Review, 2012, 21 (2): 167 – 179.

[72] Hamel, G. Competition for Competence and Inter – partner Learning within International Strategic Alliances [J]. Strategic Management Journal, 1991 (12): 83 – 103.

[73] Hart, O., Moore, J. Property Rights and the Nature of the Firm [J]. Journal of Political Economy, 1990, 98 (6): 1119 – 1158.

[74] Hau, L. N., Evangelista, F. Acquiring Tacit and Explicit Marketing Knowledge form Foreign Partners in IJVs [J]. Journal of Business Research, 2007, 60 (11): 1152 – 1165.

[75] Hübler, M. Labor Mobility and Technology Diffusion: A New Concept and Its Application to Rural Southeast Asia [J]. Journal of Asian Economics, 2015 (39): 137 – 151.

[76] Inkpen, A. C., Beamish, P. W. Knowledge, Bargaining Power, and the Instability of International Joint Ventures [J]. Academy of Management Review, 1997, 22 (1): 177 – 202.

[77] Jaffe, A. B. Real Effects of Academic Research [J]. American Economic Review, 1989 (79): 957 – 970.

[78] Jaffe, A. B., Trajtenberg, M., Henderson, R. Geographic Localization of Knowledge Spillovers As Evidenced by Patent Citations [J]. Quarterly Journal of Economics, 1993 (108): 578 – 598.

[79] Jensen, R. A., Thursby, J. G., Thursby, M. C. Disclosure and Licensing of University Inventions [J]. International Journal of Industrial Organization, 2003, 21 (9): 1271 – 1300.

[80] Johnston, W., Mudumbai, S., Thompson, M. Authorization and Attribute Certificates for Widely Distributed Access Control [C]. IEEE Proceedings of the 7th Workshop on Enabling Technologies: Infrastructure for Collaborative Enterprises, Washington, D. C.: IEEE Computer Society Press, 1998.

[81] Kaheman, D., Tversky, A. Prospect Theory: An Analysis of Decision Under Risk [J]. Econometrica, 1979, 47 (2): 263 – 292.

[82] Keller, M. International Technology Diffusion [R]. NBER Working Paper, 2001, No. 8573.

[83] Khamseh, H. M., Jolly, D. R. Knowledge Transfer in Alliances: Determinant Factors [J]. Journal of Knowledge Management, 2008, 12 (1): 37 – 50.

[84] Kim, L. Crisis Construction and Organizational Learning: Capability Building in Catching – up At Hyundai Motor [J]. Organization Science, 1998, 9 (4): 506 – 521.

[85] Kirchhoff, B. A., Newbert, S. L., Hasan, I., Aimington, C. The Influence of University R&D Expenditures on New Business Formations and Employment Growth [J]. Entrepreneurship Theory & Practice, 2007, 32 (7): 543 – 559.

[86] Klaus, W. Schumpeterian Competition, Technological Regimes and Learning Through Knowledge Spillover [J]. Journal of Economic Behavior & Organization, 2010 (75): 482 – 493.

[87] Kokko, A. Technology, Market Characteristics, and Spillovers [J]. Journal of Development Economics, 1994 (43): 279 – 293.

[88] Kuwahara, S. Does International Knowledge Spillover Always Lead to a Positive Trickle Down [J]. Journal of the Japanese and International Economics, 2013 (27): 48 – 63.

[89] Laciana, C. E., Oteiza – Aguirre, N. An Agent Based Multi – optional Model for the Diffusion of Innovations [J]. Physica A: Statistical Mechanics and Its Applications, 2014, 394 (15): 254 – 265.

[90] Laciana, C. E., Rovere, S. L. Lsing – like Agent – based Technology Diffusion Model: Adoption Patterns vs Seeding Strategies [J]. Physica A: Statistical Mechanics and Its Applications, 2011, 390 (6): 1139 – 1149.

[91] Lane, P. J., Lubatkin, M. Relative Absorptive Capacity and Interorganizational learning [J]. Strategic Management Journal, 1998, 19 (5): 461 – 477.

[92] Lewis, J. D., Weigert, A. Trust As a Social Reality [J]. Social Forces, 1985, 63 (4): 967 – 985.

[93] Leydesdorff, L. The Scientometrics of a Triple Helix of University – industry – government Relations [J]. Scientometrics, 2007, 70 (2): 207 – 222.

[94] Li, J. H., Chang, X. R., Lin, L., Ma, L. Y. Meta – analytic Comparison on the Influencing Factors of Knowledge Transfer in Different Cultural Contexts [J]. Journal of Knowledge Management, 2014, 18 (2): 278 – 306.

[95] Li, Y. A. Borders and Distance in Knowledge Spillovers: Dying Overtime or Dying with Age? —Evidence from Patent Citations [J]. European Economic Review, 2014 (71): 152 – 172.

[96] Lin, S. Are Ivory Towers Truly Ivory? Knowledge Spillovers and Firm Innovation [J]. Journal of Economics and Business, 2015 (80): 21 – 36.

[97] Liu, X. F., Chen, G. H., Zhang, X. C., Gong, J. X. Simulating Evolutionary Dynamics in Complex Adaptive Retail Networks [J]. Journal of Information and Decision Science, 2009, 4 (3): 243 -256.

[98] Lucas, R. E. On the Mechanics of Economic Development [J]. Journal of Monetary Economics, 1988 (26): 3 -42.

[99] MacDougall, D. A. The Benefits and Costs of Private Investment from Abroad: A Theoretical Approach [J] . The Economic Record, 1960 (36): 13 -35.

[100] MacGarvie, M. The Determinants of International Knowledge Diffusion as Measured by Patent Citations [J]. Economics Letters, 2005, 87 (1): 121 -126.

[101] Mancusi, M. H. International Spillovers and Absorptive Capacity: A Cross - country Cross - sector Analysis Based on Patents and Citations [J]. Journal of International Economics, 2008, 76 (2): 155 -165.

[102] Marshall, A. Principles of Economics [M]. London MacMillan, 1890.

[103] Maskell, P. Towards a Knowledge - based Theory of the Geographical Cluster [J]. Industrial and Corporation Change, 2001, 10 (4): 21 -44.

[104] Mazdeh, M. M., Shafia, M. A., Bandarian, R., Kahrizi, A. An ISM Approach for Analyzing the Factors in Technology Ttransfer [J]. Decision Science Letters, 2015, 4 (3): 335 -348.

[105] Mora - Valentin, E., Montoro - Sanchez, A., Guerras - Martin, L. A. Determining Factor in the Success of R&D Cooperative Agreements between Firms and Research Organizations [J]. Research Policy, 2004, 33 (1): 17 -40.

[106] Mowery, D. C., Oxley, J. E., Silverman, B. S. Strategic Alliances and Interfirm Knowledge Transfer [J]. 1996 (17): 77 -91.

[107] Nemet, G. F. Inter - technology Knowledge Spillovers for Energy Technologies [J]. Energy Economics, 2012, 34 (5): 1259 -1270.

[108] Noailly, J., Shestalova, V. Knowledge Spillovers from Renewable Energy technologies - Lessons from Patent Citations, CPB Discussion Paper, 2013.

[109] Nooteboom, B. Learning and Innovation in Organizations and Economics [M]. Oxford: Oxford University Press, 2000.

[110] Paliszkiewicz, J., Koohang, A., Go? Uchowski, J., Horn Nord, J. Management Trust, Organizational Trust, and Organizational Performance: Advancing and Measuring a Theoretical Model [J]. Management and Production Engineering Review, 2014, 5 (1): 32 -41.

[111] Pallant, J. SPSS Survival Manual: A Step by Step Guide to Data Analysis

Using IBM Spss [M]. McGraw - Hill, Bershire, England, 2013.

[112] Palmer, J, Sorda, G., Madlener, R. Modeling the Diffusion of Residential Photovoltaic Systems in Italy_ An Agent - based Simulation [J]. Technological Forecasting and Social Change, 2015 (99): 106 - 131.

[113] Philbin, S. Measuring the Performance of Research Collaborations [J]. Measuring Business Excellence, 2008, 12 (3): 16 - 23.

[114] Plummer, L. A., Acs, Z. J. Localized Competition in the Knowledge Spillover Theory of Entrepreneurship [J]. Journal of Business Venturing, 2014 (29): 121 - 136.

[115] Poldahl, A. Domestic vs. International Spillovers: Evidence from Swedish firm Level Data [N]. FIEF Working Paper Series, 2004 (200).

[116] Ponds, R., Oort, F. V., Frenken, K. Innovation, Spillovers and University - industry Collaboration: An Extended Knowledge Production Function Approach [J]. Journal of Economic Geography, 2010, 10 (2): 231 - 255.

[117] Powell, W. B. A Stochastic Formulation of the Dynamic Assignment Problem, with an Application to Truckload Motor Carriers [J]. Transportation Science, 1996 (30): 195 - 219.

[118] Pérez - Mesa, J. C., Galdeano - Gómez, E. Agrifood Cluster and Transfer of Technology in the Spanish Vegetables Exporting Sector: The Role of Multinational Enterprises [J]. Agricultural Economics, 2010, 56 (10): 478 - 488.

[119] Qian, Y., Liang, J., Dang, C. Knowledge Structure, Knowledge Granulation and Knowledge Distance in a Knowledge Base [J]. International Journal of Approximate Reasoning, 2009, 50 (1): 174 - 188.

[120] Ramayah, T., Lee, J. W. C., Mohamad, O. Green Product Purchase Intention: Some Insights From a Developing Country [J]. Resources, Conservation and Recycling, 2010 (54): 1419 - 1427.

[121] Rivelino, R.., Vianna, J. D. M. Affect - and Cognition - based Trust as Foundations for Interpersonal Cooperation in Organizations [J]. Academy of Management Journal, 1995, 38 (1): 24 - 59.

[122] Rogers, M. Absorptive Capability and Economic Growth: How Do Countries Catch - up? [J]. Cambridge Journal of Economics, 2004, 28 (4): 577 - 596.

[123] Romer, P. Endogenous Technological Change [J]. Journal of Political Economy, 1990 (98): 71 - 102.

[124] Romer, P. Increasing Returns and Long - run Growth [J]. Journal of Po-

litical Economy, 1986 (94): 1002 -1037.

[125] Samaniego, R. M. Knowledge Spillovers and Intellectual Property Rights [J]. International Journal of Industrial Organization, 2013, 31 (1): 50 -63.

[126] Saskmoto, K. An Empirical Analysis for Willingness of Manufacturers on Industry - University Cooperative Research [J]. Journal of the Japan Society for Intellectual Production, 2007, 3 (2): 52 -61.

[127] Saxenian, A. Regional Advantage: Culture and Competition in Silicon Valley and Route 128 [M]. Cambridge, Mass: Harvard University Press, 1994.

[128] Scheurer, F. Getting Complexity Organized Using Self - organization in Architectural Construction [J]. Automation in Construction, 2007 (16): 78 -85.

[129] Schmidt, S. Balancing the Spatial Localization "Tilt": Knowledge Spillovers in Processes of Knowledge - intensive Services [J]. Geoforum, 2015 (65): 374 -386.

[130] Schmidt, T. Absorptive capacity - One Size Fits All? A Firm - level Analysis of Absorptive Capacity for Different Kinds of Knowledge [J]. Industrial Organization, 2005, 31 (1): 1 -18.

[131] Schultz , T. W. Investment in Human Capital [J]. American Economic Review, 1961 (51): 1 -17.

[132] Schwarz, N. , Ernst, A. Agent - based Modeling of the Diffusion of Environmental Innovations: An Empirical Approach [J]. Technological Forecasting and Social Change, 2009, 76 (4): 497 -511.

[133] Seba, I. , Rowley, J. , Lambert, S. Factors Affecting Attitudes and Intentions Towards Knowledge Sharing in the Dubai Police Force [J]. International Journal of Information Management, 2012, 32 (4): 372 -380.

[134] Seo, W. Analyzing Causality of Technological Knowledge Spillovers: Patent Analysis Approach [J]. Procedia Manufacturing, 2015 (2): 485 -489.

[135] Shang, Q. Y. , Poon, J. P. H. , Yue, Q. T. The Role of Regional Knowledge Spillovers on China's Innovationn [J]. China Economic Review, 2012, 23 (4): 1164 -1175.

[136] Shin, K. S. , Kook, W. Can Knowledge be More Accessible in a Virtual network? Collective Dynamics of Knowledge Transfer in a Virtual Knowledge Organization Network [J]. Decision Support Systems, 2014 (59): 180 -189.

[137] Shortell, S. M, Zajac, E. J. Internal Corporate Joint Ventures: Development Processes and Performance Outcomes [J]. Strategic Management Journal,

1988, 9 (6): 527 -542.

[138] Silajdzic, S., Mehic, E. Knowledge Spillovers, Absorptive Capacities and the Impact of FDI on Economic Growth: Empirical Evidence from Transition Economies [J]. Procedia - Social and Behavioral Sciences, 2015, 195 (3): 614 -623.

[139] Simonin, B. L. The Importance of Collaborative Know - How: An Empirical Test of the Learning Organization [J]. Academy of Management Journal, 1997, 40 (5): 1150 -1174.

[140] Sprigg, J. A. Jr., Jorgensen, C. R., Pryor, R. J. Approach and Development Strategy for an Agent - based Model of Economic Confidence [R]. Sandia Report, Sand 2004 -4218, 2004. 8.

[141] Stanko, M. A., Olleros, X. Industry Growth and the Knowledge Spillover Regime: Does Outsourcing Harm Innovativeness But Help Profit [J]. Journal of Business Research, 2013, 66 (10): 2007 -2016.

[142] Stiglitz, J. E. A New View of Technological Change [J]. Economic Journal, 1969 (79): 116 -131.

[143] Stoneman, P. Handbook of the Economics of Innovation and Technological Change [M]. Oxford: Blackwell Publishers, 1995.

[144] Stummera, C., Kiesling, E., Günther, M., Vetschera, R. Innovation Diffusion of Repeat Purchase Products in a Competitive Market: An Agent - based Simulation Approach [J]. European Journal of Operational Research, 2015, 245 (1): 157 -167.

[145] Szulanski, G. Exploring Internal Stickiness: Impediments to the Transfer of best Practice with the Firm [J]. Strategic Management Journal, 1996 (17): 27 -43.

[146] Szulanski, G. The Process of Knowledge Transfer: A Diachronic Analysis of Stickiness [J]. Organizational Behavior and Human Decision Processes, 2000, 82 (1): 9 -27.

[147] Tabachnick, B. G., Fidell, L. S Using Multivariate Statistcs (6th Edn,) [M]. Pearson Education, Boston, 2013.

[148] Taggar, S., Seijts, G. H. Leader and Staff role - efficacy as Antecedents of Collective - efficacy and Team Performance [J]. Human Performance, 2003, 16 (2): 131 -156.

[149] Tanga, W. W., Bennett, D. A. Parallel Agent - based Modeling of Spatial Opinion Diffusion Accelerated Using Graphics Processing Units [J]. Ecological

Modelling, 2011, 222 (19): 3605 - 3615.

[150] Tjosvold, D., Tang, M., West, M. Reflexivity for Team Innovation in China: The Contribution of Goal Interdependence [J]. Group & Organization Management, 2004, 29 (5): 540 - 559.

[151] Tversky, A., Daniel, K. Advances in Prospect Theory: Cumulative Representation of Uncertainty [J]. Journal of Risk and Uncertainty, 1992, 5 (4); 297 - 323.

[152] Van Den Bosch, F. A, J., Volberda, H. W., De Boer, M. Coevolution of Firm Absorptive Capacity and Knowledge Environment: Organizational Forms and Combinative Capabilities [J]. Organization Science, 1999, 10 (5): 551 - 568.

[153] van Hemert, P., Nijkamp, P., Masurel, E. From Innovation to Commercialization Through Networks and Agglomerations: Analysis of Sources of Innovation, Innovation Capabilities and Performance of Dutch SMEs [J]. Annals of Regional Science, 2013, 50 (2): 425 - 452.

[154] Vekstein, D. Managing Knowledge and Corporate Performance: An Empirical Analysis of the World Automobile Industry [J]. Omega, 1998, 26 (5): 551 - 568.

[155] Verspagen, B. A. New Empirical Approach to Catching up or Falling Behind [J]. Structural Change and Economic Dynamics, 1991 (2): 359 - 380.

[156] Wang, C. C., Zhang C. L., NI, J. L. Social Network, Intra - network Education Spillover Effect and Rural - urban Migrants' Wages: Evidence from China [J]. China Economic Review, 2015 (35): 156 - 168.

[157] Wang, Y., Li, Y. A Study on the Channels of Knowledge Spillover from Foreign Direct Investments to Chinese Agriculture Industry [C]. International Conference on Engineering and Business Management, 2012.

[158] Weber, B. Weber, C. Corporate Venture Capital As a Means of Radical Innovation: Relational Fit, Social Capital, and Knowledge Transfer [J]. Journal of Engineering Technology Management, 2007, 24 (1 - 2): 11 - 35.

[159] Wennberg, K., Wiklund, J., Wright, M. The Effectiveness of University Knowledge Spillovers: Performance Differences between University Spinoffs and Corporate Spinoffs [J]. Research Policy, 2011, 40 (8): 1128 - 1143.

[160] Xiang, X. Y., Cai, H., Lam, S., Pei, Y. L. International Knowledge Spillover Through co - inventors: An Empirical Study Using Chinese Assignees' Patent data [J]. Technological Forecasting and Social Change, 2013 (80): 161 -

174.

[161] Yang, H. Y., Steensma, H. K. When do Firms Rely on Their Knowledge Spillover Recipients for Guidance in Exploring Unfamiliar Knowledge [J]. Research Policy, 2014, 43 (9): 1496 - 1507.

[162] Yong, S. H., Kim, B., Lee, H., Kim, Y. G. The Effects of Individual Motivations and Social Capital on Employees' Tacit and Explicit Knowledge Sharing Intentions [J]. International Journal of Information Management, 2013, 33 (2): 356 - 366.

[163] Young, S., Lan, P. Technology Transfer to China Through Foreign Direct Investment [J]. Regional Studies, 1997, 31 (7): 669 - 679.

[164] Zadeh, L. A. Fuzzy Sets [J]. Information and Control, 1965, 8 (3): 338 - 356.

[165] Zadeh, L. A. Probability Measures of Fuzzy Events [J]. Journal of Mathematical Analysis and Applications, 1968, 23 (2): 421 - 427.

[166] Zaffar, M. A., Kumar, R. L., Zhao, K. X. Diffusion Dynamics of open Source Software: An Agent - based Computational Economics (ACE) Approach [J]. Decision Support Systems, 2011, 51 (3): 597 - 608.

[167] Zahra, S. A., George, G. Absorptive Capacity: A Review, Reconceptualization, and Extension [J]. Academy of Management Review, 2002, 27 (2): 185 - 203.

[168] Zhang, L. Grey Synthetical Evaluation of University's Engineering Innovation Ability [J]. Systems Engineering Procedia, 2012 (3): 319 - 325.

[169] Zhao, A. W., Guan, H. J. Fuzzy - valued Linguistic Soft Set Theory and multi - attribute Decision - making Application [M]. Chaos, Solutions & Fractals, In Press, 2015.

[170] Zollo, M., Reuer, J. J, Singh H. Interorganizational Routines and Performance in Strategic Alliances [J]. Organization Science, 2002, 13 (6): 701 - 713.

[171] Šajeva, S. Encouraging Knowledge Sharing among Employees: How Reward matters [J]. Procedia - Social and Behavioral, 2014, 156 (26): 130 - 134.

[172] 柏拉图．泰阿泰德篇 [M]. 北京：商务印书馆，1963.

[173] 包群，赖明勇．FDI 技术外溢的动态测算及原因解释 [J]. 统计研究，2003 (6): 33 - 38.

[174] 包乌兰托亚．家庭农场理论研究与实践探索 [J]. 山东农业科学，

2015，47（1）：130 – 134.

［175］蔡伟毅，陈学识．国际知识溢出与中国技术进步［J］．数量经济技术经济研究，2010（6）：55 – 71.

［176］蔡志强，刘禹宏．农业科技企业与农业科技园区互动发展研究［J］．农业现代化研究，2008，29（4）：431 – 434.

［177］曹霞，付向梅，杨园芳．产学研合作创新知识整合影响因素研究［J］．科技进步与对策，2013，29（22）：1 – 6.

［178］曹兴，宋娟．网络组织知识转移仿真分析［J］．中国软科学，2014（3）：142 – 152.

［179］曹勇，蒋振宇，孙合林．创新开放度对新兴企业知识溢出效应的影响研究［J］．科学学与科学技术管理，2015，36（1）：151 – 160.

［180］岑建君．美国哥伦比亚大学技术转让的成功做法［J］．世界教育信息，2000（1）：18 – 20.

［181］陈傲，柳卸林，程鹏．空间知识溢出影响因素的作用机制［J］．科学学研究，2011，29（6）：883 – 889.

［182］陈菲琼．企业联盟绩效私人利益和共同利益评价系统［J］．科研管理，2002，23（4）：35 – 36.

［183］陈洪波，朱绍广．金融契约的不完全性与企业融资行为：一个案例分析［J］．当代财经，2003（9）：49 – 60.

［184］陈若航．基于计算实验的计算机软件扩散模式及知识产权管理引导策略研究［D］．南京大学博士学位论文，2010.

［185］陈涛涛．影响中国外商直接投资溢出效应的行业特征［J］．中国社会科学，2003（4）：33 – 44.

［186］陈则孚．知识资本：理论、运行与知识产业化［M］．北京：经济管理出版社，2003.

［187］杜建国，陈永泰，姜宇华．长三角区域非均衡发展演化及协调对策研究［M］．北京：经济管理出版社，2011.

［188］樊钱涛，韩英华．研发团队中知识创新效率影响机制研究［J］．科学学研究，2008，26（6）：1316 – 1324.

［189］冯静．公共政策学［M］．北京：北京大学出版社，2009.

［190］冯叶成，刘嘉，张虎．政府—高校—企业协同的产学研合作模式探索与实践——以清华大学与淮安市产学研合作为例［J］．科技进步与对策，2012，29（22）：67 – 70.

［191］付东普．基于沟通匹配视角的个体间知识转移模型研究［J］．情报理

论与实践，2014，37（2）：61－65.

［192］付晓明，王蕾，王本禄，贾佳．中关村核心区高校成果转化中存在的问题及对策研究［J］．科技促进发展，2015（1）：109－114.

［193］傅大友．高校服务地方的瓶颈与对策［J］．教育探索，2013（3）：63－64.

［194］傅利平，涂俊．技术转移视角下大学对企业技术创新的空间知识溢出效应研究［J］．研究与发展管理，2015，27（2）：56－64.

［195］傅利平，涂俊．市场因素、空间特征对大学创新和知识溢出的影响［J］．管理学报，2014，11（10）：1499－1506.

［196］傅利平，周小明，罗月丰．产学研合作创新网络知识溢出的发生机制与影响因素研究［J］．天津大学学报（社会科学版），2013，15（4）：293－297.

［197］傅利平，周小明，罗月丰．知识溢出与产学研合作创新网络的耦合机制研究［J］．科学学研究，2013，31（10）：1541－1547.

［198］高长元，程璐．高技术虚拟产业集群知识溢出机制研究［J］．科技进步与对策，2011，28（6）：55－59.

［199］高强，周振，孔祥智．家庭农场的实践界定、资格条件与登记管理——基于政策分析的视角［J］．农业经济问题，2014（2）：11－18.

［200］葛天博．大学功能研究进展对地方高校功能定位的启示［J］．高等财经教育研究，2012，15（4）：8－12.

［201］顾焕章，张景顺，王培志，程政．农业科研投资重点确定的经济模型研究［J］．南京农业大学学报，1994，17（2）：93－104.

［202］郭剑雄．开放条件下的中国农业发展［M］．北京：中国社会科学出版社，2004.

［203］郭京京．知识属性对产业集群企业技术学习策略的影响机制研究［J］．科研管理，2013（12）：17－25.

［204］韩剑．知识溢出的空间有限性与企业R&D集聚——中国企业R&D数据的空间计量研究［J］．研究与发展管理，2009，21（3）：22－27.

［205］韩鹏，陈锡棉，张黎．跨国公司对中国本地企业知识溢出模型分析［J］．科学管理研究，2004（4）：78－81.

［206］侯汉平，王洗尘．R&D知识溢出效应模型分析［J］．系统工程理论与实践，2001（9）：29－32.

［207］胡鞍钢．我国知识发展的地区差距分析：特点，成因及对策［J］．管理世界，2000（3）：5－17.

［208］黄劲松，郑小勇．是契约、信任还是信心促成了产学研合作？——两

个产学研联盟案例的比较研究［J］．科学学研究，2015，33（5）：734－740.

［209］黄宪伟．地方高校服务新农村建设探析［J］．浙江社会科学，2007（2）：222－225.

［210］纪永茂，陈永贵．专业大户应该成为建设现代农业的主力军［J］．中国农村经济，2007（6）：73－77.

［211］金芙蓉，罗守贵．产学研合作绩效评价指标体系研究［J］．科学管理研究，2009，27（3）：43－46.

［212］金辉．基于匹配视角的内外生激励、知识属性与知识共享意愿的关系研究［J］．研究与发展管理，2014（3）：74－85.

［213］凯西・卡麦兹．建构扎根理论：质性研究实践指南［M］．边国英译．重庆：重庆大学出版社，2009.

［214］雷宏振，常小鑫，李清．基于信任投入的集群组织间知识共享契约与合作绩效研究［J］．现代情报，2013，33（9）：59－63.

［215］李长玲．知识存量及其测度［J］．情报杂志，2004（7）：65－66.

［216］李青．知识溢出：对研究脉络的基本回顾［J］．数量经济技术经济研究，2007（6）：1－8.

［217］李燃，王立平，刘琴琴．地理距离与经济距离对创业知识溢出影响的实证分析［J］．科技进步与对策，2012，29（10）：113－118.

［218］李文博．产业集群网络中知识溢出关键影响因素的实证研究［J］．科技进步与对策，2011，28（2）：142－144.

［219］李霞，毛雪莲，盛怡，王露琰．产学研成功合作创新研究述评［J］．价值工程，2008，26（8）：45－47.

［220］李小平，朱钟棣．国际贸易、R&D 溢出和生产率增长［J］．经济研究，2006（2）：31－43.

［221］李小平，朱钟棣．国际贸易的技术溢出门槛效应——基于中国各地区面板数据的分析［J］．统计研究，2004（10）：27－32.

［222］李燕，韩伯棠．弱隐性知识溢出对经济增长的贡献分析——基于 CNKI 和 ISI 的论文合作数据［J］．科学学研究，2010，28（10）：1548－1553.

［223］李云梅，乔梦雪．合作意愿对产学研协同创新成果转化的作用研究［J］．科技进步与对策，2015，32（14）：17－21.

［224］李志宏，王娜，马倩．基于空间计量的区域间创新行为知识溢出分析［J］．科研管理，2013，34（6）：9－16.

［225］廉高波．中国农村经济组织：模式、变迁与创新［D］．西北大学博士学位论文，2005.

［226］梁琦．知识溢出的空间局限性与集聚［J］．科学学研究，2004，22（1）：76－81.

［227］廖述梅．高校研发对企业技术创新的溢出效应分析［J］．科研管理，2011，32（6）：11－17.

［228］林苞．知识溢出与创业——基于中国地区数据的研究［J］．科学学与科学技术管理，2013，34（9）：142－147.

［229］林炳坤，吕庆华．外部环境对闽台创意农业合作绩效影响的实证研究［J］．华东经济管理，2015，29（2）：61－65.

［230］林善浪，张作雄．技术创新、知识溢出与地区市场潜能［J］．软科学，2013，27（9）：1－6.

［231］林雪明．课程集群嵌入产学研合作教育模式的思考与实践［J］．中国高教研究，2013（1）：108－110.

［232］刘畅，齐斯源，王博．创业环境对农村微型企业创业绩效引致路径的实证分析——基于东北地区实地调研数据［J］．农业经济问题，2015（5）：104－109.

［233］刘满凤，吴卓贤．高新技术产业集群知识溢出的 MAR 效应和 Jac 效应的实证研究［J］．科学学与科学技术管理，2013，34（8）：83－92.

［234］刘敏，曹衷阳．大学与企业 R&D 合作技术溢出研究综述［J］．科技进步与对策，2012，29（12）：156－160.

［235］刘清华．农业产业集群发展中的知识溢出效应有限性［J］．未来与发展，2012（6）：65－69.

［236］刘胜春，王永伟，李婷．“关系”对供应链合作绩效的影响——来自农业领域的证据［J］．软科学，2015（2）：86－89.

［237］刘璇华．产学研合作中组织间学习效果的影响因素及对策分析［J］．研究与发展管理，2007，19（4）：112－118.

［238］刘毅，汪波．基于隐性知识溢出的创新集群形成演化机理研究［J］．科技进步与对策，2012，29（2）：136－140.

［239］刘志迎，单洁含．技术距离、地理距离与大学—企业协同创新效应——基于联合专利数据的研究［J］．科学学研究，2013，31（9）：1331－1337.

［240］刘祚祥，胡跃红．知识溢出、风险分担与农村劳动力转移——基于农民工“群团流动”的经济解释［J］．长沙理工大学学报（社会科学版），2009，24（3）：24－28.

［241］卢福财，胡平波．基于竞争与合作关系的网络组织成员间知识溢出效

应分析［J］. 中国工业经济，2007（9）：79－86.

［242］卢仁山．不同产学研合作模式的利益分配研究［J］. 科技进步与对策，2011，28（17）：96－100.

［243］鲁明勇．区域旅游合作的帕累托改进路径研究［J］. 求索，2011（2）：46－47.

［244］陆文聪，梅燕．中国粮食生产区域格局变化及其成因实证分析——基于空间计量经济学模型［J］. 中国农业大学学报，2010（3）：140－152.

［245］罗瑾琏，门成昊，钟竞，顾玉婷．高校知识溢出对周边企业创新绩效的影响机制研究——基于地理邻近性的调节作用［J］. 科技进步与对策，2014，31（10）：138－142.

［246］缪小明，李刚．基于不同介质的产业集群知识溢出途径分析［J］. 科研管理，2006，27（4）：44－47.

［247］聂飞，刘海云．自主 R&D 、国际技术溢出与经济增长——基于知识溢出模型的实证分析［J］. 华东经济管理，2015，29（4）：83－89.

［248］宁军明．知识溢出的影响机理分析［J］. 科技与经济，2008，123（21）：22－24.

［249］潘士远，林毅夫．发展战略、知识吸收能力与经济收敛［J］. 数量经济技术经济研究，2006（2）：3－13.

［250］戚湧．基于主成分神经网络和聚类分析的高校创新能力评价［J］. 科学学与科学技术管理，2009（10）：112－117.

［251］邵景峰，王进富，马晓红，吴生，刘勇．基于数据的产学研协同创新关键动力优化［J］. 中国管理科学，2013（S2）：731－737.

［252］沈坤荣，耿强．外国直接投资、技术外溢与内生经济增长——中国数据的计量检验与实证分析［J］. 中国社会科学，2001（5）：82－93.

［253］盛昭瀚，李静，陈国华．社会科学计算实验基本教程［M］. 上海：上海三联书店，2010.

［254］盛昭瀚，张军，杜建国．社会科学计算实验理论与应用［M］. 上海：上海三联书店，2009.

［255］盛昭瀚，张维．管理科学研究中的计算实验方法［J］. 管理科学学报，2011，14（5）：1－10.

［256］苏俊，何晋秋．大学与产业合作关系——中国大学知识创新及科技产业研究［M］. 北京：中国人民大学出版社，2009.

［257］孙德梅，胡媚琦，王正沛等．政府行为、金融发展与区域创新绩效——基于省际面板数据的实证研究［J］. 科技进步与对策，2014，31（20）：

34 –41.

[258] 孙文祥．高校研发实力与经济增长的区域差异实证研究［J］．科技管理研究，2005（2）：4 –6.

[259] 孙兆刚，王鹏，陈傲．技术差距对知识溢出的影响分析［J］．科技进步与对策，2006，23（7）：165 –167.

[260] 孙兆刚，徐雨森，刘则渊．知识溢出效应及其经济学解释［J］．科学学与科学技术管理，2005（1）：87 –89.

[261] 孙兆刚．知识溢出的发生机制与路径分析［D］．大连理工大学博士学位论文，2005.

[262] 汤国辉，汤梦玮，田雄．高校培育农村合作组织促进农村社会发展的研究［J］．生产力研究，2009，（14）：37 –38，56.

[263] 唐书林，肖振红，苑婧婷．网络嵌入、集聚模仿与大学衍生企业知识溢出——基于中国三大海洋工程装备制造业集群的实证研究［J］．科技进步与对策，2014，32（11）：131 –136.

[264] 滕丽，蔡砥，王铮．区域知识溢出的计算分析［J］．地理科学，2008，28（4）：478 –482.

[265] 田华．知识溢出视角下的区域性大学发展［M］．北京：经济科学出版社，2011.

[266] 涂国平，刘畅．知识溢出视角下沼气合作开发中政府补偿政策设计［J］．安徽农业科学，2015，43（23）：305 –307，310.

[267] 王崇锋．知识溢出对区域创新效率的调节机制［J］．中国人口·资源与环境，2015，25（7）：77 –83.

[268] 王飞跃，蒋正华，戴汝为．人口问题与人工社会方法：人工人口系统的设想与应用［J］．复杂系统与复杂性科学，2005，2（1）：1 –9.

[269] 王国红，周建林，唐丽艳．小世界特性的创新孵化网络知识转移模型及仿真研究［J］．科学学与科学技术管理，2014，35（5）：53 –63.

[270] 王昊宇．乡村治理中农村行政组织和农民合作经济组织相互关系研究［D］．西北农林科技大学博士学位论文，2014.

[271] 王可瑜，王平心．基于契约经济学的公司激励契约的完备性分析［J］．经济问题，2008（1）：27 –30.

[272] 王雷．集群区域跨国公司子公司知识外溢影响因素的实证研究［J］．科研管理，2012，33（10）：90 –96.

[273] 王立平．我国高校 R&D 知识溢出的实证研究——以高技术产业为例［J］．中国软科学，2005（12）：54 –59.

［274］王立平．知识溢出及其对我国区域经济增长作用的实证研究［M］．合肥：合肥工业大学出版社，2008.

［275］王璐，高鹏．扎根理论及其在管理学研究中的应用问题探讨［J］．外国经济与管理，2010（12）：10－18.

［276］王淑英．农业科技园区知识转移及促进引导策略研究——基于加权小世界网络模型的视角［J］．河南社会科学，2011，19（5）：112－116.

［277］王秀丽，王利剑．产学研合作创新效率的 DEA 评价［J］．统计与决策，2009（3）：54－56.

［278］王雪莉，张勉，黄志超．变革导向领导行为与知识转移——组织文化、知识转移与接受意愿的中介作用［J］．兰州大学学报，2013（3）：89－95.

［279］王艳荣．农业产业集聚视角下技术创新效应的影响因素研究［J］．经济经纬，2012（5）：38－42.

［280］王影，梁祺，雷星晖．影响知识创新绩效的情境因素研究［J］．科技管理研究，2014（14）：17－30.

［281］王铮，马翠芳，王莹，翁桂兰．区域间知识溢出的空间认识［J］．地理学报，2003，58（5）：773－780.

［282］魏江．小企业集群创新网络的知识溢出效应分析［J］．科研管理，2003，24（4）：54－59.

［283］吴先华，胡汉辉，郭际．本地知识溢出（LKS）影响我国产业集群创新的理论研究［J］．科学学与科学技术管理，2007（6）：46－55.

［284］吴晓波，高忠仕，胡伊苹．组织学习与知识转移效用的实证研究［J］．科学学研究，2009，27（1）：101－110.

［285］吴晓云，李辉．我国区域创新产出的影响因素研究——基于 ICT 的视角［J］．科学学与科学技术管理，2013（10）：69－76.

［286］吴玉鸣．官产学 R&D 合作、知识溢出与区域专利创新产出［J］．科技进步与对策，2009，27（10）：1486－1494.

［287］夏清华，李雯．知识特性、大学资源禀赋与衍生企业的创生机会［J］．管理学报，2012，9（2）：238－243.

［288］谢富纪，徐恒敏．知识、知识流与知识溢出的经济学分析［J］．同济大学学报（社会科学版），2001，12（2）：54－57.

［289］谢志宇．产学合作绩效影响因素研究［D］．浙江大学博士学位论文，2004.

［290］熊熊，郭翠，张维，张永杰．中小企业贷款利率定价的计算实验方法［J］．系统工程理论与实践，2009，29（12）：9－14.

[291] 徐迪，李煊．商务模式创新复杂性研究的计算实验方法［J］．管理科学学报，2010，13（11）：12－19.

[292] 徐青．ERP 实施知识转移影响因素实证研究［D］．浙江大学博士学位论文，2006.

[293] 徐盈之，朱依曦，孙剑．知识溢出与区域经济增长——基于空间计量模型的实证研究［J］．科研管理，2010，31（6）：105－112.

[294] 许强，杨艳．公共科技创新平台运行机理研究［J］．科学学与科学技术管理，2010，31（12）：56－61.

[295] 许箫迪，王子龙，谭清美．知识溢出效应测度的实证研究［J］．科研管理，2007，28（5）：76－86.

[296] 薛亮，杨永坤．家庭农场发展实践及其对策探讨［J］．农业经济问题，2015（2）：4－8.

[297] 杨畅，李寒娜．不完全契约、制度环境与企业绩效——基于上市公司的实证研究［J］．山西财经大学学报，2014，36（9）：104－112.

[298] 杨蕙馨，刘春玉．知识溢出效应与企业集聚定位决策［J］．中国工业经济，2005（12）：41－48.

[299] 杨勇，周勤．集群网络、知识溢出和企业家精神——基于美国高科技产业集群的证据［J］．管理工程学报，2013，27（2）：32－37.

[300] 叶飞，周蓉，张红．产学研合作过程中知识转移绩效的关键影响因素研究［J］．工业技术经济，2009，28（6）：116－120.

[301] 易锐．我国大学知识创新溢出效应与路径机制研究［J］．科技进步与对策，2014，31（5）：146－151.

[302] 袁静，孔杰．知识分类与组织知识研究［J］．企业经济，2007（4）：48－50.

[303] 曾建敏．实验检验累积前景理论［J］．暨南大学学报，2007，28（1）：44－47.

[304] 张德茗，谢葆生．理工农医类高校 R&D 投入对企业技术创新的知识溢出效应分析［J］．科研管理，2014，35（10）：136－143.

[305] 张涵，赵黎明，乌兰娜．科技企业孵化网络关键影响因素与合作绩效的关系研究——基于 SEM 模型［J］．科学管理研究，2013，31（6）：114－117.

[306] 张维，李悦雷，熊熊，张永杰，张小涛．计算实验金融的思想基础与研究范式［J］．系统工程理论与实践，2012，32（3）：495－507.

[307] 张肖．创意产业集群知识共享影响因素的作用机制研究［D］．北京交通大学硕士学位论文，2014.

［308］张永杰，张维，熊熊．投资策略与投资收益：基于计算实验金融的研究［J］．管理科学学报，2010，13（9）：107－118.

［309］张玉明，李凯．基于知识溢出的中国省际区域经济增长收敛性实证研究［J］．管理学报，2011，8（5）：745－751.

［310］张玉明，聂艳华，李凯．知识溢出对区域创新产出影响的实证分析——以高技术产业为例［J］．软科学，2009，23（7）：99－102.

［311］赵爱武，杜建国，关洪军．绿色购买行为演化路径与影响机理分析［J］．中国管理科学，2015，23（11）：163－170.

［312］郑展，韩伯棠．基于经济交叉学科的知识溢出研究［J］．科技进步与对策，2009，26（2）：116－119.

［313］郑卫北．基于灰色关联度模型的高校创新能力评价体系研究［J］．科技管理研究，2012（2）：50－53.

［314］郑展，韩伯棠，张向东．区域知识溢出与吸收能力研究［J］．科学学与科学技术管理，2007（4）：97－101.

［315］中国人民银行上饶市中心支行课题组．我国农村融资现实审视与制度重构［J］．金融研究，2006（1）：149－158.

［316］周华，韩伯棠．基于技术距离的知识溢出模型应用研究［J］．科学学与科学技术管理，2009（7）：111－116.

［317］周燕，齐中英．基于不同特征 FDI 的溢出效应比较研究［J］．中国软科学，2005（2）：138－143.

［318］周应恒，吕超，周德．我国蔬菜主产地形成的影响因素——以山东寿光为例［J］．地理研究，2012，31（4）：687－700.

［319］朱荣．基于扎根理论的产业集群风险问题研究［J］．会计研究，2010（3）：44－50.

［320］朱燕平，王艳荣．面向农业产业集聚发展的技术进步效应分析［J］．科学学研究，2009，27（7）：1005－1010.

［321］邹波，于渤，卜琳华．面向企业技术创新的校企知识转移作用机理——基于 370 家企业的实证研究［J］．科学学研究，2012，30（7）：1048－1055.